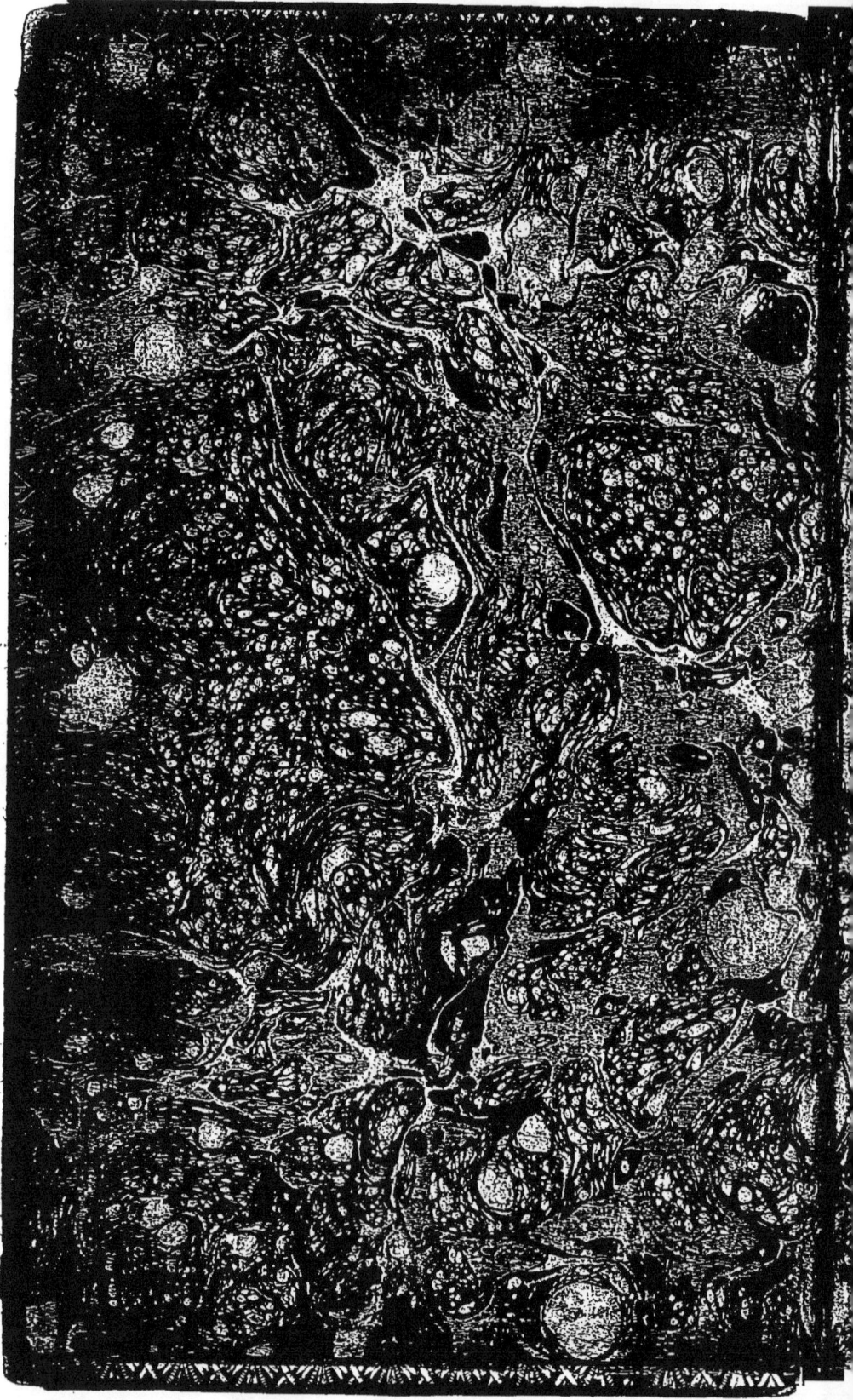

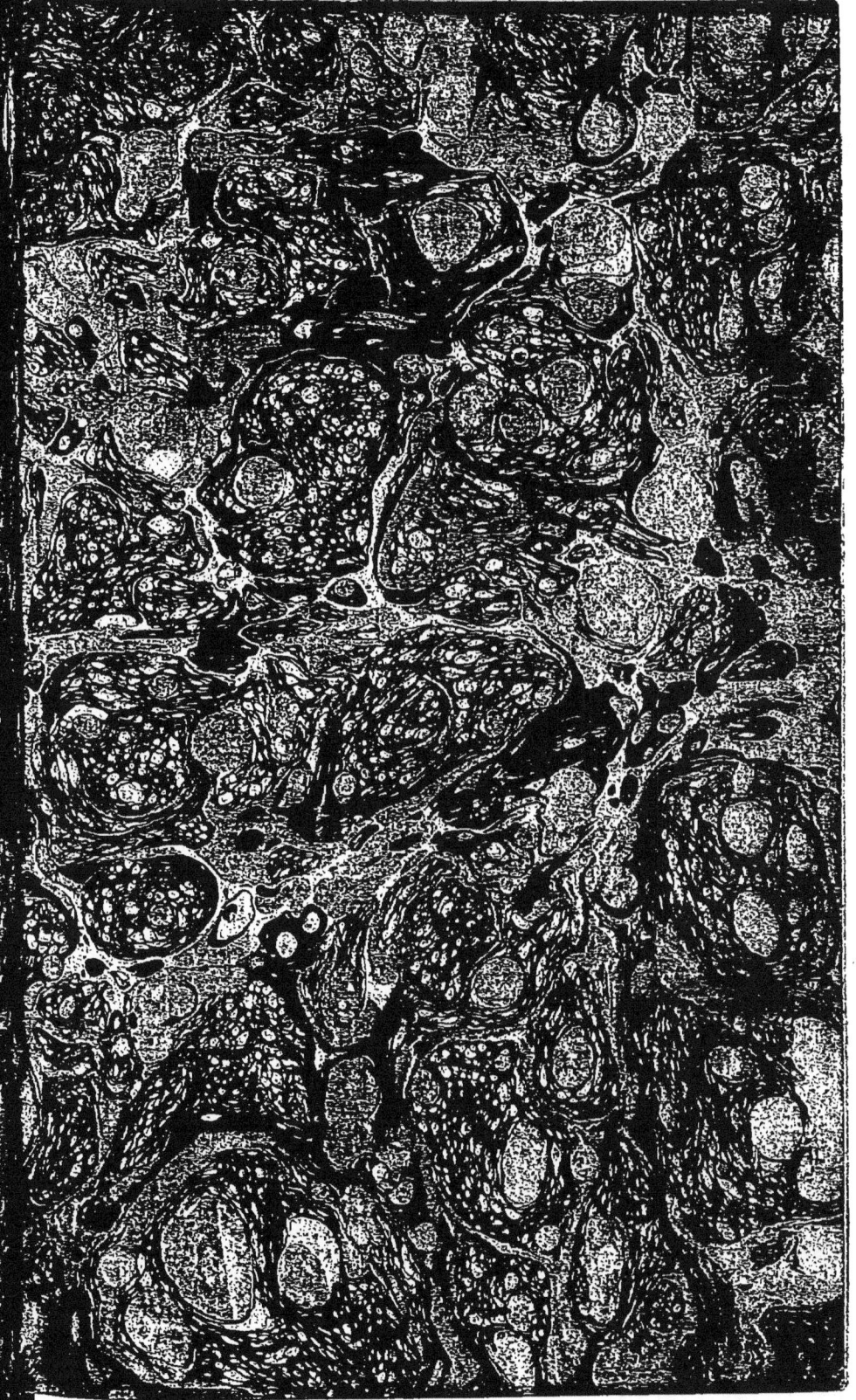

R. 2992.
B. b. 10.

Ⓒ

R 22265

ANNALES
DE L'ÉDUCATION,

RÉDIGÉES PAR F. GUIZOT.

TOME SECOND.

PARIS,
LE NORMANT, IMPRIMEUR-LIBRAIRE,
RUE DE SEINE, N°. 8, PRÈS LE PONT DES ARTS.
1811.

ANNALES DE L'ÉDUCATION.

DES MOYENS D'ÉMULATION.

(IIe Article.)

DE tous les mobiles qu'on peut employer pour inspirer aux enfans un véritable zèle, *l'amour-propre* est sans contredit le plus puissant. Il agit directement sur la volonté, et l'oblige à chercher dans les facultés qui sont les instrumens dont elle dispose, toutes les ressources qu'elle y peut trouver, pour les diriger ensuite vers un seul but, objet des desirs de l'élève. De là résultent dans les efforts de ce dernier, cette spontanéité, cette concentration de forces sans lesquelles ses progrès ne sont jamais ni grands, ni sûrs, ni rapides. Ebranlé dans tout son être par un sentiment naturellement actif et inquiet, il se meut de sa propre impulsion, et déploie, pour le satisfaire, tout ce qu'il possède de liberté et de puissance. Ce sentiment n'aspire point d'ailleurs à des plaisirs bas et matériels : les desirs dont il se compose, quelque inférieurs qu'ils soient aux intentions désintéressées de la vertu, quelque dangereux qu'ils puissent devenir par leur dérèglement et par leur excès, sont beaucoup plus nobles que les desirs grossiers et sensuels qui gouvernent la plupart des hommes: ils sont fondés, en dernière analyse, sur la dignité reconnue de notre espèce; et l'importance que nous mettons quelquefois à l'opinion des juges les moins éclairés, toute ridicule qu'elle est, n'en est pas moins un hommage rendu à la nature humaine, comme l'admiration presque involontaire que nous inspire le courage guerrier, souvent si machinal et si aveugle, semble une voix secrète qui nous avertit de ce que vaut la vie de l'homme, quelque médiocre et quelque obscur que soit celui qui la sacrifie.

On auroit donc grand tort de croire que l'éducation ne doive jamais mettre *l'amour-propre* en jeu; ce seroit la priver d'un des plus puissants ressorts dont elle dispose, et l'en priver gratuitement; car tôt ou tard ce sentiment se développera et viendra exercer sur notre conduite et sur notre bonheur une influence que nous pourrons gouverner, mais que nous ne saurions détruire. Il ne s'agit donc encore ici que d'employer avec discernement une disposition qui peut tourner au profit de tout ce qui est bien, et à laquelle il importe d'autant plus de faire prendre dès l'enfance une bonne direction, qu'elle est et plus indestructible et plus énergique. Je conviens que la difficulté est grande : l'amour-propre est un sentiment personnel, un égoïsme de l'esprit, et il faut empêcher qu'il ne fasse tort aux sentimens désintéressés, aux émotions généreuses du cœur: il faut le soumettre à la voix de la raison, à celle de la conscience, le garantir des préventions qu'il est toujours enclin à concevoir en sa faveur, le rendre clairvoyant sur lui-même, prendre garde qu'il ne dégénère en orgueil, en présomption, en rétrécissement d'esprit, en opiniâtreté, en susceptibilité, en envie: ce sont là autant d'écueils sur lesquels il peut nous conduire si nous lui laissons le gouvernail; mais si nous le plaçons à la rame, il poussera la barque plus loin et plus vite que nous ne pourrions le faire sans lui; c'est à d'autres sentimens à la diriger.

Tout se réduit donc à savoir jusqu'à quel point et de quelle manière on peut se servir de l'amour-propre comme moyen d'émulation, sans exercer sur le développement moral de l'enfant une influence fâcheuse.

Le desir d'être loué en général est un sentiment naturel et nécessaire, un principe d'action et de sociabilité qu'on doit se garder de combattre. Les enfans en ont encore un plus grand besoin que les hommes: dépourvus d'opinions, souvent même d'idées sur le mérite et la valeur de ce qu'ils font ou de ce qu'ils voient, ils ne sauroient trouver en eux-mêmes ces points d'appui qui, dans un âge plus avancé, nous dispensent d'en chercher ailleurs: peines, plaisirs, jugemens, tout leur vient du dehors; c'est au-dehors qu'ils demandent ce qu'ils doivent penser et faire; ils sont curieux de savoir ce qui peut leur valoir des éloges, attirer sur eux l'attention: de là cet esprit d'imitation que nous remarquons en eux; en faisant comme une grande personne, ils croient bien faire, et leur amour-propre en est flatté. Sont-ils plusieurs? si l'un d'eux fait une chose qui semble nous plaire, vous verrez tous les autres essayer aussitôt d'en faire autant : ils sont charmés d'avoir acquis la certitude qu'à cette manière, à cette action est attachée une louange; et la naïveté de leur âge ne leur permet de cacher ni le plaisir qu'ils y prennent, ni le desir qu'ils ont d'y revenir sans cesse. Au lieu donc de chercher à diminuer en eux ce besoin d'éloges, cette dépendance de notre opinion, si bien d'accord avec leur situation et leur ignorance, profitons-en pour les animer à tout ce qui est bien et leur en inspirer l'amour: si nous nous en servons dans un autre but, il pourra s'ensuivre des conséquences fâcheuses, mais ce sera notre faute: l'amour-propre, tant qu'il se borne au desir d'être loué en général et sans se comparer avec personne, ne seroit jamais qu'utile si l'on savoit bien de quoi il faut et de quoi il ne faut pas louer les enfans. On peut, si je ne me trompe, poser en principe qu'on ne doit jamais les louer de ce qui n'a pas dépendu de leur volonté, de ce qui ne leur a pas coûté un effort ou un sacrifice. Si vous les louez de quelques dons naturels, comme de leur intelligence ou de leur figure, vous les accoutumez à mettre de réflexion un grand prix à ce qui peut être un bonheur mais non un mérite, et dès-lors leur amour-propre prend une direction dangereuse; car c'est en se portant sur des avantages purement accidentels qu'il devient plus tard présomption, vanité et sottise. Ne les louez pas non plus de ces bons mouvemens spontanés, de ces élans du cœur qui sont aussi des dispositions naturelles et où la volonté n'a aucune part ; ce seroit les gâter qu'y associer l'amour-propre ; il les dénature toujours en y mêlant un retour sur soi-même, un plaisir sec et personnel, bien différent de celui qu'on éprouve en se laissant aller à de bons sentimens, à des émotions généreuses : après de tels éloges vous courriez le risque de voir vos enfans recommencer pour les obtenir de nouveau, ce qu'ils avoient fait la première fois par une bonté ou une générosité simple, et non affectée : or, ce n'est pas une bonne action qu'une bonne action faite par amour-propre, et ce qu'on doit le plus craindre dans l'enfance, c'est d'altérer la pureté naturelle du cœur et des motifs qui le déterminent.

Au lieu de louer vos enfans pour des avantages ou des vertus de ce genre, accoutumez-les, dès que vous avez reconnu qu'ils les possèdent, à les regarder comme une portion d'eux-mêmes, aussi précieuse que des yeux, une langue ou des jambes, dont ils doivent faire usage comme des membres de leur corps, mais dont ils ne doivent pas être plus vains que de savoir parler ou marcher. Votre fille a-t-elle un bon cœur, une ame généreuse ? qu'il soit reconnu dans la maison qu'heureusement pour vous, et pour elle, cela est ainsi, qu'elle doit toujours agir en conséquense, qu'elle ne sauroit rien faire qui ne fût conforme à cette disposition ; et elle se plaira chaque jour davantage à déployer sa bonté, sans songer à en être fière.

Votre fils a-t-il reçu en partage une intelligence distinguée ? faites-vous-en un droit pour lui reprocher dans l'occasion sa lenteur et sa paresse : que sa tâche soit toujours proportionnée à ses facultés : dites-lui. — Un enfant qui a de l'intelligence, doit faire cela. — Et s'il ne le fait pas — il est honteux pour un enfant qui a de l'intelligence de n'avoir pas fait ce qu'il pouvoit faire. — Vous profiterez ainsi des bonnes dispositions que vos enfans tiennent de la nature et du prix qu'ils peuvent y attacher ; vous les verrez s'appliquer, se développer, s'accroître, et elles ne deviendront pas pour eux une source d'affectation, d'orgueil, de vanité, de jactance et de tous les défauts qui naissent d'un amour-propre excessif ou mal entendu. L'éducation publique a ici sur l'éducation particulière un grand avantage : comme les enfans n'y sont pas constamment sous les yeux du maître, personne ne remarque toutes les petites bonnes actions qui résultent de leur caractère ; ils ne s'accoutument pas ainsi à y mettre de l'importance, à en tirer vanité ; elles sont plus libres et plus simples. Aussi rien de plus étranger à l'affectation qu'un enfant élevé au collége : il peut y perdre beaucoup sous d'autres rapports, mais il y gagne en ce que, vivant avec des enfans comme lui, il agit avec eux d'après ses dispositions naturelles, sans qu'aucun d'eux s'avise de faire attention à ce qu'il y a de bon et de l'en louer. Que les parens transportent dans leur maison cette manière d'être ; qu'ils laissent à leurs enfans la même liberté, la même simplicité ; qu'ils n'éveillent pas leur amour-propre sur ce qui ne doit point en inspirer : là, c'est un ressort inutile, dangereux ; ailleurs il sera nécessaire. Dès qu'une chose a coûté à vos enfans un effort, dès qu'ils ont eu besoin pour y réussir, d'un acte de volonté plus ou moins difficile, plus ou moins soutenu, c'est alors que vous ne devez pas craindre de les en louer : employé comme stimulant de la volonté, l'amour-propre devient un principe d'action aussi utile qu'énergique. Les hommes, en général, pour se décider à prendre la peine d'acquérir ce qui leur manque, ce qui exige d'eux un sacrifice ou un travail, ont besoin d'un point d'appui placé en eux-mêmes, d'un mobile tiré de leur propre existence, de leurs propres intérêts : il faut, si l'on peut le dire, qu'une partie de la peine qu'ils se donnent, retourne sur eux, changée en plaisir. Les uns reçoivent ce retour en argent, les autres en dignités et en pouvoir, d'autres en gloire ; mais il y en auroit fort peu qui consentissent à déployer leurs forces, à lutter contre les difficultés, à s'arracher aux amusemens ou au repos s'il ne leur en devoit rien revenir, si leurs facultés ne rapportoient au centre d'où elles sont parties, quelques fruits des fatigues qu'elles ont soutenues au-dehors. « Si les hommes n'avoient pas aimé la » gloire, dit Vauvenargues, ils n'avoient ni assez » d'esprit, ni assez de vertu pour la mériter. » Il en est pour les enfans comme pour les hommes, et le plaisir d'un éloge mérité est un des profits les plus doux et les plus légitimes qu'ils puissent retirer

retirer de leurs sacrifices : ils doivent savoir qu'il n'y a de mérite qu'à ce qui coûte quelque chose, mais s'ils croyoient que ce mérite ne vaut à celui qui est parvenu à l'acquérir, ni l'attention ni l'approbation de ceux qui le connoissent, ils se décourageroient bientôt et renonceroient à toute énergie. Soyez sûrs que vous avez déjà beaucoup fait en leur persuadant qu'on ne peut mettre aucun amour-propre aux avantages qu'on ne se doit point à soi-même, et que pour prétendre à la louange, il faut en avoir acheté le droit par quelqu'effort. Ils n'imagineront pas alors qu'on puisse les louer de ce qui ne leur a donné aucune peine; ils feront avec simplicité ce qui sera le résultat de leurs penchans, et auront un motif, un aiguillon pour faire avec courage, avec zèle ce qui exigera d'eux un acte de volonté toujours difficile à leur âge. Ainsi un enfant d'un caractère généreux et enclin à donner, ne demandera pas qu'on l'en récompense chaque fois par un éloge, si l'on a pris soin, comme je l'ai dit, de ne pas l'enorgueillir de cette vertu naturelle; mais qu'une petite fille, moins libérale, possède un joujou qui lui soit précieux, et que, dans l'occasion, elle se décide à en faire le sacrifice : qui ne sent qu'on lui doit des éloges pour lui inspirer l'envie de recommencer?

On voit d'après cela que, dans tout ce qui est étude, l'amour-propre est un ressort dont l'utilité ne sauroit être ni contestée ni méconnue. Le travail d'apprendre coûte à l'enfant, et sa volonté a besoin d'y être excitée par de puissans mobiles:

le desir d'être loué est un des plus sûrs; et la meilleure manière de l'employer est de proportionner toujours les éloges, non à la supériorité de l'élève, à ses progrès, à ses succès, mais à ses efforts, et à la peine qu'il prend. D'ailleurs, c'est avec des supérieurs que l'enfant a affaire; il attend d'eux seuls la récompense qu'il ambitionne; et c'est un bon sentiment que le desir d'être estimé et loué de ses supérieurs : avec nos inférieurs, nous nous contentons de succès faciles; avec nos égaux, nous cherchons souvent à tromper en rabaissant leur mérite ou enflant le nôtre ; avec nos supérieurs, nous tendons constamment à nous élever ; et c'est toujours une noble tendance. De plus, dans ce dernier cas, l'amour-propre ne peut devenir excessif; car nous avons la conscience et nous faisons l'aveu de la supériorité d'autrui. Bien loin donc qu'on doive craindre d'inspirer aux enfans le besoin d'être loués par ceux qui sont placés au-dessus d'eux, c'est dans ce sens qu'il faut diriger leur amour-propre; il ne sera alors qu'un motif d'ardeur et de zèle, jamais une source d'orgueil : quels que soient leurs progrès, ils sentent que leurs parens ou leurs maîtres sont encore fort au-dessus d'eux pour la raison et le savoir; en recherchant leur approbation, c'est à cette supériorité qu'ils rendent hommage : aucun des mauvais effets de l'amour-propre n'est ici à redouter.

Si, au lieu de se borner à souhaiter simplement d'être loué, l'enfant se trouve placé de manière à pouvoir se comparer à d'autres enfans, et à être en rivalité avec eux, si son amour-propre se propose un but plus déterminé, plus rapproché que le desir vague d'obtenir des éloges, nous verrons naitre de nouveaux inconvéniens à craindre, de nouvelles précautions à prendre, de nouveaux avantages à espérer; et ces précautions, ces inconvéniens, ces avantages se rattacheront à ce que nous venons de de dire par cette chaine non interrompue qui unit entr'elles toutes les vérités. On ne sauroit douter que l'émulation proprement dite, qui consiste dans la rivalité, ne soit un puissant moyen d'animer la volonté et d'aiguiser les facultés de l'élève; mais on peut, ce me semble, affirmer également que *l'émulation d'un à plusieurs* est la seule dont on n'ait rien à craindre; tandis que *l'émulation d'un à un* est toujours accompagnée de beaucoup de dangers et de mauvais résultats. On peut observer cette différence dans les grands évènemens de l'histoire, comme dans les petits intérêts d'une famille ou d'un collége. Le noble amour-propre qui excite des hommes, membres de la même société, poursuivant la même carrière, défendant la même cause, à tâcher de s'égaler ou de se surpasser les uns les autres, est souvent ce qui produit dans les armées des prodiges de valeur, dans les affaires publiques des prodiges de dévouement; dans les concours de tout genre des exemples merveilleux de talent, de zèle, de constance : nous lui devons l'amour de la gloire, ce sentiment généreux par lequel un seul homme cherche à s'élever aux yeux de tous, et qui a fait déployer plus de vertus qu'il n'a pallié de vices. Il semble alors que chacun ne voie dans ses nombreux rivaux que des concurrens, c'est-à-dire des hommes qui marchent dans la même route, mais en suivant la même direction, et par lesquels il n'est pas permis de se laisser dépasser; mais qu'on voit autour de soi sans dépit et sans haine. Dès que la rivalité d'un à un s'est établie, le concurrent devient un adversaire, qui se place devant vos pas pour vous empêcher d'avancer, et qu'il faut combattre si vous voulez continuer votre course : alors naissent l'envie, la jalousie, l'animosité et tous les grands crimes, ou toutes les actions basses qui vont à leur suite. Une vertueuse émulation animoit tous les citoyens de Sparte quand Pédarète se félicitoit de ce qu'on en avoit trouvé trois cents plus braves que lui ; mais s'il eût fallu seulement choisir entre lui et un autre, et qu'il eût été rejeté, il auroit probablement pris en haine son rival, au lieu d'éprouver et d'exprimer ce beau sentiment que nous admirons encore. Les enfans et l'amour des petites distinctions de collège ressemblent plus qu'on ne pense aux grands hommes, et à l'amour de la gloire ; c'est pour cela que l'emploi de l'émulation proprement dite, si utile dans l'éducation publique, a toujours dans l'éducation particulière les plus grands inconvéniens : nous renvoyons à un prochain article le développement de cette idée et de ses conséquences.

F. G.

JOURNAL

ADRESSÉ PAR UNE FEMME A SON MARI, SUR L'ÉDUCATION DE SES DEUX FILLES.

Numéro VII.

Mon ami, auprès de quelles misères on vit sans le savoir et sans y penser! Depuis six mois se mouroit dans la maison voisine de celle où je loge, une jeune fille de vingt ans, seul appui de sa mère et de deux petites sœurs qu'elle faisoit vivre de son travail. Cette famille, accoutumée à un état plus aisé, cachoit sa misère. On la soupçonnoit, mais sans en connoître l'excès; et, comme elle n'en parloit pas, personne ne s'en occupoit. Cependant, le travail de la pauvre jeune fille, quoique toujours trop fort pour son état, avoit diminué tous les jours. Il avoit enfin cessé tout-à-fait, on avoit vendu peu à peu les débris du mobilier, le linge, et cette infortunée avoit vu s'épuiser à la fois les dernières ressources de sa famille, et les derniers restes de sa vie. Enfin, elle est morte hier matin, et hier matin sa malheureuse mère s'est trouvée sans aucun moyen de donner un morceau de pain à ses autres enfans. Accablée de douleur, d'inanition et de fatigue, au moment où sa fille a rendu le dernier soupir, elle est tombée sans connoissance. Les cris des deux petites enfermées dans cette chambre où elles croyoient leur mère morte ainsi que leur sœur, ont attiré les voisins. On a enfoncé la porte, on a enfin connu tous les maux que renfermoit cet asile de la douleur; la bonne de mes enfans qui se trouvoit là par hasard est venue toute en larmes me raconter ce qu'elle avoit vu. J'ai envoyé des secours; on avoit profité de l'évanouissement de la mère pour la transporter hors de la maison, une voisine avoit emmené les deux enfans. Ce matin après l'enterrement de la pauvre jeune fille, Sophie et Louise m'ont demandé la permission d'accompagner leur bonne qui alloit porter de la soupe aux petites. J'y ai consenti. A leur retour et toute la journée il n'a été question que de ces pauvres enfans si maigres, si pâles, qui n'étoient pas sortis de la chambre depuis trois mois, parce qu'ils n'avoient que des haillons pour se couvrir, qui couchoient sans draps, parce qu'ils n'en avoient plus. Après m'en avoir assez parlé, elles ont été s'asseoir dans un coin et faire des projets pour Victoire et Joséphine dont elles savoient déjà les noms. J'entendois Louise qui vouloit apprendre à tricoter pour leur faire *beaucoup* de paires de bas, et Sophie a résolu d'amasser l'argent de ses semaines, jusqu'à ce qu'elle puisse leur donner des souliers.

Je voyois ces projets de bienfaisance absorber toutes leurs pensées, animer leur figure et tout leur être du sentiment d'une joie vive à laquelle ne se méloit aucune tristesse sur le malheur même qu'elles mettoient tant d'intérêt à secourir. C'est qu'en effet ce malheur n'étoit point du tout ce qui les occupoit : dans le besoin qu'on pouvoit avoir de leur secours, elles ne voyoient que le plaisir de donner; plaisir auquel un enfant est sensible de bonne heure, parce qu'il a connu celui de recevoir. Nous aimons tous à produire un effet sur les autres, à leur causer une émotion quelconque. L'enfant sûr de produire par un présent cette émotion qu'il connoît bien, donne avec plaisir; mais le plaisir de donner une fois passé, il veut reprendre, parce qu'il ne comprend ni le but, ni l'objet d'un présent; encore moins comprend-il le malheur au moment même où il paroît le plus empressé à le soulager. Louise croyoit, il n'y a pas encore long-temps, que le sou qu'elle donnoit au pauvre qu'elle rencontroit dans la rue lui servoit à acheter des gâteaux pour ses enfans; Sophie lui a expliqué que c'étoit pour leur avoir du pain; mais elle ne se figuroit pas plus que Louise l'état d'un homme qui a besoin pour donner du pain à ses enfans du sou qu'on lui donne en passant : aussi l'unique sentiment que lui inspire la vue d'un pauvre qui demande l'aumône, c'est l'empressement d'aller lui donner un sou; et quant à Louise, elle y prend tant de plaisir, qu'elle voudroit que tous les hommes mal mis qui passent à côté d'elle fussent des pauvres.

Je me garde de détruire ce sentiment en lui expliquant l'excès de misère qui peut réduire un malheureux à demander l'aumône. Supposé qu'elle me comprît, elle sentiroit que son sou ne peut être pour lui un grand soulagement, elle n'auroit plus de plaisir à le donner; et alors quel sentiment lui resteroit-il ? un sentiment pénible qui lui feroit fuir le pauvre au lieu de le chercher; car elle n'auroit plus quand elle le rencontreroit de quoi se procurer un plaisir qui pût contre-balancer la peine que lui causeroit le spectacle de la misère.

Par la même raison, j'avois eu soin qu'on n'entretînt pas trop mes filles des détails déchirans de l'évènement qui nous avoit occupés. Mais comme, malgré mes précautions, elles avoient entendu parler du désespoir de la malheureuse mère, des cris, des convulsions qui avoient suivi son évanouissement, elle leur inspiroit une sorte de crainte, et ce n'est qu'après s'être assurées qu'elle n'y étoit pas, qu'elles m'ont demandé la permission d'aller voir les enfans. C'est parce que j'avois la même certitude, que je l'ai permis. Je sais, mon ami, qu'il ne faut pas éviter aux enfans la connoissance de la douleur, puisque c'est uniquement de cette connoissance que la sensibilité peut apprendre à se diriger sur les objets qui la méritent; mais je crois qu'il ne faut l'introduire qu'avec précaution, et comme on prépare celui qu'on veut instruire d'un malheur qui lui est personnel en lui présentant d'abord les motifs de courage et de consolation; il faut que l'enfant sache qu'il peut soulager, en même-temps qu'il apprend qu'on souffre: c'est pourquoi il faut avoir soin de ne lui présenter que des douleurs qu'il ne puisse croire hors de sa portée, autrement son premier besoin seroit de s'en distraire. L'autre jour j'avois mal aux dents; Louise, après m'avoir plainte, caressée, consolée à sa manière, me dit : *N'est-ce pas, maman, que vous ne souffrez plus ?* Elle avoit besoin de le croire; je lui dis : *Non, mon enfant, va jouer.* Elle s'en alla en sautant; si je lui eusse dit que je souffrois encore, elle auroit été jouer un instant plus tard, mais elle y eût été de même ; elle auroit oublié ma douleur, j'ai mieux aimé qu'elle la crût passée.

Nous ne pouvons espérer de fixer l'imagination des enfans sur un sentiment trop pénible; nous ne devons pas le désirer. De même que Montaigne, je n'aime ni n'estime la tristesse, *qualité*, dit-il, *tousjours nuysible, tousjours folle..... tousjours couarde et basse.* La tristesse, cet état d'abattement où nous plonge le sentiment d'une peine que nous ne pouvons ni supporter, ni soulager, reporte nos idées sur nous-mêmes, sur la sensation douloureuse que nous fait éprouver le malheur des autres, plutôt que sur ce malheur auquel nous nous voyons inutiles; et nous pouvons le devenir par l'excès même de l'émotion qu'il nous cause. Rendez un être foible témoin d'un accident, vous le voyez éperdu, absorbé par son effroi ou sa douleur, hors d'état d'employer au soulagement de celui qui souffre une sensibilité employée toute entière par ses propres sensations. Tel sera toujours un enfant, si vous le frappez trop vivement de l'idée du malheur; elle le saisit tellement, qu'elle ne laisse plus à son imagination la faculté de s'exercer sur les moyens de soulagement, et alors sur quoi s'exercera-t-elle ? sur le malheur lui-même qu'il va se représenter avec les circonstances les plus propres à l'effrayer, et que bientôt il ne manquera pas de s'appliquer : un enfant qui en auroit vu un autre écrasé par une charrette, et qui auroit reçu de cet affreux spectacle l'impression qu'il doit produire, songeroit beaucoup moins à plaindre ce malheureux enfant qu'à avoir peur des charrettes.

C'est à cette fausse direction de l'imagination qu'il faut bien prendre garde, en entretenant les enfans des malheurs même dont le détail peut être à leur portée. Ce matin, après avoir épuisé tous les projets de bienfaisance, Sophie a commencé à tourner ses réflexions et ses questions sur ce qu'avoient dû souffrir ces deux pauvres petites filles. *Jugez*, lui dit sa bonne, *si tous les jours, quand vous avez bien faim, au lieu de votre dîner et de votre déjeuner, on ne vous donnoit qu'un morceau de pain, et encore bien petit.* — *J'en serois bien fâchée*, dit vivement Sophie que cette idée révoltoit ; je me hâtai de reprendre : *Oui, mon enfant, pendant que tu avois tous les jours des gâteaux, du fruit, tout ce qui te faisoit plaisir, ces pauvres enfans n'avoient pas seulement assez de pain pour s'empêcher d'avoir faim.* Elle ne dit rien, mais je vis son petit cœur se serrer, et à dîner elle garda sa grappe de raisin pour la leur porter. La supposition que lui avoit présentée sa bonne, avoit tourné sur elle-même l'idée du malheur ; ce que je lui avois dit l'avoit reportée sur les autres.

Selon que notre imagination aura pris l'une ou l'autre de ces routes, notre sensibilité deviendra utile aux autres ou funeste à nous-mêmes; où nous chercherons le malheur pour le soulager, ou nous fuirons l'émotion pénible qu'il nous donne; elle fera naître ou ce dévouement qui nous consacre au bonheur de ceux que nous aimons, ou cet égoïsme d'affection qui les sacrifie au bonheur que nous pouvons attendre d'eux, et ne compte pour quelque chose dans leur existence que la partie qui se rattache à la nôtre.

Il est, je l'avoue, assez difficile de détourner entièrement l'imagination de la route personnelle; notre sensibilité ne s'émeut que pour les choses qui nous frappent, et nous sommes nécessairement frappés plus fort de ce qui nous touche de plus près. Nous ne pouvons même imaginer que les choses dont nous avons la faculté d'être personnellement affectés. Jamais on ne fera comprendre à un aveugle-né, que l'éclat de la lumière puisse blesser les yeux, ni à un sourd de naissance qu'un trop grand bruit puisse faire mal à la tête. Il est donc impossible que l'idée de la douleur des autres nous vienne autrement que par celle que nous nous formons de la douleur que nous éprouverions à leur place; l'important est qu'au lieu de nous arrêter sur cette impression personnelle, nous transportions immédiatement sur les autres l'idée qu'elle nous a donnée : c'est à quoi nous aidera la différence des situations; car la douleur dont nous sommes témoins étant bien de celles que nous pouvons éprouver, mais non pas de celles que, par notre situation, nous pouvons éprouver actuellement, nous en sommes en ce moment réellement bien plus près par les autres que par nous-mêmes. Ainsi, ce qui a fait concevoir à Sophie le malheur des deux pauvres petites filles, c'est la faculté qu'elle a d'être tourmentée du besoin de la faim ; mais comme sa situation n'étoit pas telle qu'elle pût se croire exposée à en souffrir, cette idée de souffrance ne s'est point reportée sur elle, ce qui auroit pu arriver si je l'eusse laissée s'arrêter sur l'idée que lui avoit présentée sa bonne, et se composer dans son imagination le tableau d'une situation pénible pour elle-même, et, qui en lui devenant présente eût éloigné l'idée de la peine des autres.

Il y a donc en nous la faculté d'une foule de sensations personnelles dont l'idée, en l'appliquant isolément aux peines des autres, produit notre sensibilité pour eux, tandis qu'en les réunissant et les liant à notre propre situation, elle produit notre sensibilité pour nous. Une femme pleure à la tragédie ; ce qui l'émeut ce sont des sentimens qu'elle a éprouvés ou pu éprouver ; cependant, tant que ces sentimens ne se lient pas dans son imagination de manière à lui retracer sa propre destinée, sa sensibilité est pour les personnages de la pièce ; mais s'il arrive un moment où le tableau qu'ils lui présentent puisse se rapporter exactement à elle, elle oublie tout le reste, pour ne plus voir qu'elle-même, et ne pleurer que ses propres malheurs.

Il est impossible que ce ne soit pas souvent là l'effet de cette sensibilité oiseuse qu'excitent en nous des récits de maux imaginaires ou éloignés de notre portée, dont par conséquent nous ne pouvons adoucir le sentiment par l'activité que nous pourrions mettre à les soulager. Aussi éviterai-je le plus long-temps que je pourrai pour mes filles, les histoires tristes et attendrissantes. Je leur veux une sensibilité non pas rêveuse, mais active, en qui le sentiment de la douleur fasse naître aussitôt le besoin de courir au remède, et éveille presqu'en même temps le chagrin de voir souffrir et le plaisir de soulager. J'exercerai donc long-temps leur ame et leur imagination au plaisir d'être utile, sentiment actif qui nous porte vers les autres, avant de cultiver en elles la faculté de souffrir de leurs peines, sentiment inerte qui nous fait retomber sur nous-mêmes, si nous n'avons appris à en sortir par l'activité. Je suivrai la marche de la nature qui les attache à leurs semblables par le plaisir, avant de les y attacher par la douleur; la marche de toute affection qui doit se fortifier par les jouissances que nous recevons d'un ami avant de nous rendre capables de supporter ses peines : il faut qu'elles sachent aimer les autres avant de savoir les plaindre, afin qu'elles ne les plaignent jamais inutilement; elles sentiront de l'affection pour ceux qui souffrent, quand l'espoir de soulager leurs peines leur promettra un plaisir, et j'aurai soin, pour que cet espoir puisse naître et ne soit pas trompé, de proportionner le plus que je pourrai leur sensibilité à leur force, de ne dévoiler à leur imagination d'autres maux que ceux qui ne seront pas tout-à-fait hors de leur portée, ou du moins qu'elles pourront espérer d'atteindre; je ne les exposerai point, si je puis, au spectacle d'une violente douleur devant laquelle elles seroient obligées de rester muettes; je ne les laisserai se pénétrer que de l'idée des chagrins qu'elles peuvent espérer de consoler. Enfin, lorsqu'elles découvriront des douleurs inconsolables, des maux au-dessus de toute ressource, elles trouveront, j'espère, dans l'habitude de songer au bien qu'elles peuvent faire, une consolation aux peines qu'elles seront obligées de se borner à plaindre. P. M.

IIIe LETTRE AU RÉDACTEUR.

DU SEVRAGE, DES DIFFÉRENS ALIMENS ET DE LEUR INFLUENCE RELATIVE SUR LES DIVERSES DISPOSITIONS ET SUR LE DÉVELOPPEMENT DES ENFANS.

(Continuation.)

En parlant des végétaux qui peuvent servir à notre nourriture, la première observation à faire, c'est qu'il est bon d'intercepter, pour ainsi dire, en chemin, les sucs destinés à la reproduction: c'est pour cela qu'il vaut mieux manger les racines de carottes avant qu'elles montent, et lorsqu'elles sont comme engorgées de sucs nourriciers; les premières feuilles des épinards, les jeunes pousses des asperges, les réceptacles tendres des artichauts, les plus petits pois, etc. Les plantes potagères contiennent principalement du mucilage, de la fécule verte, du sucre, des acides, de la résine, un extrait amer, des aromes, des huiles et quelquefois des gaz. C'est le mucilage qui prédomine dans les courges, les melons et les concombres; la fécule s'y trouve visiblement mêlée dans les épinards, les artichauts, les haricots verts, les cardons d'Espagne; les carottes et les betteraves contiennent du sucre en abondance; l'oseille offre un fort acide; l'amer se rencontre dans les cressons et la chicorée; les aromes dans le persil, le céleri, les oignons, les échalottes; la laitue est narcotique, le chou et les navets sont venteux, et la première de ces plantes renferme une partie végéto-animale; enfin on trouve de la résine dans le panais, et un principe particulier dans les asperges.

Ces différences de composition doivent déterminer l'emploi de ces végétaux comme alimens, dans telle ou telle circonstance: ce qu'on peut dire en général, c'est que la nourriture végétale, préférée par les peuples du midi, et moins nourrissante que la nourriture animale, convient assez à la première époque de la vie, en en exceptant les légumes trop venteux comme le chou, trop excitans comme les oignons, et trop farineux comme les fèves (*a*). Quant aux *fruits*, il en existe égale-

---

(*a*) L'analyse des légumes est encore imparfaite; il y a peu de temps qu'on a découvert des substances azotées dans le chou, comme dans beaucoup de crucifères.

ment qui sont *acides*, comme les oranges; *huileux* comme les olives, les amandes, les noisettes, les noix; *mucilagineux* et sucrés, comme les figues, les pêches, etc. Toutes ces substances renferment les élémens de la végétation, mais dans des proportions différentes; elles sont toutes susceptibles de certains assaisonnemens, de certaines préparations, et produisent toutes des effets particuliers selon les différentes dispositions de ceux qui en font usage. L'acidité, la disposition à la fermentation, la rancidité de l'huile, l'abondance même du mucilage les rendent souvent indigestes, venteuses, trop froides pour l'estomac. Le sucre, les sels, les acides rafraîchissent plus ou moins; les huiles aromatiques, les amers assaisonnent nos mets en les rendant plus excitans; ce que la nature n'y a pas mis, nous l'y ajoutons dans nos cuisines, tantôt par des substances indigènes, telles que le miel et le vin, ou le thym et la sauge, la menthe et la sarriette, l'ail et les oignons; tantôt par des substances étrangères, telles que le sucre, la muscade, les clous de gérofle, le poivre, la cannelle, la vanille, etc. C'est ainsi que l'assaisonnement augmente la nomenclature des alimens propres à nous nourrir, et nous aide à les convertir dans notre propre substance. On observe dans *les boissons* des modifications semblables; il en est de nourrissantes, comme les infusions des mucilagineux et la *bière*. La bière d'avoine est la plus foible; d'autres sont plus sucrées, ou plus amères et plus stomachiques; il en est qui deviennent venteuses, et quelquefois lourdes et enivrantes. L'abus de la bière m'a paru spécialement produire l'effet de rendre lourd à un âge où l'on trouve encore beaucoup de vivacité dans les pays de vignobles. Mais on fait dans le nord une soupe de bière légère avec du pain, que l'on peut donner avec avantage pour déjeuner aux enfans vifs et mobiles, vers le milieu de l'époque dont nous parlons. En général, et la raison en est facile à concevoir, on doit s'abstenir de leur donner alors du vin, du café, ou du chocolat.

Outre la qualité primitive des alimens, il faut encore avoir égard à la *manière de les préparer*. Les faire *bouillir*, c'est-à-dire, les mêler avec de l'eau, et les exposer au feu pour les rendre plus dissolubles, est la préparation la plus convenable pour les enfans; c'est épargner à leur estomac une partie des efforts qu'il auroit à faire pour les dissoudre. Ce qui est *étuvé*, dissous par ses propres liquides dans des vases fermés, est déjà plus pénétré de graisse et de parties indigestes; faire *rôtir* et *griller*, c'est exposer les substances à un feu vif qui sèche en partie la croûte; le calorique pénètre, et les sucs qui ne peuvent s'évaporer ramollissent les parties intérieures : la viande alors n'a rien perdu de ses sucs nutritifs; aussi peut-elle en contenir trop pour l'enfant; comme elle est d'ailleurs plus dure, il a besoin d'une force digestive plus grande que n'est ordinairement celle du premier âge: faire *frire*, enfin, c'est faire rôtir dans de l'huile, de la graisse, ou du beurre; c'est ce qu'il y a de plus indigeste pour les enfans et pour les adultes, ainsi que toute espèce de *gâteaux*. Les *substances séchées ou fumées* sont également assez difficiles à digérer, quoiqu'elles n'aient ordinairement perdu que peu de parties nutritives.

Les substances se modifient au reste, par elles-mêmes, sans préparation artificielle. Outre les changemens qu'elles subissent selon le genre de nourriture qui les a formées, leur degré de croissance, la culture qu'elles ont reçue, elles passent encore après leur mort par des révolutions continuelles : les végétaux, par la *fermentation* panaire, acéteuse, vineuse ; les animaux, par la *putréfaction* ; et c'est à ces différentes époques que nous les prenons avec plus ou moins de succès ou de désavantage, selon la force digestive naturelle plus ou moins grande que nous possédons. Ici encore, avant qu'elles fassent partie de notre substance, nous y mêlons la *salive*, qui contient déjà du mucilage, de l'albumine, des sels terreux ; le *suc gastrique*, qui est plus dissolvant encore ; *la bile*, qui fournit une matière huileuse, douceâtre et amère. Cette bouillie, ainsi mélangée, contient les élémens du chyme et du chyle, qui, d'après les dernières analyses, est la substance la plus semblable au sang. La *matière superflue* doit être chassée du corps par les divers émonctoires, par les selles, les urines, les sueurs, les salives, ou par des membranes muqueuses. Il y a des bornes à la quantité de matière nutritive que l'homme peut absorber : le plus fort gourmand ne digère pas en raison de ce qu'il avale ; et il doit exister une certaine proportion entre les substances et les forces digestives de l'individu : sans cela il en est fatigué. Cette proportion ne sauroit être déterminée. Il semble que nous ayons à un certain point besoin de superflu; on remplit même le corps avec des substances inutiles, hétérogènes, qui forment une espèce de lest servant à peser sur l'estomac, pour en exciter le travail, surtout lorsqu'il est usé, comme chez les vieillards. C'est ainsi que les oiseaux et les poissons avalent de petites pierres, que les chiens avalent les os. Les solides contribuent aussi à retenir dans le corps les fluides, qui sans cela passeroient trop vite dans le chyle ou s'échapperoient par les excrétions. Les enfans consomment beaucoup d'alimens à raison de leur croissance; et c'est à ces nourritures si diverses, si diversement préparées qu'il faut les habituer peu à peu, après le sevrage; ce sont toutes ces opérations que leurs organes digestifs doivent apprendre à exécuter. Comment choisir parmi tant de substances différentes? Comment les faire concourir au perfectionnement du corps entier et de ses organes particuliers? Comment leur faire subir les modifications nécessaires? Pour jeter quelque clarté sur ce chaos de considérations et de faits, suivrons-nous la division de l'histoire naturelle en trois règnes? Mais les trois règnes entrent presque toujours dans la composition de chaque substance, et, proportion gardée, le moindre élément est quelquefois du plus grand effet. Chercherons-nous à séparer par des moyens chimiques les élémens nutritifs, pour connoître à fond l'influence de chaque molécule sur notre corps ? Mais la nature paroît vouloir du mélange et même du superflu dans nos alimens ; et nous, nous mélangeons encore plus dans nos cuisines. Ferons-nous des expériences sur les matières primitives pour en déterminer exactement les effets ? Les individus et les circonstances diffèrent au point qu'il est difficile de faire ces expériences assez en grand et en assez grand nombre pour obtenir des résultats certains.

Consultons donc simplement *l'expérience* la plus générale, dût-elle être moins précise, afin d'avoir un guide dans la pratique : L'enfant que nous supposons entre sa deuxième et sa troisième année, digère facilement, pour son déjeuner, du laitage, une soupe plus ou moins maigre avec de la semoule, une soupe de bière, un peu de biscuit, du pain avec du miel ; à midi, qu'on lui donne un bouillon avec de l'orge perlé, du riz, des légumes, comme la carotte, les épinards, et du pain avec des compotes de fruits ; à mesure qu'il avance en âge, surtout vers la cinquième, la sixième année, un peu de poulet tendre, de veau maigre, du bœuf, et en général une nourriture plus animale. Après midi, un peu de fruits, de biscuit, etc. comme au déjeuner. Le soir, une soupe maigre, une tranche de pain beurrée, et autres choses semblables. Que la boisson ordinaire ne soit que de l'eau, à moins que des circonstances particulières n'engagent à donner de la bière ou un mélange d'eau et de vin. Il est bon en général d'accoutumer l'enfant à une boisson froide. Enfin on fera en sorte qu'à sept ans il soit en état de faire usage de tout ce qui s'offre dans un ménage ordinaire, à l'école, en pension, à la ville, au village, dans la condition et le pays où il doit vivre avec ses semblables.

Si nous songeons à présent aux *circonstances particulières* qui peuvent rendre tel ou tel régime nécessaire, en nous rappelant les substances nutritives que nous avons passées en revue, nous trouverons dans les unes ou les autres, les sels qui rafraîchissent et favorisent les excrétions alvines ; le mucilage, l'albumine, alimens légers et plus *nourrissans*; la fécule, le gluten végétal, la gélatine, la fibre musculaire, plus nourrissans encore, mais graduellement plus difficiles à digérer, et plus *excitans*. Les premières de ces substances peuvent favoriser un peu le resserrement. Les huiles, moins nutritives, d'une digestion difficile, et donnant lieu à un sentiment de fer chaud, sont *adoucissantes*. Les huiles éthérées, volatiles, odorantes, excitent et favorisent la transpiration, et l'écoulement des urines, soit par des infusions, comme le thé, soit par des assaisonnemens, comme le persil, le céleri, les oignons. Les acides végétaux rafraîchissent naturellement, quoique, à la longue, ils affoiblissent l'estomac. Le sucre, la manne, le miel, les compotes de fruits sont nourrissans, d'une digestion facile, et aident à faire passer les autres substances. Les aromes, comme le poivre, stomachiques sans doute pour les adultes, sont trop échauffans pour l'enfant, dont les forces digestives ne doivent être ni usées d'avance, ni émoussées. Le vin et tous les spiritueux produisent le même effet. Quelques substances fermentent trop aisément, et gonflent l'estomac ; tels sont les fruits crus et les alimens venteux. D'autres, comme le melon, sont trop froides et trop lourdes pour un estomac foible. D'autres trop visqueuses ou trop épicées, etc.

Après avoir ainsi étudié la nature et les propriétés des différens alimens, que l'on se rappelle les différences individuelles dont j'ai parlé dans ma dernière lettre : l'on aura d'abord égard à la *constitution générale*, qui peut être vive, susceptible, et avoir besoin de mucilagineux, de calmans, comme la laitue ; ou être froide, et avoir besoin d'excitans ; c'est ce qu'indiqueront l'abondance des fluides blancs, la bouffissure, trop de disposition à la graisse, etc. Un indice de pléthore et d'un excès de fluides rouges invitera au contraire à un régime doux, et parfois à un peu d'abstinence. Les dispositions morbifiques donnent lieu à d'autres considérations fort importantes, mais difficiles à expliquer ici : par exemple la disposition à l'engorgement des glandes, aux scrofules, au ramollissement des os, ou rachitisme, à la dureté de la peau, comme dans le carreau, demande un régime excitant et animal, tandis que la disposition aux inflammations, à certaines éruptions et congestions, etc., peut engager à choisir le régime végétal et opposé.

Si on descend ensuite aux particularités et que l'on considère la grosseur trop marquée du *bas-ventre*, on aura lieu de donner à l'enfant moins de farineux et de pommes de terre, plus de bouillon, et de légers excitans; même une goutte de vin sucré, qui est plus nourrissant; moins de venteux, comme les choux, les fruits crus, et plus d'amers, comme l'infusion de houblon. Les glaires, la disposition aux vers exigeront la même marche. Les fréquentes constipations disparoîtront par l'usage des compotes de pruneaux; les diarrhées et les coliques nécessiteront quelquefois des mucilagineux, et même des visqueux et des corps plus durs. Les enfans ont souvent les urines colorées et troubles; mais si l'on s'aperçoit d'une véritable disposition à la gravelle, on augmentera les boissons; dans un âge un peu plus avancé, on donnera de l'eau de chaux, du thé; dans d'autres cas, des boissons acidulées : on mêlera dans la soupe des diurétiques, tels que le persil, l'ail et les oignons qui servent aussi contre les vers. Les enfans qui ont la peau dure se trouvent bien de légers excitans de ce genre; les bilieux ont plutôt besoin de petit-lait, d'acides végétaux assez légers, d'extraits de plantes savonneuses, de boissons délayantes. Il faut du reste essayer des alimens de diverses espèces, au lieu de s'en tenir absolument à un régime, à moins qu'on ne soit sûr que s'il n'est pas très avantageux, il n'en résulte du moins aucun inconvénient.

La poitrine serrée, la circulation et la respiration accélérées invitent à l'usage du laitage et des mucilagineux, aux légères émulsions. Il faut en général éviter les choses échauffantes, dans un âge où un surcroît de vivacité peut faire consumer en pure perte une partie des forces nécessaires à la croissance.

La tête trop grosse, des congestions vers cette partie, la trop grande vivacité ou l'assoupissement, exigent également qu'on s'abstienne de tout spiritueux. La stupeur peut aussi être occasionnée par le laitage, et par une nourriture visqueuse et trop lourde; il sera quelquefois difficile de trouver une nourriture en même temps assez facile à digérer pour ne pas incommoder, et assez forte pour soutenir. Le nombre des repas peut aussi varier, selon le but qu'on se propose.

Les forces musculaires et les organes du mouvement gagnent souvent à une nourriture plus dure et plus substantielle, lorsqu'ils sont déjà assez exercés pour la supporter; il faut d'ailleurs que les jeunes estomacs apprennent à vaincre quelques difficultés. Cependant il est aisé de sentir que dans le travail général de la nutrition il entre trop d'instrumens et d'agens divers, pour qu'à l'époque dont il s'agit, on doive songer à favoriser une fonction ou une partie déterminée du corps avant que l'harmonie générale soit bien établie. Dans cette complication extraordinaire, il faut laisser agir la nature, et craindre d'en troubler la marche sans nécessité. Aussi les préceptes négatifs, qui nous apprennent à éviter les choses nuisibles, sont-ils bien préférables à ceux qui nous porteroient à régler tout d'après notre fantaisie.

S'il n'est pas donné à l'homme de connoître tous les mystères, tous les mobiles de la nature, elle lui a du moins inspiré le desir et donné le pouvoir d'essayer sa propre force, de s'examiner et d'agir en conséquence. Les expériences des autres sont perdues en partie pour chacun de nous; il faut que nous nous exercions nous-mêmes: nous introduisons des corps étrangers dans notre estomac, comme nous essayons de nouveaux remèdes, comme nous nous accoutumons aux divers climats. Un coup d'œil jeté sur l'histoire nous fera bientôt voir comment a pu s'introduire cette infinie variété de dispositions qui entraîne des besoins si différens. Dans l'état de nature, la mère allaite long-temps son enfant; elle le nourrit ensuite avec les racines, les fruits, le poisson ou le gibier grillé et séché que l'homme prépare pour son usage. Peu recherché dans ses goûts, il digère tout, parce qu'il s'exerce beaucoup; ou il périt soit d'indigestion, soit de faim. — La prévoyance fait naître l'agriculture. Le paysan s'accoutume à une occupation, à une nourriture uniforme; il n'a besoin, pour prospérer, que d'exercer la force de ses muscles, et son bon sens. Mais la famille s'accroît, le village se change en bourg, et bientôt en ville; la terre ne suffit plus à ses habitans: on s'éloigne, on revient, rapportant le goût de nouveaux alimens, de nouvelles habitudes qu'on acclimate, qu'on échange; le commerce crée des manufactures, et avec elles naissent encore d'autres habitudes; les professions et les états se forment, se séparent; les hommes ont des occupations différentes, et ne sauroient vivre de la même nourriture: ce n'est plus seulement de grandes forces musculaires qu'ils ont besoin; tantôt il faut exercer la tête et inventer, tantôt il faut exécuter des instrumens et des machines, et nourrir spécialement certaines parties du corps; ici, ce sont les voies digestives; là, c'est la poitrine, ou la tête, ou les extrémités qui se trouvent fatiguées, ou qui ont besoin d'un grand développement. L'enfant est né dans un de ces états; et, s'il a le bonheur de ne pas tenir de ses parens quelque disposition malheureuse, il se trouve du moins entouré d'agens semblables, et est forcé de s'habituer à la même nourriture. A cette marche naturelle du genre humain, source d'une multitude de variétés et de divergences parmi les individus qui le composent, sont venues se joindre d'autres divergences et d'autres variétés produites par une infinité de substances nouvelles dont les arts et les découvertes ont amené l'usage. La Grèce et l'Italie apportèrent les fruits de la Perse; Alexandrie reçut de son fondateur les parfums de l'Orient; les Romains plantent des vignes dans la Gaule, et le nord voit des religieux entourer leurs monastères des légumes de l'Italie. De petites républiques enrichissent les Médicis; ils viennent régner sur la France, et y portent des habitudes méridionales. L'Espagne, la Hollande, et l'Angleterre mêlent les productions équatoriales avec les poissons de la mer du nord ; et Paris règle les cuisines comme les modes et le ton du continent. Tous ces alimens, diversement amalgamés, et versés dans la masse du sang de l'homme de la zone tempérée, n'auroient-ils exercé que des influences nuisibles? N'auroient-ils contribué en rien à cette activité européenne? Ces assaisonnemens si variés et si nouveaux n'ont-ils pas souvent empêché de mauvaises digestions? Cette eau-de-vie, due probablement aux Arabes, n'a-t-elle dans aucune circonstance excité le courage militaire? Le thé et le café n'auroient-ils jamais réveillé, exalté l'esprit d'hommes médiocres? — C'est des seules forces naturelles sans doute que naquit et que naît toujours le génie ; mais on n'a peut-être pas assez calculé l'influence et l'utilité des agens physiques pour répandre une civilisation plus générale. Espérons que la police plus rigoureuse de nos marchés, les recherches et les expériences que l'on tente à présent sur les substances indigènes étendront nos connoissances sur cette matière. Autant il est difficile de croire qu'on puisse entièrement changer la race et les dispositions, autant il est probable que la multiplicité des assaisonnemens a amené un plus grand développement, en facilitant la digestion et excitant les organes.

A côté de ces avantages marchent, il est vrai, de graves inconvéniens: Ces combinaisons si variées d'alimens, de boissons, ce régime excitant qui a pu donner aux facultés plus d'activité et d'énergie, n'amènent souvent qu'une précocité effrayante et des fruits gâtés avant d'être mûrs : aussi doit-on craindre de l'employer dans la première enfance : c'est au genre de vie de l'agriculteur qu'il faut revenir pour trouver les meilleurs modèles des habitudes à suivre à cet âge : on en adoptera l'uniformité, qui donne des forces solides, favorables au développement harmonique de l'homme tout entier. On trouvera dans une nourriture simple et dans cette vie calme qui la rend profitable des principes d'énergie et de longévité (*a*) : c'est à la fin de cette époque, et de sept ans à treize, lorsque l'enfant doit apprendre peu à peu à vivre avec et comme ses semblables, qu'il devient plus difficile d'allier les préceptes de l'uniformité et du calme avec l'exercice auquel sont appelées de bonne heure les facultés, et la variété de circonstances qui résulte de l'état de l'ordre social. Jusqu'à quel point et comment peut-on établir un équilibre si indispensable ? Jusqu'à quel point est-il possible d'administrer au corps de nouvelles substances, et de les faire servir au développement particulier d'un organe sans l'émousser ou l'user trop tôt, sans troubler l'harmonie nécessaire tantôt à la conservation de l'individu, tantôt à celle de la civilisation ? Ce sont là des problèmes d'éducation physique, dont la solution générale est encore bien peu

---

(*a*) D'après des calculs peu rigoureux, il meurt chaque année dans les grandes villes, un enfant sur vingt à trente ; dans les campagnes, un sur trente à quarante.

avancée et qui ne peuvent être résolus sûrement que pour chaque cas particulier. Puissé-je avoir répandu quelque jour, sur une matière si obscure, et si compliquée ! J'ai voulu tracer le tableau des rapports, heureux ou malheureux, qui existent entre la nature physique de l'enfant, le développement de ses organes d'une part, et les corps étrangers dont il se nourrit, ainsi que les lois auxquelles le soumet l'état de la société, de l'autre; j'ai cherché à indiquer comment on peut prévenir ou diminuer les inconvéniens attachés à telle ou telle organisation naturelle, à telle ou telle situation particulière. Je parlerai dans ma première lettre des impressions du climat et des moyens de les combattre avec succès par la manière de se loger, de se vêtir et de soigner la peau. En d'autres termes, je traiterai de la toilette de l'enfant.

FRIEDLANDER.

COUP D'ŒIL
SUR L'ÉTAT DE L'ÉDUCATION EN ALLEMAGNE, DANS LES DIX PREMIÈRES ANNÉES DU 19ᵉ SIÈCLE.

(CET article est extrait d'un journal allemand intitulé *Nouvelle Gazette Littéraire de Leipzig*. L'auteur ne présente sans doute qu'un côté de son sujet, et c'est le mauvais côté; mais il y a dans ses critiques tant de vérité et de raison, que nous avons cru n'y devoir rien changer.)

TANDIS que le monde politique est en proie aux agitations de la guerre, des concurrens non moins animés se disputent le champ de l'éducation. Cependant en dépit des défis continuels que se donnent les chevaliers des diverses méthodes, en dépit des manifestes qui menacent de détruire la pédagogique ancienne, moyenne ou moderne (*a*), ou toutes à la fois, notre jeunesse est, comme auparavant, élevée, instruite, endoctrinée, formée, soutenue, préparée par des maîtres savans ou ignorans, dans des écoles primaires et dans des universités, au sein des familles, dans des pensions ou même dans des maisons de surveillance; ici, d'après une méthode, là, d'après une autre, et souvent sans méthode. Si quelque instituteur fait réciter aux enfans l'*a*, *b*, *c*, dans l'ordre alphabétique qu'il a appris lui-même de son père, un autre range les lettres dans une succession, à son avis, plus naturelle et réglée soit par leur forme, soit par tout autre principe. S'il en est qui, sur une expérience réelle ou prétendue, croyant que les enfans qui ont appris l'*a*, *b*, *c*, d'après les nouvelles méthodes, ne lisent pas et n'écrivent pas aussi bien que ceux à qui on l'a enseigné d'après l'ancienne, leur fassent prononcer le *b be*, le *c ce*, l'*h ha*, le *z zet*, et ainsi de suite, d'autres se contentent de leur faire aspirer les tons des consonnes, tandis qu'un troisième attache à ces signes des noms particuliers tirés du souffle du vent, du sifflement des serpens, du cla-

---

(*a*) Les Allemands ont donné le nom de *pédagogique* à la science qui embrasse tous les principes et tous les détails de l'éducation.

quement des lèvres, du grincement des dents, ou d'ailleurs. *Bienrod, Weisse, Plato, Olivier, Tillich, Stephani* servent tour-à-tour de guides: celui-ci emploie le bureau typographique; celui-là se sert de notes pour apprendre à lire; il donne le ton à ses élèves avec une flûte et met de petits morceaux de viande dans la bouche de ceux qui ont la langue embarrassée, ne se gardant d'y mettre de petits cailloux comme Démosthènes, que dans la crainte que les enfans ne les avalent. Telles sont les innombrables variétés qui divisent aujourd'hui nos écoles primaires, et cependant nos enfans apprennent à lire et à prononcer comme jadis, les uns plus tôt, les autres plus tard ; ceux-ci avec plus, ceux-là avec moins de grâce et d'harmonie.

S'agit-il d'apprendre à calculer? l'un croit faciliter cette étude aux enfans, la leur rendre en quelque sorte sensible à l'aide de petits bâtons numérotés, tandis que l'autre n'a besoin pour enseigner les quatre règles, et même la règle de trois, que de ce grand bâton, qui sert à tout, et qui maintient la discipline dans la classe. Mais passons *ad altiora*: pendant que dans une école l'instruction religieuse a pour base le catéchisme de Luther ou celui de Dresde, dans une autre on adopte celui d'Hanovre, et ailleurs on prend pour guide le manuel de Seiler ou celui de Forster, Rosenmuller ou Niemeyer, Fischer ou Pilger, ou une marche propre au maître lui-même, ou simplement l'Ancien et le Nouveau Testament. Et tous ces enfans, instruits par des méthodes si diverses sont, lorsque l'âge est venu, et qu'ils ont soutenu l'*examen rigorosum*, confirmés comme autrefois, et admis au saint sacrement.

Ce seroit entrer dans des détails interminables que vouloir suivre dans toutes leurs variations, toutes les sciences enseignées aujourd'hui dans nos écoles. Tout homme un peu versé dans notre littérature pédagogique remplira les lacunes que nous serons obligés de laisser. Quant à la forme même de l'enseignement, ici, vous entendrez le maître causer avec les élèves, les interroger comme Socrate, les catéchiser, les examiner; là, vous le verrez les endoctriner, leur démontrer, leur déclamer, leur dicter, quelquefois même réciter le premier les prières afin que les enfans répètent, récitent, et prient après lui.

Pendant que tout cela se passe dans les écoles, paroissent sur le marché littéraire des légions de traités d'éducation, et dans le nombre une si grande quantité d'ouvrages polémiques, qu'il est vraiment étonnant que la manie spéculative de notre siècle n'ait pas encore réduit en système une polémique pédagogique, qui pourroit bien être aussi intéressante que la polémique théologique. Et sur quoi dispute-t-on? *de lanâ caprinâ?* à Dieu ne plaise! ils soutiennent tous qu'il s'agit de l'honneur de Dieu, ou tout au moins des intérêts de l'humanité.

La discussion qui s'éleva à la fin du siècle dernier sur le but final et sur les premiers principes de l'éducation et de l'enseignement, n'est pas encore terminée ; elle a été continuée de notre temps avec une nouvelle vivacité, qu'à parler sans façon on appelleroit grossièreté. Comme pour traiter cette discussion, il faut se demander quelle est la destination de l'homme, et que la réponse à cette dernière question dépend plus ou moins de la fixation du principe fondamental des connoissances humaines, on prévoit sans peine, pour peu que l'on soit au fait des systèmes philosophiques qui sont éclos en Allemagne depuis la philosophie de Kant, que ceux qui s'en occupent ne sont pas près d'arriver au même résultat. Il y a encore ici un matérialisme et un dogmatisme, un criticisme, un idéalisme transcendental, un idéalisme rationnel, un synthétisme, un scepticisme qui a produit des sectes innombrables : il y a encore des adversaires et des partisans de Kant, de Fichte, de Bouterwek, de Krug, de Schelling, de Wagner, de Bardili, etc.; enfin les mystiques mêmes sont ressuscités; la cranologie est venue embrouiller encore la matière, et chacune de ces sectes organise différemment ses écoles, remonte à des principes différens. De là s'introduisent dans les ouvrages d'éducation certaines formules de raisonnement composées de phrases presque toujours inintelligibles et souvent contradictoires. Cette prétendue profondeur qui enveloppe dans des tournures savantes, des idées fort simples que personne ne conteste et qu'un homme de bon sens exprimeroit en deux mots, veut aussi se glisser dans l'éducation pour la reprendre *ab ovo* ou plutôt pour la ramener *ad ovum*. La plupart des lecteurs regardent comme un chef-d'œuvre de profondeur philosophique un enchaînement de propositions comme celui-ci dont on peut trouver l'original dans une foule d'écrits pédagogiques. — « Le premier principe à poser en éducation, la base sur laquelle tout doit s'élever, c'est l'existence des enfans; l'existence des enfans suppose celle des parens sans qui il n'y a point d'enfans, l'existence des parens suppose une diversité de sexe; à cette diversité de sexe est attachée une force génératrice : admettre cette force, c'est admettre des forces naturelles en général, par conséquent une force naturelle originaire; ce qui nous amène à établir la réalité d'une nature qu'il faut distinguer en deux natures, la nature telle que nous la voyons, et la nature telle qu'elle est en elle-même, etc. » — Voilà de quoi sont remplis une foule d'ouvrages d'éducation, et ceux qui ne commencent pas par cette rare vérité, en contiennent d'équivalentes, d'aussi nouvelles, comme celle-ci encore : — « Élève ton enfant de manière à pouvoir former le vœu que tous les enfans, sur la terre, au-dessous et au-dessus, fussent élevés comme lui. »

Ce qu'il y a de plus clair, et de plus positif dans cet insignifiant galimatias, ce sont les plaintes que l'on forme contre toutes les maximes, toutes les méthodes d'éducation en usage autrefois; ou, comme on l'appelle, contre la marche irrégulière et sans principes qu'a suivie jusqu'ici la pédagogique. — Précepteurs, nous crie-t-on, professeurs, maîtres d'écoles, vous n'avez jusqu'ici formé l'homme que d'une manière partielle et incomplète; c'est l'homme tout entier qu'il faut développer : vous ne vous êtes occupés que de l'homme extérieur, agissant; c'est l'homme intérieur, sentant, que l'on doit élever (et on l'appelle en grec ὁ ἔσω ἄνθρωπος, l'*homme du dedans*); vous n'avez que des vues courtes et étroites; c'est sur vous que repose la malédiction prononcée contre le séducteur de notre mère commune : tu ramperas sur le ventre, et tu mangeras la poussière toute ta vie. Saisir fortement cet homme intérieur, ce qu'il a en lui d'absolu, de divin, d'infini; ne pas lui donner une forme conventionnelle, étrangère; le développer en lui-même, selon sa nature; voilà le but de l'éducation. Mais vous, pédagogues, docteurs, et tous les autres, vous n'avez jamais cherché à atteindre, vous n'avez pas même soupçonné ce but de votre mission, et vous êtes la cause de de tous les maux qui ont accablé les peuples. » Nous avons entendu dire aussi que les écrits sceptiques du Dr Bahrdt avoient causé le tremblement de terre de la Calabre.

Ceux qui donnent à leur polémique une tournure moins spéculative, et plus pratique, réduisent la question sur le but et le principe de l'éducation à ces termes : *Pourquoi* et *comment* l'homme doit-il être élevé ? Après cela ils se divisent encore : les uns veulent qu'il soit élevé pour être *homme*, dans le sens pur et général de ce mot, et ils appellent cela *le former à l'humanité;* les autres soutiennent au contraire qu'on doit toujours considérer dans l'enfant le citoyen futur, et qu'on doit tâcher avant tout de le rendre utile à la société dont il fait partie; d'autres pensent que dans la première éducation il ne faut pas s'occuper du citoyen, et qu'il est bon de ne commencer que plus tard à avoir ce but en vue. S'il en est qui croient qu'on peut fort bien élever à la fois l'enfant dans ces deux destinations, quelques-uns prétendent qu'elles s'excluent mutuellement. Ceux-ci veulent qu'on fasse de nos enfans des héros, des Guillaume Tell, au cœur fier, au bras nerveux, toujours prêts à venger la honte de leurs pères, ou des génies libres et originaux; ceux-là demandent simplement des hommes bons, éclairés, laborieux, industrieux; il en est, enfin, qui n'aspirent qu'à en faire des ames pieuses, habituées à placer le souverain bien dans des sentimens mystiques, ou des apôtres zélés....... pour la propagation de leur nouvelle doctrine.

On est loin de s'accorder sur la limite à poser entre l'éducation proprement dite et l'instruction: tantôt on nous redonne à lire sur ce sujet ce que nous avons pu lire dans le siècle dernier, tantôt on embrouille encore plus la question à la faveur de quelques débris des nouveaux systèmes, comme les mots d'*absolu*, d'*identité*, de *dualisme*, d'*existence dynamique*, etc. Delà vient qu'on ne s'entend pas mieux sur le temps auquel doivent commencer et finir l'éducation et l'instruction. Nous savions, grâce au siècle dernier, que l'enfant doit recevoir déjà quelque éducation dans le sein de sa mère; mais nous devons à ce siècle-ci l'idée vraiment neuve qu'il est absolument indispensable d'entourer le berceau du nouveau-né de carrés et de triangles, afin que la vue continuelle de ces formes originaires, bases de toute la nature, fasse prendre à son esprit à peine éveillé, une bonne direction.

Ces deux questions, à la vérité fort importantes, *que doit-on*, et *comment* doit-on enseigner? sont devenues aussi deux pommes de discorde. Quant à la première, elle a occasionné des schismes terribles et fait naître une foule d'écoles qui prennent chacune un nom différent. Selon les uns on ne peut enseigner assez, selon les autres assez peu de choses; tandis que de bonnes gens vantent encore l'ancien proverbe *medio tutissimus ibis*. Cette instruction encyclopédique, que certaines gens qui prononcent le mot de profondeur accusent de superficialité et de sécheresse, est regardée par d'autres comme indispensable pour tout homme qui, voulant étendre la sphère de ses idées et de son activité, ne doit être étranger à rien quand même il se voue à un genre d'études particulier. Ceux qui n'ont pour but que l'utilité civile ou plutôt domestique, laissent voir clairement qu'ils voudroient que déjà dans les écoles on apprît aux jeunes filles à laver, à repasser, à faire la cuisine, et qu'on n'enseignât aux petits garçons, surtout aux enfans des classes inférieures, que les métiers mécaniques à l'aide desquels on gagne son pain. Ceux qui croient qu'on ne sauroit donner trop peu d'instruction, disent qu'il faut mettre au moins six mois pour apprendre à l'enfant à compter jusqu'à *dix* et rien de plus. Déjà même, à la fin du dernier siècle, un savant distingué avoit soutenu que les enfans des campagnes pouvoient fort bien se passer de savoir lire. Certaines écoles rejetent comme inutiles ou même comme nuisibles des études que d'autres jugent indispensables. Un instituteur s'avise-t-il de penser qu'il est bon de faire acquérir aux enfans une belle écriture et l'habitude de rédiger ce qui se rapporte aux affaires communes de la vie ? Un autre lui crie : — « Enseignez à vos élèves à bien penser, à bien parler, à dessiner des lettres, ils écriront et rédigeront mieux que personne. »— Ne vous avisez pas de remarquer les fautes grossières contre les premières règles de convenance ou de politesse que vous rencontrerez souvent dans les écrits de ces beaux diseurs, peut-être dans une dédicace de trois lignes : les grands esprits sont au-dessus de pareilles misères. Cherche-t-on encore çà et là à convaincre les enfans que l'homme dans sa conduite extérieure, dans son ton, dans sa démarche, dans tous ses rapports avec ses semblables, doit observer une certaine décence, avoir de certaines manières ? De sévères philosophes dépeignent de couleurs affreuses les conséquences qu'ont, pour le caractère moral, de tels préceptes, de telles chaînes, et c'est en vain qu'on reproche à leurs élèves de se présenter comme de vrais sauvages ou de petits Diogènes. Un instituteur fait-il entrer dans son plan d'éducation la description des êtres naturels considérés dans leur utilité positive et matérielle ? C'est-là, lui dit-on, ce qui a tué dans le monde la piété et la foi : vous avez accoutumé vos élèves à ne voir la nature que sous un point de vue intéressé, mécanique, et vous en avez fait des égoïstes et des athées. Pauvre histoire naturelle !

(La suite au prochain Numéro.)

MÉTHODE

POUR EXERCER LES JEUNES GENS A LA COMPOSITION FRANÇAISE, ET POUR LES Y PRÉPARER GRADUELLEMENT.

Par *E. Gaultier.*

Ouvrage divisé en deux cahiers, dont l'un destiné à l'élève et l'autre au maître. In-8°. Prix : 3 fr., et 4 fr. par la poste. — A Paris, chez l'Auteur, rue de Grenelle-Saint-Germain, n°. 50; chez Renouard, rue Saint-André-des-Arcs; et chez le Normant.

Tous les instituteurs savent combien il est difficile d'apprendre aux enfans à écrire passablement en français : des élèves déjà assez avancés dans leurs études de latin, de géographie, d'histoire, éprouvent souvent un extrême embarras, dès qu'ils ont à exprimer leurs propres idées dans leur propre langue. L'ordre d'après lequel elles doivent se suivre, la convénance qui doit les rapprocher ou les séparer, l'ajustement des phrases, le choix des termes sont autant d'obstacles que l'enfant sait rarement surmonter. L'habitude de traduire du latin en français ne suffit pas pour les faire disparoître : là, le travail d'écrire est déjà en grande partie fait par l'auteur ; l'enfant n'a que des mots à chercher ; son dictionnaire les lui fournit, et souvent il se contente de mots inexacts, de latinismes et de tournures forcées.

Le passage de la version à la composition française proprement dite, est donc trop précipité. M. Gaultier vient de remplir cette lacune par une méthode aussi simple que sûre. « J'ai choisi, dit-
» il, dans les meilleurs auteurs classiques français,
» un certain nombre de passages bien écrits ; j'y
» ai supprimé graduellement, pour l'exercice de
» ceux qui commencent, quelques modifications
» des noms, des verbes, quelques régimes des
» verbes, ou des prépositions faciles à suppléer ;
» mais pour ceux qui sont plus avancés, j'ai sup-
» primé des déterminatifs et même des phrases
» entières, exprimant quelques idées secondaires
» ou subordonnées à la principale. Ces suppres-
» sions forment dans le texte autant de lacunes
» que j'engage l'élève à remplir par les mots qui,
» à son avis, pourroient compléter raisonnable-
» ment le sens de chaque phrase.... Lorsque ce
» travail est fait, je l'examine pour voir d'abord
» s'il renferme des fautes de français, des mots
» impropres, etc. ; mais je porte surtout mon at-
» tention sur les fautes contre le bon sens. »

En voici un exemple. Les élèves avoient à remplir une phrase ainsi mutilée : *la vie s'écoule comme les ondes de......* Ils mirent tous, sans se communiquer, *comme les ondes de la mer.* L'instituteur, après avoir vu leurs cahiers, leur demanda, *et les ondes de la mer, où s'écoulent-elles ?* Ils sentirent aussitôt qu'ils avoient dit une sottise; puisque les eaux de la mer ne coulent pas, et ils substituèrent les uns, *comme les ondes d'un torrent*, d'autres *comme les ondes d'un fleuve*, ce qui étoit raisonnable. On voit, par ce seul exemple, qu'en présentant ainsi aux élèves le simple contour, le linéament d'une pensée quelconque, déjà exprimée élégamment par de bons écrivains, et les obligeant ensuite à en remplir les lacunes, on leur fait prendre l'habitude de se rendre compte des différens membres d'une phrase, de leur convenance logique et grammaticale, des mots propres à exprimer telle ou telle idée, et qu'on exerce à la fois leur attention, leur jugement et leurs facultés inventives. On leur montre après cela les termes que l'auteur lui-même a employés, et ils peuvent, en comparant les deux compositions, reconnoître les défauts de la leur.

M. Gaultier a fait d'avance la tâche que cette méthode prescrit aux instituteurs : il a rassemblé et décomposé un grand nombre de phrases et de passages fort bien choisis. Le recueil de ces passages, ainsi défigurés par des suppressions, forme le cahier dont l'élève doit remplir les lacunes, et le cahier du maître contient les mots ou les demiphrases originales qui ont été supprimées : des numéros indiquent les rapports des diverses parties. Une *introduction* fort claire prescrit avec détail la marche à suivre. Nous pensons que cette méthode ne sauroit être trop recommandée aux parens et aux instituteurs; son utilité est d'autant plus grande, qu'elle est très simple et très facile à pratiquer.

F. G.

UN PREMIER JOUR DE COLLÉGE,

CONTE.

C'étoit le lendemain du premier jour de l'an; cette belle journée avoit passé comme un éclair; Henri alloit entrer au collége. Il avoit douze ans, et n'étoit jamais sorti de la maison paternelle; son éducation avoit été soignée de bonne heure, et il n'étoit bruit dans la famille que de sa facilité et de sa mémoire ; c'étoit, au fait, un excellent petit garçon, attentif dans ses études, jaloux de satisfaire des parens qui s'occupoient sans cesse de lui, et même assez complaisant pour son frère cadet, le petit Paul, qui, plus jeune et moins appliqué, le respectoit comme un oracle. Ce n'étoit pas sans regret qu'Henri s'éloignoit de son père, de sa mère, de sa grand'maman et de Paul; il avoit demandé, en partant, quel jour on viendroit le voir; mais, à mesure qu'il approchoit du collége, l'idée des nombreux camarades qu'il alloit trouver, des jeux auxquels il s'associeroit, des prix qu'il remporteroit, animoit et charmoit sa jeune tête. On arriva : son oncle qui lui avoit servi de guide, le présenta d'abord au régent qui devoit l'avoir dans sa classe et le prendre comme pensionnaire : c'étoit une heure de récréation ; ils descendirent dans la cour où tous les enfans étoient rassemblés ; là, son oncle le quitta après l'avoir embrassé, en lui disant : — adieu, mon ami; amuse-toi bien.

Henri n'eût-il pas été tout disposé à suivre ce conseil, ce qu'il voyoit lui en eût donné l'envie ; plus de cinquante enfans à peu près de son âge formoient un cercle autour d'un monceau de joujoux de toute espèce qu'ils se montroient, qu'ils échangeoient, qu'ils se disputoient à grands cris : les tambours, les fusils, les sabres, les régimens de grenadiers, les chevaux étoient entassés pêle-mêle comme sur un champ de bataille ; les paumes et les ballons voloient par-dessus ; tous les écoliers avoient mis là les étrennes qu'ils avoient reçues la veille, et chacun d'eux jouissoit de tout, comme si tout lui eût appartenu. Henri avoit bien pensé le matin à apporter les siennes ; mais il s'étoit rappelé d'avoir vû un de ses cousins revenir en pleurant de la pension, parce qu'on lui avoit cassé son bilboquet et pris son porte-feuille à crayon, et, de peur d'un tel accident, il avoit tout laissé à son frère, en lui recommandant de ne rien gâter. — Garde bien mon optique et mes soldats, lui avoit-il dit ; je n'en ai pas besoin pour m'amuser au collége, et je veux les retrouver ici quand je viendrai.

— Comment s'amuser maintenant? Il ne connoît aucun de ses nouveaux camarades; aucun d'eux ne fait attention à lui : il est là à l'écart, regardant du coin de l'œil tant de richesses entassées, tout échauffé de la joie bruyante qu'elles excitent, et désolé de n'avoir rien à y ajouter pour prendre ensuite sa part du tout.

En mettant tristement la main dans sa poche pour en tirer son mouchoir, il y découvrit six belles billes d'agate qui y étoient restées par mégarde; c'étoit beaucoup dans ce moment, mais ce n'étoit pas assez pour qu'il osât les mettre à côté de tout ce qu'il voyoit, et s'en faire un moyen d'entrer aussitôt en relation avec ses camarades plus riches. Il se baissa donc sans mot dire, et se mit à jouer modestement tout seul; il ne s'amusoit guère : par bonheur une des billes alla rouler au milieu d'un groupe de petits garçons. — A qui est cette bille, s'écria l'un d'eux en la ramassant? — Elle est à moi, dit timidement Henri qui s'étoit avancé pour la reprendre. Ils le regardèrent tous; personne ne l'avoit encore remarqué. — Tu n'as que celle-là? lui demanda le même. — J'en ai cinq autres. — Et il s'empressoit d'ouvrir la main pour les faire voir. — Edouard, Edouard, s'écria le petit garçon, en en appelant un autre, viens donc voir ses billes d'agate; il en a six. Comment t'appelles-tu? — Henri. — C'est Henri qui les a. Viens donc, nous jouerons aux billes avec lui.

Edouard accourut. Henri, enchanté, leur donna deux billes à chacun, et ils jouèrent ensemble.

Bientôt il fallut changer d'amusement, mais la connoissance étoit faite; Henri avoit fourni son contingent : ses deux compagnons l'emmenèrent, pour lui montrer aussi tout ce qu'ils possédoient. Au bout d'un quart d'heure il avoit joué à la paume, au ballon; il avoit crevé un tambour, et étoit devenu familier avec tous les enfans du collége. Quand la cloche sonna pour les rappeler au travail, il s'aperçut qu'il n'avoit plus que cinq billes; la sixième étoit égarée. Henri n'eût osé s'en plaindre à personne; ce n'étoit plus son frère Paul qu'il pouvoit accuser de négligence. Ceux à qui il demandoit sa bille, lui disoient tout simplement qu'ils ne l'avoient pas, et se précipitoient, pour ne pas arriver trop tard dans la salle d'études. Henri, accoutumé à répondre à sa mère lorsqu'elle l'appeloit pour prendre une leçon : — Maman, je cherche mon livre ou mon mouchoir, — crut pouvoir continuer un moment son enquête; n'ayant rien trouvé, il prit le chemin de la classe, et fut tout étonné en entrant de voir qu'on ne l'avoit point attendu pour commencer : chacun étoit à son pupitre, le maître dictoit, et déjà l'on avoit écrit cinq lignes. — Et moi, dit Henri, comment vais-je faire ? je n'ai pas entendu le commencement. — Pourquoi n'êtes-vous pas rentré avec tous les autres ? lui dit le maître. — Je cherchois ma bille que j'avois perdue. — Il falloit la laisser: nous n'attendons personne. — Mais pourtant si je n'ai pas entendu, je ne peux pas écrire. — Faites comme vous voudrez. — Et il continua à dicter. Les écoliers rioient de l'embarras de Henri qui, tout déconcerté, se mit à sa place et perdit encore cinq minutes à arranger son papier, sa plume, son encrier; de sorte que lorsqu'il commença à écrire, on étoit déjà au quart de la dictée. Quand elle fut finie, chacun apporta son cahier pour en faire corriger les fautes d'orthographe : le maître examinoit celui des dix plus habiles, et ceux-ci à leur tour corrigeoient les plus foibles. Henri ne se croyoit pas de ce nombre, et véritablement il savoit assez bien l'orthographe; mais on dictoit rapidement, il avoit eu grand'peine à suivre, n'avoit pu faire aucune question et avoit laissé en blanc deux ou trois mots peu connus qu'il ne savoit pas et que le maître avoit placés selon son usage dans la leçon, pour embarrasser et exercer les élèves. Ces lacunes excitèrent de grandes risées. — Il a sauté des mots, s'écria avec étonnement celui qui le corrigeoit. — Je ne savois comment les écrire, reprit Henri. — Ha! ha! dit Edouard en riant; tu n'écris que ceux que tu sais; tu ne fais donc jamais de faute? — Il falloit réfléchir et chercher, lui dit le maître; peut-être auriez-vous trouvé ce que vous deviez mettre. — Je n'en ai pas eu le temps. — Les autres en ont-ils eu davantage? — Henri se tut : il ne vouloit pas convenir que les autres pouvoient en savoir plus que lui.

Il fut un des derniers de la classe; on étoit en hiver et la récompense de ceux qui avoient obtenu les premiers rangs, étoit de se trouver placés plus près du poêle qui réchauffoit la salle d'études, non qu'il fît froid à l'extrémité la plus éloignée, mais parce que les enfans se faisoient un divertissement et une distraction de chauffer un moment leurs mains sur le poêle dans l'intervalle d'une phrase à l'autre. Henri, accoutumé à se mettre dans la cheminée, trouva fort mauvais d'être ainsi relégué au bout de la salle; et, lorsque l'explication latine commença, il s'étoit si bien persuadé qu'il grelottoit qu'il n'y prêta aucune attention : son tour d'expliquer et d'analyser un paragraphe arriva ; il débuta d'une voix dolente et d'un air consterné ; un mot n'arrivoit sur ses lèvres que cinq minutes après l'autre ; il s'interrompoit pour souffler dans ses doigts ; il hésitoit, cherchoit, s'embarrassoit : — Qu'avez-vous donc? lui dit le maître. — J'ai froid, répondit Henri, presque en pleurant. — Et le froid vous fait oublier votre latin ? A un autre; celui qui vous suit est encore plus loin du poêle que vous ; nous verrons s'il en est assez désolé pour ne pas pouvoir expliquer.

Le petit garçon dont il s'agissoit sourit, expliqua couramment, analysa sans grelotter le sujet de la version, et obtint en récompense la permission de se rapprocher du poêle, tandis qu'Henri, se sentant humilié et se croyant gelé, trouvoit encore plus mauvaise la place où il étoit obligé de se tenir. Heureusement pour lui que la leçon ne fut pas longue; elle étoit séparée de la suivante par un quart d'heure de relâche; les enfans descendirent dans la cour; Henri étoit tenté de rester pour se chauffer, mais Edouard le prit par le bras en lui disant. — Viens donc courir. — Et Henri s'aperçut bientôt qu'on pouvoit se réchauffer en plein air, en glissant sur la glace et se roulant dans la neige.

On remonta pour dessiner: Henri se préparoit à un petit triomphe; il avoit apporté deux têtes comme échantillon de son talent, et ses camarades à qui il s'étoit empressé de les montrer en avoient été émerveillés; le maître de dessin les trouva fort bien aussi, lui donna un modèle d'une difficulté proportionnée à sa force et la leçon commença. Les élèves étoient au nombre de trente-deux: le maître alloit plusieurs fois de l'un à l'autre, leur indiquant les défauts à corriger, les conseils à suivre, mais ensuite il les laissoit faire. Henri, accoutumé à ce qu'on lui fît faire, l'appeloit à chaque instant pour lui demander si ce trait étoit bien, comment il devoit s'y prendre pour celui-ci, et mille autres détails qu'un précepteur toujours assis à son côté ne se lassoit pas autrefois de lui répéter: — Voyez vous-même, lui répondoit de loin le maître occupé ailleurs, faites vous-même. — Et Henri ne savoit ni voir, ni se décider tout seul. Tous les écoliers avoient déjà terminé leur esquisse et quelques-uns assez passablement, qu'Henri ne savoit pas encore si ses traits étoient bien mis ensemble: il en doutoit, sans voir ce qui y manquoit réellement; la bouche n'étoit pas dans la ligne au-dessous du nez; l'oreille étoit placée trop haut; autrefois on lui eût indiqué tous ces défauts à mesure qu'ils paroissoient sous son crayon, et il les eût corrigés; maintenant il n'avoit plus de guide. — Comment voulez-vous que je corrige ? disoit-il ; je ne sais pas ce qu'il faut changer. — Et il pleura lorsque le maître lui donna un modèle moins difficile en lui disant : — Vous n'êtes pas encore assez fort pour copier cette tête. —

L'heure du dîner étoit venue, on alla se mettre à table. Henri n'aimoit pas la soupe aux choux ; cependant il la mangea à petites bouchées et en mettant les choux de côté, sur le bord de son assiette. Après la soupe vint le bœuf ; Henri ne voulut pas de bœuf ; il s'attendoit à une entrée, mais l'entrée ne parut pas, et, sans un plat d'épinards, Henri, qui demandoit toujours : — qu'avons-nous encore ? — n'auroit pas dîné. Au dessert on apporta des pommes ; elles firent le tour de la table, et chacun en prit une : Henri avoit jeté de loin son dévolu sur une grosse pomme rouge ; elle fut prise par le premier qui entama l'assiette : Henri fit un soupir et lorgna une seconde pomme belle encore ; elle disparut de nouveau : à chaque pas que faisoit l'assiette, il en choisissoit des yeux une nouvelle et la voyoit enlevée presque aussitôt. Comme l'ordre des rangs étoit le même à table que dans la classe, le pauvre Henri eut beau choisir ; il étoit des derniers, et n'eut qu'une des dernières pommes. Si pareil malheur lui étoit arrivé dans la maison paternelle, il s'en seroit lamenté long-temps ; mais la grande récréation suivoit le dîner ; les écoliers quittoient précipitamment la table ; Henri oublia tous ses mécomptes pour aller jouer à *barres* et au *renard*. Avant de descendre dans la cour il avoit eu soin d'aller prendre son chapeau : à peine étoit-il arrivé qu'un de ses camarades s'avance par-derrière, et le lui fait sauter d'un grand coup de poing, en lui disant. — Que veux-tu donc faire de ton chapeau ? — Et aussitôt le chapeau est balotté à coups de pied dans toute la cour. — Mon chapeau ! rendez-moi mon chapeau, crioit Henri, vous allez me faire enrhumer, je veux mon chapeau. — Et il s'égosilloit à le redemander au lieu de courir après pour le rattraper. Personne ne l'écoutoit. — Rendez-moi mon chapeau, crioit-il toujours : si je m'enrhume, je dirai à maman que c'est vous qui me l'ayez ôté. — Tu as peur de t'enrhumer, dit un des écoliers ; attends, nous allons bien t'en empêcher ; venez donc, venez donc ; allons chercher nos chapeaux. — Ils courent dans l'escalier, laissant au bas Henri étonné et pleurant : en deux minutes ils reparaissent, portant tous leur chapeau à la main, et les voilà qui emboîtent les chapeaux les uns dans les autres, en forment une pile de trois à quatre pieds d'élévation et enfoncent cet échafaudage de chapeaux sur la tête d'Henri, qui ne sait que pleurer, pendant qu'ils rient aux éclats de sa ridicule figure. Enchantés de leur invention, ils veulent la perfectionner, quittent leurs vestes, et forcent le pauvre Henri à les enfiler l'une après l'autre, en lui disant. — Prends donc garde de t'enrhumer. » — Il se seroit en vain lamenté sous cet accoutrement, si un sous-maître n'étoit descendu sur ces entrefaites et ne l'eût délivré de leurs mains, en les exhortant à s'amuser de bon accord. Mais Henri, tout honteux et de mauvaise humeur, ne voulut pas suivre les autres dans la cour : il remonta tristement dans la salle d'études et alla s'asseoir à côté du poêle, ne sachant trop comment passer son temps.

Il le passoit à s'ennuyer, lorsque le maître, en traversant la classe, l'aperçut seul dans son coin, et jugea bien à sa mine allongée, à ses yeux rouges, qu'il lui étoit arrivé quelque chose de fâcheux. « Qu'avez-vous donc, mon petit ami? lui demanda-t-il. Pourquoi ne jouez-vous pas avec vos camarades ? — Ils m'ont fait sauter mon chapeau, répondit Henri, près de pleurer encore, mais charmé de trouver à qui se plaindre, et puis ils m'ont enfoncé sur la tête tous les leurs, ils m'ont mis tous leurs habits : j'étois sur le point d'étouffer, et j'aime mieux rester tout seul que de jouer avec eux.

Le Maître. Pourquoi donc vous ont-ils traité de la sorte ?

Henri. Je n'en sais rien ; c'est parce que je ne voulois pas qu'on m'ôtât mon chapeau.

Le Maître. Pourquoi ne l'avez-vous pas repris vous-même ?

Henri. Je ne pouvois pas ; ils étoient tous contre moi ; j'ai eu beau crier, ils ne me l'ont pas rendu.

Le Maître. Je gage que si, au lieu de crier et de pleurer, vous aviez pris sans humeur cette plaisanterie, si vous aviez couru après votre chapeau pour le rattraper, au lieu de le redemander en grognant, vous l'auriez repris, et vous joueriez à présent dans la cour, au lieu de vous ennuyer ici tout seul. Prenez-y garde, mon ami : vous êtes assez grand et assez raisonnable pour comprendre ce que je vais vous dire. Votre papa et votre maman n'avoient à s'occuper que de vous et ils s'en occupoient sans cesse : votre frère cadet ne pouvoit ni vous résister, ni vous faire faire ce qui vous déplaisoit ; maintenant vous êtes avec de petits camarades qui sont tous vos égaux, dont quelques-uns même sont plus âgés et plus avancés que vous ; si vous ne vous accoutumez pas à vous amuser de ce qui les amuse, à jouer à leur manière, à être facile, complaisant et de bonne humeur avec eux, ils vous laisseront de côté, se moqueront de vous, et vous aurez toujours à vous en plaindre. Faites comme eux, toutes les fois qu'ils ne font que ce qui ne leur est pas défendu : n'exigez pas que chacun songe toujours à vous : ne prétendez pas à être traité différemment des autres, à avoir toujours la meilleure place, la meilleure pomme : si vous la demandez, on en rira et vous ne l'aurez point ; si vous la méritez, on vous la verra sans murmure. Croyez-moi ; redescendez dans la cour, et remettez vous à jouer. »

Comme le maître achevoit ces mots, Henri vit entrer le petit Edouard avec qui il avoit fait connoissance le matin. — Voilà la bille que tu avois perdue, lui dit celui-ci ; je l'ai retrouvée sous un banc : viens donc jouer avec nous ; on ne te fera plus rien ; je te promets de prendre ton parti ; aussi, qu'as tu besoin de ton chapeau ?

Henri qui n'avoit pu s'empêcher de sentir la vérité de ce que le maître venoit de lui dire, charmé d'ailleurs de retrouver sa bille et de pouvoir redescendre hardiment, sous l'escorte d'Edouard, jeta son chapeau sur son pupitre, et ne se fit pas prier deux fois pour aller reprendre sa place dans la partie de barres. Cette journée avoit été cruelle pour lui, mais il en profita. Le soir même il eut occasion de faire preuve d'un bon caractère. Ils étoient six à coucher dans la même chambre; quand ils s'y rendirent, à peine l'inspecteur étoit-il sorti, que l'un d'eux souffla la chandelle en plaisantant, et plongea tous ses camarades, encore habillés, dans une obscurité profonde. Henri n'étoit pas habitué à se coucher ainsi sans y voir ; il fut poussé, heurté par ses voisins : au lieu de se plaindre, il poussa, heurta et rit comme les autres. Le lendemain il écrivit à sa maman de lui envoyer tous ses joujoux : peu à peu il s'accoutuma à écrire vite et correctement, à dessiner seul, à faire enfin par lui-même tout ce qu'il ne savoit faire autrefois qu'avec l'aide et le conseil d'autrui. Il sut bientôt ainsi et mieux travailler et s'amuser davantage. Aussi lorsqu'il alloit passer quelques jours dans sa famille, le trouvoit-on moins difficile, moins exigeant, moins embarrassant : son frère Paul surtout, pour qui il n'étoit plus qu'un bon camarade et non un maître impérieux, se louoit beaucoup de sa facilité et de sa complaisance.

F. G.

NOUVELLES

CONCERNANT L'ÉDUCATION.

ANGLETERRE.

On a adopté depuis dix ans, dans plusieurs écoles publiques d'Angleterre consacrées à l'éducation des enfans des pauvres, une méthode dont le succès toujours croissant, semble garantir la bonté. Cette méthode qui consiste principalement à se servir des enfans eux-mêmes pour en élever d'autres, et à se passer ainsi de cette multitude de sous-maîtres, de sous-inspecteurs, etc. qui augmentent considérablement les frais de l'instruction, est maintenant le sujet d'une discussion assez vive qui partage les esprits. M. Bell et M. Lancaster se disputent l'honneur de l'invention : plusieurs pamphlets ont été écrits de part et d'autre : *la Revue d'Edimbourg* s'est déclarée pour M. Lancaster, et la *Revue Britannique* pour M. Bell. Il paroît, autant du moins que nous en pouvons juger, que ce dernier en a eu la première idée, et l'a appliquée avec succès dans *l'asyle des orphelins mâles*, nés de pères militaires, à Madras où il habitoit alors. De retour en Angleterre, il publia en 1797 une brochure sur sa découverte que ses soins ont beaucoup contribué à propager ensuite dans sa patrie. M. Lancaster, qu'il eût déjà conçu une idée semblable ou qu'il l'empruntât de M. Bell, reconnut alors dans un de ses ouvrages les obligations qu'il lui avoit : la rivalité qui s'est élevée depuis lors entre ces deux hommes leur a peut-être fait oublier à eux-mêmes et à leurs partisans, la vérité que dans l'origine ils n'auroient pas songé à contester : M. Lancaster a obtenu la protection du Roi. Ses projets paroissent plus grands et ses idées plus libérales que celles de son adversaire. Nous tâcherons de démêler ce qui est vrai, au milieu des assertions de l'esprit de parti ; et nous donnerons un jour à nos lecteurs des renseignemens plus détaillés sur la méthode elle-même, son histoire et ses progrès qui sont vraiment étonnans.

Livres d'éducation publiés en Allemagne à la Foire de Saint-Michel, 1810. (Leipzig.)

(Le nombre des ouvrages d'éducation qui paroissent en Allemagne est si considérable, et dans ce nombre il en est de si inutiles, que nous nous bornerons à indiquer, d'après le Catalogue de la Foire de Leipzig, les plus étendus et les plus intéressans. Nous avons cru devoir remonter jusqu'à la Foire de *S. Michel*, 1810.)

1°. Elémens de l'Art du Dessin pour les Enfans, propres à aider les commençans qui n'ont pas de maîtres. Quatrième édition, fort augmentée, avec 340 figures. — Hambourg, chez Gundermann.

2°. Examen de la Méthode de Pestalozzi; par A. H. d'Autel. In-8°. — Stuttgard, chez Metzler.

3°. Porte-Feuille des Enfans, par Bertuch, avec des notes allemandes, françaises, anglaises et italiennes. N°⁸ 119 et 120. Gr. in-4°. — A Weimar, au comptoir d'industrie. — Texte du Porte-Feuille des Enfans ; par Funke. *Ibidem*.

4°. Le Technologiste ami des Enfans, ou Visites instructives dans les ateliers des artisans et des artistes ; par B. H. Blasche. Cinquième partie, avec des planches. — A Francfort-sur-le-Mein, chez Wilmans.

5°. Correspondance de deux Instituteurs, avec deux plans d'instruction, dont l'un est conforme aux idées d'autrefois, et l'autre à celles de notre temps. In-8°. — Leipzig, chez Bruder.

6°. Manuel propre à aider les Instituteurs qui s'appliquent à exercer la raison de leurs Élèves ; par Demeter. — A Fribourg, librairie de Herder.

7°. Traité élémentaire des Sciences expérimentales qu'on doit enseigner dans les écoles ; par une Société. Ire, IIe et IIIe livraisons du premier volume, et Ire et IIe livraisons du second. — A Zeitz, chez Webel.

8°. Leçons sur l'Education, adressées aux pères, aux mères et aux instituteurs ; par Ewald. Trois vol. in-8°. — Manheim, chez Schwanet. Gœtz.

(*La suite à un de nos prochains Numéros.*)

ANNALES DE L'ÉDUCATION.

DES MOYENS D'ÉMULATION.

(IIIe Article.)

On voit rarement dans les colléges ou dans les pensions, s'établir entre deux enfans une rivalité particulière et soutenue. Par l'organisation même des écoles publiques, ce danger est prévu et prévenu : le but qu'on y propose à l'ambition des élèves n'est point de vaincre tel ou tel de leurs camarades en luttant avec lui corps à corps, mais d'atteindre à des récompenses, à des honneurs offerts également à tous, vers lesquels ils tendent tous par une même route, et qui excitent assez vivement leurs desirs pour absorber leur attention, et l'empêcher de se fixer sur les obstacles que la supériorité des plus forts oppose aux succès des moins avancés. Il y a peu d'écoliers qui, au moment d'un concours, ne se flattent d'obtenir quelque distinction, même quand elles sont rares et peu nombreuses ; c'est qu'ils pensent beaucoup plus au prix qu'ils desirent et aux efforts qu'ils se promettent de faire pour le mériter, qu'à ce qu'ils doivent craindre de concurrens plus habiles. La rivalité se perd dans le nombre de ces concurrens ; elle n'a pas le temps de se former, de se consolider, et cependant l'émulation gagne à ce nombre qui laisse plus de latitude à l'espérance. Il y a toujours, dans les triomphes même des meilleurs élèves, une fluctuation, des alternatives qui ne permettent guère à l'un d'entr'eux de devenir spécialement le rival mécontent ou orgueilleux d'un autre ; c'est tantôt Alphonse, tantôt Édouard, tantôt Henri, tantôt Auguste qui gagne la première place ou le premier prix : ils brûlent tous de dépasser des concurrens, aucun ne songe à terrasser un adversaire ; le vaincu d'ailleurs remporte une victoire qui le console de sa défaite : Édouard est forcé de céder à Alphonse le premier rang, mais il a obtenu le second sur Henri, celui-ci le troisième sur Auguste, et ainsi de suite ; chacun sent qu'il a encore besoin d'avancer, et personne n'est *humilié*, car personne n'est tout-à-fait *à terre* (*humi prostratus*), si ce n'est le dernier qui n'est pas celui dont il importe le plus de s'inquiéter.

Dans l'éducation domestique au contraire, l'emploi de l'émulation proprement dite, entraîne tous les inconvéniens opposés à ces avantages. Règne-t-il entre les enfans une grande différence d'âge, de zèle, de facultés ? le plus jeune ou le moins avancé ne sauroit espérer d'atteindre celui qui lui est très supérieur ; le plus âgé ou le plus intelligent n'a point de concurrent à redouter : dès lors point de rivalité, mais aussi point d'émulation : le cadet ne manquera pas de dire quand on voudra l'animer par l'exemple de l'aîné : — Mon frère est plus grand que moi, ou je ne suis pas si fort que lui; et l'on n'aura rien à lui répondre; l'aîné de son côté se reposera dans une supériorité qui ne lui coûte point d'efforts, et en prendra probablement une beaucoup trop haute idée de son mérite. Sont-ils au contraire assez égaux d'âge et de dispositions pour pouvoir marcher du même pas et craindre d'être dépassés l'un par l'autre? vous verrez s'établir entr'eux cette rivalité qu'on ne sauroit trop éviter : leurs amours-propres ne pourront se satisfaire qu'aux dépens l'un de l'autre; le vaincu n'ayant pas pour dédommagement, comme au collége, une victoire moins brillante, mais toujours honorable, tournera toute son humeur et tout son dépit contre le vainqueur, tandis que celui-ci, n'ayant à s'avouer aucune défaite, sera bien tenté de devenir orgueilleux. Vous n'exciterez ainsi qu'une émulation beaucoup plus foible, car elle n'aura ni le mouvement, ni la variété, ni les incertitudes de l'émulation des colléges, et vous aurez toujours la crainte de la voir dégénérer en rivalité. La famille la plus nombreuse n'est pas à l'abri de ces inconvéniens, car l'ordre de la nature ne permet guère qu'on y trouve plus de deux enfans d'un âge assez rapproché pour pouvoir lutter l'un contre l'autre, surtout dans les premières études.

Examinez les jeux des enfans, ce théâtre où se déploie leur liberté; vous y verrez une preuve évidente de ce que je viens de dire : tant qu'ils sont en grand nombre, que l'amusement est général, leur émulation n'amène que de l'ardeur ; ils jouent tous à la fois, cherchent tous à courir, à sauter de leur mieux, et sont cependant de bonne intelligence. Qu'ils ne soient que deux à s'amuser ensemble, à la lutte, à la course, n'importe comment, ils ne tarderont pas à devenir rivaux, à se disputer, et le jeu finira par une querelle.

On peut donc affirmer sans crainte, que l'émulation proprement dite est un ressort excellent dans l'éducation publique, mais dont l'éducation domestique ne peut et ne doit presque jamais se servir, parce que, autant l'émulation d'un à plusieurs est bonne et efficace, autant l'émulation d'un à un est inutile ou dangereuse.

Les parens doivent donc se bien garder d'établir entre leurs enfans des habitudes de comparaison, et surtout d'en faire aucune eux-mêmes. Les enfans se soumettent sans humeur à la supériorité qu'ils reconnoissent seuls, non à celle qu'un tiers leur fait sentir. L'éducation publique a encore ici un grand avantage : l'ordre des mérites et des rangs y est réglé tout naturellement par la bonté relative des tâches ; à la vérité le maître en est le juge, mais si les élèves croient à son équité, il n'est à leurs yeux que l'interprète de la justice ; sa volonté n'a aucune part à sa décision ; il se contente de dire ce qui est, et n'ajoute ni commentaire, ni phrase. Dans les familles au contraire, où les parens ont l'habitude d'exhorter et de sermoner beaucoup leurs enfans, ils ne manquent pas en général, lorsque l'un a mieux fait que l'autre, de développer longuement à celui-ci son tort, c'est-à-dire son infériorité : ou ces exhortations n'ont aucun effet, ou elles en produisent de fort peu desirables. Lorsqu'une rivalité s'établit ainsi entre deux enfans, le père ou le précepteur a à traiter avec deux amours-propres, un amour-propre mécontent et un amour-propre satisfait : de l'amour-propre satisfait peuvent naître l'orgueil, l'arrogance, la dureté, toutes les passions hautes; l'amour-propre mécontent peut conduire au découragement, à l'indifférence, à la jalousie, à l'aigreur, aux passions basses et foibles. Il faut éviter ces deux écueils; or, en humiliant l'un des enfans, on enorgueillit l'autre, d'abord parce qu'on lui fait croire sa supériorité plus grande qu'elle n'est peut-être réellement, ensuite parce que, si malheureusement, il a assez d'amour-propre pour aller jusqu'à jouir de l'humiliation de son compagnon, on étouffe dans son cœur ces sentimens tendres qui devroient le porter à ne pas éblouir de tout l'éclat de sa victoire les yeux d'un ami affligé. On se prive ainsi des deux armes avec lesquelles on peut combattre dans l'amour-propre satisfait le penchant à l'orgueil, des idées de justice et de bonté. Il n'est pas juste d'être trop fier d'un avantage que l'on peut perdre, et qui ne les donne pas tous; c'est manquer à la bonté qu'insulter par sa joie à la tristesse d'un autre, voilà ce que vous devez dire à l'enfant près de devenir présomptueux; et comment le pourrez-vous, si, par votre conduite avec son rival, vous lui laissez prendre une trop haute idée de ses avantages, ou si vous blessez vous-même ces sentimens de bonté qu'il est sur le point d'oublier ?

Vous ferez peut-être encore plus de mal à son camarade. L'amour-propre mécontent est extrêmement difficile à manier ; dans les caractères actifs et susceptibles il est toujours tenté de croire à l'injustice ou de se tourner en dépit et en envie: dans les caractères mous et foibles il amène l'insouciance et le découragement : l'humilier, c'est l'aigrir ou l'abattre ; on se tromperoit fort si l'on croyoit exciter par là une honte salutaire ; l'humiliation est toujours funeste à l'honneur : ou elle le blesse si vivement qu'il se révolte et ne nous permet plus d'avouer nos torts, ou elle le frappe si rudement qu'elle l'atterre et lui ôte la force de nous aider à nous relever. Quel sentiment veut-on inspirer à l'enfant qui a mal fait ? le besoin de faire mieux à l'avenir, si je ne me trompe ; il ne s'agit ni de le rendre malheureux d'un tort irréparable, ni de l'accabler sous le poids des regrets : il faut associer pour lui à l'idée de sa faute un vif désir de la réparer et la certitude qu'il y parviendra, s'il le veut : il faut que l'état de la honte soit pour lui un état peu fréquent, peu prolongé, insupportable; et qu'il voie aussitôt par où il en pourra sortir ; c'est ce que ne produit point l'humiliation ; elle s'accoutume à elle-même; l'amour-propre, pour échapper à des émotions trop pénibles, se réfugie dans l'apathie ou dans l'insolence ; et les reproches, les sermons, les châtimens, au lieu de

DE L'EDUCATION.

faire naître un repentir efficace, n'amènent qu'une lâche tristesse ou une indifférence funeste.

Voilà ce que vous gagnerez à établir entre vos enfans une rivalité et des comparaisons qui, loin de devenir un moyen d'émulation, ne serviront qu'à enorgueillir l'un et à humilier l'autre, c'est-à-dire à les placer tous les deux dans un état où ils ne croiront plus avoir, l'un le besoin, l'autre le moyen de mieux faire.

Au lieu de cela évitez de mettre leurs amours-propres en présence : contentez-vous d'abord de leur inspirer en général le désir d'être estimés, considérés, loués ; étudiez ensuite leurs caractères particuliers ; voyez quelle tournure leur amour-propre est disposé à prendre, et profitez de cette disposition pour l'employer comme moyen d'ému-lation ; mais isolément, sans les opposer l'un à l'autre et en traitant chacun d'eux d'après une méthode différente. Il est des amours-propres de plusieurs espèces ; les uns, par exemple, sont craintifs et réservés, redoutant surtout le re-proche et le blâme ; les autres sont ardens et inquiets, avides de succès et d'éloges : en y regar-dant de près, vous verrez que ceux-ci sont plus propres à presser le développement de l'esprit et ceux-là à aider le perfectionnement moral du ca-ractère : faites-les servir à l'usage auquel ils conviennent le mieux. Un enfant d'un naturel sensible, délicat, fier, redoutera d'être soup-çonné, grondé ; il aura sur-tout besoin d'estime, et l'importance qu'il mettra à la vôtre vous fournira mille moyens de lui donner des habitudes de droiture, de loyauté, de vertu. Un autre a plus d'activité, de vivacité, de mouvement; il veut surtout avancer, se distinguer, être loué : profitez du plaisir que lui font vos éloges pour seconder son zèle et hâter ses progrès : si vous ne les lui donnez qu'à propos et avec la mesure, avec les restrictions convenables, vous aurez dans sa disposition naturelle, un ressort puissant à faire mouvoir, et vous pourrez le mettre en jeu sans nuire à son caractère. J'ai déjà dit, dans l'article précédent, de quoi il falloit, à mon avis, louer et ne pas louer les enfans.

Mais ce qui importe surtout, pour prévenir les inconvéniens d'un amour-propre excessif en l'empêchant de devenir tel, c'est d'accoutumer ces jeunes esprits à n'estimer les choses que ce qu'elles valent, à ne pas se tromper sur l'importance réelle de ce qu'ils font, de ce qu'ils sont, de ce qu'ils savent, de ce qu'ils disent. C'est-là ce qu'il faudroit enseigner aux hommes; car c'est ce qu'ils ignorent communément et ce qui les abuse le plus. Qu'est-ce qu'un homme ? il y en a mille millions sur la terre. Que sont notre existence, nos intérêts, dans cette multitude d'existences qui passent ensemble sans se connoître, d'intérêts divers qui s'agitent, se poursuivent, se croisent sans s'atteindre, sans se toucher ? Au même jour, à la même heure, le Tartare s'inquiète de la santé de ses troupeaux, le Sauvage Américain du succès de sa chasse, l'Egyptien de la crue du Nil, le Parisien des regards d'un ministre, et chacun d'eux ignore les inquiétudes des autres : les connût-il? il n'y prendroit aucune part. Passez seulement dans la rue; voyez tous ces individus habillés de même, parlant la même langue, vivant dans le même lieu, se heurtant au passage : rien de ce qui vous touche ne les intéresse ; vos occupations leur sont étrangères, vos plaisirs ne sont pas les leurs; essayez de les leur dire, vous verrez s'ils comprendront le prix que vous y attachez. Rentrez ensuite en vous même, placez à côté de cette masse énorme d'hommes, d'intérêts, de genres de vie, d'actions, de projets, de désirs, votre existence, vos intérêts, vos projets, vos desirs, et mettez, si vous le pouvez, la même importance, à de si petites choses, à une sphère si bornée, à cet atome que chacun de nous appelle *moi*. Certes, il faudroit un amour-propre plus aveugle ou plus robuste que je ne puis me le figurer, pour qu'il ne consentît pas à s'abaisser devant cette idée, pour qu'il se refusât à reconnoître la vanité de ce qui le charme ou le désole, pour qu'il ne fût pas forcé de se détacher un peu de lui-même, en voyant le peu qu'il est. Il est heureux, j'en conviens, que tous les hommes ne soient pas pénétrés de ce sentiment de leur nullité et de leur foiblesse : pour être quelque chose, il faut qu'ils mettent de l'importance à ce qu'ils sont et à ce qu'ils peuvent devenir; si on les en désabusoit, ils n'auroient plus ni point d'appui, ni principe d'énergie. Mais nous ne devons pas craindre qu'ils en viennent là ; les individus se tromperont toujours sur la grandeur de la place qu'ils occupent, il n'y a donc aucun inconvénient à combattre chez les hommes, dès leur enfance, ce penchant qu'ils ont à s'abuser eux-mêmes, non qu'on doive le faire directement et en leur répétant ce que je viens de dire; ils ne le comprendroient pas ou n'auroient pas la force de le croire; mais en leur donnant de l'étendue d'esprit, en les accoutumant à ne pas resserrer leurs idées dans le petit cercle au milieu duquel ils vivent, à ne pas concentrer sur les petits intérêts qu'ils y peuvent avoir à démêler, sur les petites jouissances qu'ils y peuvent desirer ou obtenir, toute l'importance, tout le prix qu'ils sont capables d'attacher à un objet. La bonté, qui porte nos affections sur les autres, nous préserve de l'égoïsme; l'étendue d'esprit qui nous apprend à connoître la véritable valeur des choses, doit nous préserver des sottises de la vanité ou d'un amour-propre excessif. Ce n'est pas, il est vrai, une qualité qu'on puisse donner aux enfans; ils sont trop foibles pour s'y élever, mais on peut les placer sur la route qui y conduit, et leur préparer ainsi, pour l'âge où ils en auront besoin, un miroir qui leur représente fidèlement la grandeur des objets et d'eux-mêmes. Ils sauront alors que tout ce qui agite, tourmente ou transporte les hommes, n'est que vanité, non-seulement parce que cela passe, mais parce qu'au moment même où ils le possèdent, ce n'est, dans le fait, que bien peu de chose. Détachés ainsi des petitesses et des foiblesses humaines, accoutumés à ne pas s'exagérer la valeur absolue et intrinsèque des objets, ils apprendront à juger sainement de leur valeur relative ; ils ne mettront aux honneurs, aux richesses, à la réputation, aux plaisirs, à toutes ces apparences de la grandeur ou du bonheur, que l'importance qu'elles méritent; ils n'en feront qu'un usage modéré et convenable; ils classeront les choses de ce monde dans un ordre raisonnable, fondé sur ce qu'il y a d'immuable dans la nature humaine et sur leur véritable valeur, mesurée d'après leurs rapports avec la destination de l'homme, qui est le développement de ses facultés, dirigé vers un but moral. Ils arriveront ainsi à n'attacher un prix réel qu'à la vérité dont la découverte est le chef-d'œuvre de l'esprit de l'homme, et à la vertu qui est le triomphe de sa nature : ils se diront, qu'elle est grande dans le plus obscur des hommes, et que, sans elle, le plus grand n'a rien qu'on ne puisse lui ôter; ils repousseront les préjugés, les idées de convention, et tout ce qui amène le rétrécissement d'esprit, source intarissable de présomption, d'aveuglement et de sottise. Une éducation qui tend constamment à faire acquérir à l'élève cette précieuse qualité, seule capable d'établir de justes rapports entre le monde réel et nos opinions, peut sans crainte se servir de l'amour-propre pour exciter l'activité de l'esprit, et le presser dans sa marche.

F. G.

JOURNAL
ADRESSÉ PAR UNE FEMME A SON MARI, SUR
L'EDUCATION DE SES DEUX FILLES.

Numéro VIII.

Sophie a eu ce matin un grand chagrin. Soutenue par les éloges que je donnois à la fermeté de ses résolutions, elle a fidèlement tenu depuis un mois la promesse qu'elle s'étoit faite d'amasser l'argent de ses semaines pour donner des souliers à Victoire et à Joséphine. Nous avions calculé qu'il faudroit trois mois d'économie, et elle s'étoit courageusement résignée à une si longue attente; mais après avoir passé le premier mois, l'idée qu'il en faudroit encore deux pareils lui a fait perdre toute patience; elle a imaginé, pour abréger le tems, d'emprunter à sa bonne ce qu'il lui falloit, comptant le lui rendre ensuite sur ses semaines. Elle est venue, toute fière de son esprit, me conter ce bel arrangement auquel je n'ai pas voulu consentir. Je l'aurois permis peut-être une fois en passant, s'il se fût agi de quelque fantaisie; je n'aurois pas été trop fâchée dans ce cas que, le plaisir passé, elle sentît les sacrifices : mais c'est à quoi je ne voulois pas exposer un acte de bienfaisance. Ce sont d'ailleurs les sentimens généreux qu'il faut avoir le plus de soin de soumettre à la règle du devoir; ils pourroient aisément nous tromper sur la légitimité des moyens que nous employons à les satisfaire.

DE L'ÉDUCATION. 77

J'ai fait observer à Sophie que l'argent sur lequel elle promettoit de rendre ce qu'elle auroit emprunté, ne lui appartenoit pas encore, puisqu'il dépendoit de ma volonté de le lui donner, et que ma volonté pouvoit changer. Son chagrin a été très vif; je lui ai promis pour la consoler et ne lui pas donner trop mauvaise opinion de moi, que si j'étois contente d'elle durant ce mois-ci, je doublerois les semaines, en sorte qu'à la fin du mois elle auroit sa somme complète. Cette promesse a tout pacifié, voilà son projet rafraîchi, et devenu même bien plus intéressant, puisqu'il va l'occuper tous les jours à mériter ce prix de sagesse, sur lequel vous jugez que je ne me rendrai pas bien difficile.

C'est une bonne fortune en éducation, mon ami, que d'avoir trouvé moyen d'arrêter quelque temps l'imagination d'un enfant sur un même projet, un même sentiment : nous serions, je crois, bien avancés pour la raison et pour le bonheur, si nous savions tirer de chacun de nos sentimens tout ce qu'il peut fournir d'occupation à tous les jours de notre vie. Le besoin d'occupation est ce qui agite, tourmente, égare les hommes comme les enfans, et cependant il n'y a rien qu'ils sachent moins ménager : la plupart des hommes font ce que Sophie vouloit faire ce matin, ils hâtent le moment de l'émotion, épuisent l'objet qui leur plaît avant d'en connoître toutes les ressources, et traversent ainsi, comme en courant, une foule de sentimens dont un seul, bien ménagé, auroit peut-être rempli toute l'existence. Mon ami, j'ai toujours trouvé la vie trop pleine : aussi je crains les émotions ; elles ne font que troubler l'ordre entre une foule de sentimens dont chacun a bien de la peine à ne tenir que la place qu'il doit avoir. Les émotions, d'ailleurs, sont comme de grands vents qui enlèvent et balayent tout, et ne remplissent un instant l'espace, que pour le laisser ensuite entièrement vide. Cependant il est tellement dans notre nature de les chercher, que la raison qui en fait voir le danger, n'en diminue que bien peu l'attrait.

Une forte émotion satisfait à la fois et notre besoin d'occupation, et cette paresse qui fait que nous voulons, non pas *nous occuper*, mais *être occupés* ; notre goût pour le mouvement, et notre éloignement pour l'action : une émotion nous porte pour ainsi dire, elle nous fait avancer sans remuer les jambes : notre volonté n'a plus à prendre de peine pour nous diriger ; dirigée elle-même, soutenue, poussée, elle paroît n'avoir qu'à suivre une impulsion si forte, qu'elle ne s'aperçoit pas elle-même de la part qu'elle y prend. Dans les occupations plus modérées, elle sent bien que c'est sur elle que retombe la plus grande partie de l'ouvrage. Lorsque c'est nous-mêmes qui nous occupons, au lieu de nous laisser occuper, il faut que la volonté travaille sans relâche pour aiguillonner notre indolence naturelle ; et de tous les exercices je n'en connois pas de si fatigant que l'exercice constant de la volonté : quelque fermeté que nous ayons dans le caractère, nous ferons bien de ne pas trop compter sur notre force pour le soutenir, de chercher, autant que nous le pourrons, à donner à nos devoirs un attrait qui permette à notre volonté de se reposer quelquefois sur le plaisir que nous aurons à les remplir.

Nous autres femmes pour qui les plaisirs de l'amour-propre sont rarement légitimes, les plaisirs de l'esprit rarement bien séduisans, nous n'avons guère que la sensibilité d'où nous puissions tirer ce plaisir qui nous aide à remplir nos devoirs, et à occuper d'une manière intéressante tous les momens de notre vie : il faut que nous puissions rapporter à des êtres capables d'en jouir ou d'en profiter, les petites victoires que nous avons à remporter sans cesse sur notre indolence ; et il faut que leurs jouissances soient devenues les nôtres. Ce qui rend si pénible aux enfans l'accomplissement du devoir, c'est que les peines ou les plaisirs qu'ils sont capables de causer par leurs actions, sont hors de la portée de leur intelligence : qui pourra faire comprendre à un enfant le plaisir qu'éprouve sa mère à le voir marcher pour la première fois, la joie profonde que lui donne un mouvement de bon naturel, ou le chagrin qu'elle a à punir ? Ce sont là des affections de mère ; l'enfant n'a rien en lui pour les connoître ; il ne peut en faire des peines ou des plaisirs qui lui deviennent propres, et dont l'idée lui serve de frein ou d'encouragement ; ainsi sa volonté n'a presque jamais de soutien. Je crois donc que le moyen de la rendre à la fois plus ferme et plus facile, c'est de former, le plus tôt qu'on pourra, la sensibilité des enfans. « Dès qu'un enfant est capable d'amitié, dit Fé-» nélon, il n'est plus question que de tourner son » cœur vers des personnes qui lui soient utiles : » l'amitié le mènera presqu'à toutes les choses » qu'on voudra de lui ; on a un lien assuré pour » l'attirer au bien. » Mais Fénélon convient que cette espèce de sensibilité est aussi difficile qu'importante à donner. Former la sensibilité, ce n'est pas l'exciter. Il faudroit avoir la main bien légère pour savoir l'exciter autrement que par des secousses, et l'habitude des émotions est ce qui détruit le plus la sensibilité, en nous ôtant le courage de chercher dans les sentimens doux une occupation qui puisse nous suffire. Cependant, pour la trouver cette occupation, il faut savoir la chercher; il faut qu'une attention constante sur les sentimens de ce qui nous entoure, nous apprenne à jouir de leurs plus petits plaisirs, à souffrir de leurs plus petites peines. La personne dont l'ame est avide d'émotions, passera légèrement sur ces affections de détail si peu dignes de l'occuper, ou cherchera à les grossir pour s'en faire une émotion qui suffise au besoin qu'elle a d'en éprouver. Êtes-vous atteint d'une grande affliction ? vous la voyez accourir ; nul ne vous plaindra avec plus de sincérité, ne vous servira avec plus de zèle, ne saura peut-être même vous consoler avec plus de douceur. Ce sont là ses occasions, ses jours de bataille ; c'est là qu'elle se retrouve elle-même, comme ce grand Condé, sublime au moment du danger, et à qui, nous dit La Bruyère, *il n'a manqué que les moindres vertus*. Véritable héroïne de la sensibilité, il ne lui manque aussi que les *moindres vertus*, ces vertus de tous les jours, ces vertus de femme, d'usage seulement dans la maison. Elle ne sait ni soigner un léger goût, ni ménager un petit foible, ni sauver un moment d'embarras, ni plaindre ou épargner un mouvement d'humeur; elle ignore ou ne regarde pas cette multitude de sentimens légers et déliés dont se compose le tissu de la vie; ou, si elle y porte ses regards, c'est avec cette attention inquiète qui y démêle les plus légères irrégularités pour s'en faire une blessure. Dès lors, plus un geste, un mot, un coup d'œil qui n'ait sa signification et son importance, pas un différend qui n'amène une scène. Il faut qu'elle languisse auprès de vous, ou qu'elle en tire ces émotions sans lesquelles elle ne sent pas son existence: la sécheresse de l'égoïsme ou l'agitation de la passion, c'est là, dans la vie habituelle, tout ce qu'on peut attendre d'elle. Tel est aussi l'enfant lorsqu'il n'a pas encore appris à sentir, et que la foiblesse de son âge l'oblige encore à chercher dans les émotions extérieures le mouvement qu'il ne peut tenir de lui-même. De même que ces personnes passionnées, il faut qu'il pleure ou qu'il rie; il n'existe que dans les extrêmes; le calme est bientôt pour lui de l'ennui, et l'ennui de la douleur. De même qu'elles, inconstant dans ses goûts, il rejette bientôt l'objet dont il a épuisé les moyens d'émotion, pour en chercher de nouvelles dans un autre. Même penchant pour l'extraordinaire, même exagération, même partialité. Louise voyoit l'autre jour deux petits garçons se battre ; indignée contre le plus grand, elle ne voulut jamais comprendre qu'il étoit possible que l'autre l'eût attaqué à tort ; il auroit fallu diminuer quelque chose de l'émotion de colère qu'elle s'étoit donnée, et elle auroit été bien fâchée d'affoiblir son sentiment pour le rectifier.

C'est donc contre ce besoin d'émotions vives qu'il faut prémunir et fortifier la sensibilité qu'elles feroient périr comme une plante délicate incapable de résister aux orages ; et c'est en même temps de la sensibilité seule que peut naître le préservatif capable de la sauver. Mais comment en développer le germe dans le cœur des enfans ? Leurs parens, des frères et sœurs, des domestiques, voilà ce qui les entoure ; ils ne conçoivent pas, comme je l'ai déjà dit, les plaisirs ou les peines qu'ils pourroient causer aux premiers, trop supérieurs à eux ; ils ne voient rien dans les plaisirs des seconds, qui sont leurs égaux, qu'ils doivent préférer aux leurs. En supposant qu'un échange mutuel de services et de complaisances n'établisse pas entr'eux et les domestiques qui les approchent une sorte d'égalité, les individus de cette classe seront, par leur infériorité même qui les rend trop faciles à obliger, des objets peu propres à former cette sensibilité, qui doit rendre capable des choses difficiles. Il en est de même des malheureux envers lesquels s'exerce la bienfaisance. La bienfaisance est un plaisir, parce qu'elle donne une émotion, et les enfans n'y cherchent même, n'y soignent que cela. Sophie, ce matin, me recommandoit de ne pas donner de souliers à Victoire et à Joséphine, avant qu'elle fût en état de leur donner les siens, et elle seroit ravie de les voir marcher nu-pieds les quinze derniers jours du mois, afin d'augmenter le plaisir qu'elle aura à les chausser le trente. Ce n'est pas ainsi que se forment la bonté, la véritable sensibilité, toujours prêtes à oublier le bien qu'elles vouloient faire pour jouir de celui qu'elles n'ont pas fait. Elles vivent de sacrifices, et la bienfaisance des enfans ne se compose que de jouissances. Quelque privation qu'ils s'imposent en faveur d'un malheureux, elle sera si peu de chose en raison du plaisir qu'elle procurera, qu'entre le choix des émotions l'imagination ne peut guère hésiter. Quand Sophie, accoutumée à toutes les petites jouissances de la gourmandise, se prive de sa grappe de raisin pour la porter à des enfans qui meurent de faim, qu'est-ce qu'elle sacrifie auprès de ce qu'elle donne? Lors même qu'elle se décide à résister trois mois à ses fantaisies pour leur faire un présent utile, l'honneur d'un pareil présent, l'importance de cette action de grande personne élèvent tellement son imagination au-dessus de la séduction des petites tentations, que si dans sa constance à en triompher nous pouvons déjà apercevoir un effort louable, il est du moins amplement récompensé.

6 *

Qui est-ce qui ne fait pas de bien? dit Rousseau; *tout le monde en fait, le méchant comme les autres. Il fait un heureux aux dépens de cent misérables.* Peu de gens se refuseront à donner, quand ce qu'ils donnent ne coûte rien et produit beaucoup; mais bien peu pourront se décider à un marché égal. Ce sont cependant des marchés de ce genre que, dans le cours ordinaire de la vie, notre sensibilité aura presque toujours à faire avec celle des autres. A peu près égaux d'intérêt, de moyens avec ceux qui nous entourent, nous trouverons rarement l'occasion de faire beaucoup avec peu. Il faudra sacrifier beaucoup pour produire beaucoup, et avec peu nous contenter de produire peu. Il faudra exactement nous dépouiller du vêtement dont nous voulons couvrir un autre, et du plaisir que nous voulons lui procurer. Quel intérêt pourra nous y engager?

Dans une complaisance pour sa sœur, dans le courage qu'elle aura de réprimer un mouvement de colère ou d'amour-propre plutôt que de l'en faire souffrir, Sophie ne voit rien à gagner, si ce n'est de lui donner un plaisir égal à celui dont elle se prive, d'épargner à Louise une peine que Sophie ne croit certainement pas au-dessus de la peine qu'elle-même peut avoir à se vaincre. Dans cette égalité, quelle raison détermineroit l'enfant à porter son attention sur un autre plutôt que sur lui-même? Il est là tout entier avec ses passions, ses intérêts interposés entre lui et d'autres intérêts que ceux-ci lui cachent. Pour voir ce qui touche les autres, il doit donc commencer par écarter les intérêts personnels qui l'occupent. Il faut qu'il devienne désintéressé avant de devenir sensible ; et au lieu que, dans la bienfaisance, le plaisir est si grand qu'il n'y a qu'à le montrer pour faire oublier le sacrifice, ici, c'est par le sacrifice qu'il faut commencer, avant de se douter qu'il sera récompensé par un plaisir.

Avant d'avoir des enfans, j'ai long-temps cherché ce qui pouvoit conduire à cette vertu, si difficile même à concevoir. Ils m'ont fait voir depuis la route toute tracée par une autre vertu, facile du moins à comprendre, la justice. Aucune n'est plus à la portée de l'esprit des enfans ; leur sentiment seul s'y oppose, car leur raison n'y résiste guère ; mais parvenez à en faire pour eux un sentiment, et tout est gagné ; vous aurez su donner à l'enfant la volonté de sacrifier ses intérêts, ses plaisirs à ceux d'un autre, et dès qu'il aura accordé ce sacrifice au devoir, il trouvera bien aisé de l'accorder au plaisir d'obliger. Les efforts de la générosité sont bien mieux payés que ceux de la justice. Quand je vois Sophie partager avec une attention scrupuleuse pour ne pas empiéter sur la portion de sa sœur, je suis presque sûre qu'elle va y ajouter quelque chose de la sienne pour changer en joie et en remerciment l'inquiétude avec laquelle les regards de Louise sembloient surveiller son équité. La générosité ajoutée à la justice devient un plaisir personnel par lequel celui qui *donne* se récompense d'avoir *rendu*, un acte de liberté par lequel il aime à se montrer affranchi de la servitude d'un devoir.

La justice est d'ailleurs le seul rempart à l'abri duquel vous puissiez sans crainte présenter à vos enfans les premières idées de la sensibilité. Lorsque, pour décider l'enfant à un partage égal auquel il répugne, vous cherchez à l'intéresser aux privations ou aux plaisirs de son frère, comme il n'a pas de moyen légitime de rappeler vos regards sur lui seul, il est possible alors qu'il commence à se pénétrer des sentimens d'un autre; et ce tour une fois donné à son imagination, la sensibilité et la justice vont s'aider mutuellement à porter son attention sur le bonheur de ce qui l'entoure, et cette attention, suffisamment excitée, diminuera tous les jours celle qu'il étoit naturellement porté à se donner à lui-même. L'occupation du bonheur des autres ne va guère sans une sorte d'inquiétude que nous ne pouvons satisfaire qu'à nos propres dépens. La privation balancée entre moi et un autre ne lui sera-t-elle pas plus pénible qu'à moi? Je sais parfaitement le prix que j'attache à l'objet en litige, j'ignore celui qu'il peut y mettre ; j'ai le sentiment de mes forces et non pas des siennes. Il semble d'ailleurs que nous nous soyons chargés des intérêts dont nous nous sommes occupés, et alors la sensibilité ne croira guère être juste si elle ne fait pas la part du prochain plus grosse.

C'est à la justice encore qu'il faut se fier du soin de nous tenir en garde contre ce besoin d'émotions toujours prêt à nous entraîner d'un seul côté. C'est elle qui avertit la sensibilité et la tient également éveillée sur tout ce qui peut mériter son attention; et si, comme le pense M. Dugald Stewart, la froideur et l'égoïsme viennent assez généralement d'un défaut d'attention et d'un défaut d'imagination, l'homme juste, attentif à tout ce qu'il a la faculté d'imaginer, incapable de rien sentir pour lui-même qu'il ne sente aussi pour les autres, leur accordera du moins toute la sensibilité qui peut appartenir à son caractère. Je n'en demanderai pas davantage à mes enfans. C'est à l'amour dont je les environne à leur donner le besoin d'aimer; mais quelles que soient un jour la tendresse de leur cœur et la sensibilité de leur imagination, c'est aimer beaucoup les autres que de ne s'aimer jamais plus qu'eux.

Aimez votre prochain comme vous-même, est ce qui nous a été prescrit, et en nous disant: *Ne faites pas à autrui ce que vous ne voudriez pas qu'on vous fît*, l'Evangile a fondé sur la justice toute la sensibilité qu'il nous recommande d'avoir les uns envers les autres.

P. M.

COUP D'ŒIL

SUR L'ÉTAT DE L'ÉDUCATION EN ALLEMAGNE DANS LES DIX PREMIÈRES ANNÉES DU 19ᵉ SIÈCLE.

(Conclusion de l'article commencé dans le nº. précédent.)

QUANT aux méthodes d'enseignement dont on a fait ce qu'on appelle *la Méthodique*, elles sont encore plus incertaines que le fond même de ce qu'on doit enseigner. On dispute sur la méthode en général et sur son application à tel ou tel objet en particulier. A la fin du siècle dernier, la méthode *catéchétique* (celle qui fait naître graduellement les idées dans la tête de l'enfant, en se servant de questions, de descriptions et d'autres moyens qui l'obligent à découvrir lui-même ce qu'il doit savoir), avoit prévalu : on catéchisoit de cent manières ; tantôt on vouloit faire sortir de la tête de l'enfant ce qui n'y étoit pas ; tantôt on vouloit y faire entrer ce qui n'y pouvoit trouver place : on graduoit si minutieusement, on subdivisoit à tel point les objets d'étude, que les idées s'égaroient dans ce labyrinthe. On alloit jusqu'à décomposer de la sorte des morceaux de poésie ; une méthode excellente en elle-même, très propre à aiguiser l'esprit, à exercer le jugement, étoit ainsi devenue ridicule : cette manie n'est pas encore passée, mais comme les extrêmes sont maintenant à l'ordre du jour, nous voyons mainte école rejeter tout-à-fait la méthode catéchétique, pour

DE L'ÉDUCATION.

en employer une autre bien plus commode, celle de dicter et d'endoctriner sans cesse. Parmi ceux qui ont conservé la première, il en est qui en restreignent l'usage à l'instruction de la première enfance : ils paroissent vouloir n'en faire alors qu'une méthode purement descriptive, et ils étendent ces descriptions avec la pédanterie la plus minutieuse. Faire deviner à l'enfant, qui ne sait pas encore les noms des objets, que le nez s'appelle *nez*, la bouche, *bouche*, etc., c'est ce à quoi personne ne s'avisera de prétendre ; mais lorsqu'il a déjà appris à nommer ces traits du visage, et qu'en les voyant il s'est formé nécessairement des idées de *dessus*, de *dessous*, et de leur situation relative, à quoi bon lui dire : — le nez est au-dessus de la bouche ; la bouche est au-dessous du nez, — et autres niaiseries pareilles? C'est cependant à ces détails que descendent nos pédagogues modernes, et ils appellent cela suivre le développement graduel de l'intelligence humaine.

Quant aux méthodes considérées dans leur application à certains objets particuliers, nous en avons inventé de très ingénieuses : par exemple, on nous enseigne l'italien et le français en deux mois. Il est des maîtres sous la direction desquels les enfans apprennent en quatre semaines à lire les mots les plus longs et les plus difficiles : mais il en est d'autres qui demandent ; à quoi cela sert-il ? les fruits précoces sont-ils préférables à des fruits mûris avec plus de lenteur ? Les uns croient ne pouvoir rendre l'instruction assez sérieuse ; les autres se cassent la tête pour trouver les moyens d'en faire constamment un jeu, et s'il en est qui osent conseiller de mettre à l'essai les nouvelles méthodes, d'en juger le mérite d'après leurs résultats, de bonnes gens leur crient : — Faire de pareilles expériences ! quelle horreur ! tentez-les sur de petits chiens, sur de petits chats, à la bonne heure, mais non pas sur de petits hommes. — Et ils n'auroient pas tout-à-fait tort, si au lieu de vouloir tout arrêter, ils se bornoient à recommander de prendre garde à la nature et à l'objet des expériences, afin de juger d'avance si elles peuvent être vraiment dangereuses.

Nous n'entrerons pas dans le détail de toutes les méthodes particulières, mais nous nous permettrons de dire un mot de celles qui se rapportent à l'instruction religieuse et morale. Tantôt on sépare la morale et la religion ; tantôt on les unit, en disant que l'homme ne doit pas séparer ce que Dieu a joint. Ceux qui veulent commencer par l'enseignement de la morale, assurent qu'il est bien plus aisé de persuader à l'enfant qu'il doit obéir à ses parens, que de lui prouver qu'il y a un Dieu : ceux qui se déclarent pour la marche contraire, prétendent qu'un enfant pénétré de la crainte de Dieu, remplira bien mieux ses devoirs envers ses parens. Ici c'est à l'entendement que l'on fait parler l'instruction religieuse, pour qu'elle arrive ensuite au cœur : là elle doit passer du cœur à l'entendement. Les uns veulent que la religion soit toute entière du domaine de la raison ; les autres en font une affaire de sentiment; d'autres une faire d'imagination. Depuis la découverte de l'*œsthétique*, cette nouvelle théorie des arts et du goût, on a créé une *poésie de la nature* à laquelle on veut tout rapporter; ceux qui ne se rangent pas sous cette nouvelle bannière poétique, sont traités d'hommes *prosaïques* et pleins de préjugés. La religion a trouvé sa place dans cette poésie de la nature. C'est l'opinion favorite de notre siècle, que la religion est une poésie : le mysticisme mêle ensemble la religion, les arts, les lettres, l'amour, de sorte qu'être *religieux*, *poète*, *fou* et *amoureux*, n'est plus qu'une seule et même chose. Ce n'est plus le temps où l'on enseignoit la religion dans un but et d'après des principes pratiques; il faut lui donner pour base les principes de telle ou telle philosophie; les mystiques assurent même que ce sentiment intime et secret, qui porte aux croyances pieuses, aux tendres extases de l'amour filial, ne sauroit s'analyser ni s'enseigner; qu'il parle aux cœurs simples comme ceux des enfans, et n'est compris que d'eux seuls. Cependant les partisans de cette doctrine occulte ont des manières qui ressemblent assez à une méthode d'instruction : ils décrivent aux enfans certains beaux jours de l'âge d'or où les dieux et les déesses, avec ou sans voile, se promenoient au milieu des innocens mortels; ils déplorent la décadence de la piété qui est telle, disent-ils, qu'on n'entend plus, comme au temps de nos vertueux pères, le guet mêler au son de cette cloche nocturne qui porte à l'ame tant d'émotions célestes, ces pieuses paroles: *et loué soit le Seigneur!* Ils croient avoir nourri le sentiment religieux dans le cœur de l'enfant, lorsqu'ils ont monté les nerfs d'une pauvre jeune fille au point de lui faire souhaiter de mourir avec le Sauveur dont elle entend raconter les souffrances. Ils se flattent d'avoir puissamment fortifié l'amour des choses célestes, lorsqu'ils ont tant parlé aux enfans des anges et des archanges, que ces innocentes créatures, quand elles marchent, se reposent ou dorment, se croient toujours en société avec des anges. Ainsi, tandis que dans le siècle dernier, on ne croyoit pas pouvoir renvoyer l'instruction religieuse assez tard, on se persuade aujourd'hui qu'elle ne sauroit commencer assez tôt, et l'on s'appuie sur cette pensée de Schiller :

 Ce qu'un esprit profond ne pourroit concevoir,
 L'enfant simple et naïf sans effort sait le voir.

Tel est maintenant en Allemagne l'état de la pédagogique théorique et pratique : étrange bigarrure, diront sans doute les lecteurs ! très étrange en effet ; aussi les malheureux instituteurs sont-ils encore plus embarrassés que le meunier de la fable: quelque méthode qu'ils adoptent, quelque parti qu'ils embrassent,

 Les gens en parleront, n'en doutez nullement.

Ce qu'on demandera peut-être encore, c'est quelle est l'*officina virorum* d'où sortent tant de combattans acharnés, et d'où viennent ces disparates si absolues entre leurs manières de voir. Ces gens-là sont des hommes de tout rang, de tout état, des

conseillers d'université; des maîtres d'école, des ignorans et des savans, des hommes expérimentés et des jeunes gens sans expérience, des membres de toutes les facultés imaginables, des poëtes, des artistes, des marchands, des artisans, des femmes, des demoiselles. Quant aux causes de la diversité de leurs vues, elles sont innombrables ; quelques-uns, il faut l'avouer, sont animés du noble desir de rappeler au genre humain ses seuls et véritables intérêts, et ce sentiment les honore au milieu même de leurs rêveries. D'autres n'ont pour mobile qu'un besoin audacieux d'innover, un *pruritus novaturiundi*. Ils veulent se faire un rang parmi les pédagogues; et le meilleur moyen d'y parvenir, c'est d'avancer quelques idées extraordinaires qu'ils ne comprennent ou ne croient pas eux-mêmes, mais qu'ils énoncent toujours du ton le plus positif, parce que dans un siècle et dans un pays qui penche vers le mysticisme, il n'est point d'opinion, quelque creuse, quelque incohérente qu'elle soit, qui ne trouve çà et là des sectateurs qui l'adoptent, en toute simplicité d'esprit et de cœur. Il en est qui, forcés par telle ou telle circonstance, à embrasser un état qui touche de près ou de loin à l'éducation, se disent : « Il
» faut aussi que nous écrivions un traité d'éduca-
» tion : au milieu de toutes les extravagances qu'on
» a débitées sur cette matière, notre ouvrage pa-
» roîtra toujours assez raisonnable ; peut-être
» même les journalistes seront-ils assez polis
» pour avoir égard à notre métier, et ne pas nous

» traiter comme des enfans de collége. » Il en est encore qui ne se laissent aller à mettre en avant de certaines assertions, que pour masquer leur ignorance ; tel qui ne sauroit écrire correctement une page de latin, porte aux nues l'étude des langues anciennes, de peur qu'on ne le soupçonne de les ignorer ; tel autre recommande aux écoles l'usage journalier de la Bible pour cacher ainsi ses opinions hétérodoxes. Quelquefois aussi la faim s'en mêle ; et, tout bien considéré, l'on pourroit dire de la plupart des livres que nous devons à ces différentes causes, ce que Lessing disoit d'un mauvais ouvrage : « Il y a beaucoup de choses » neuves et beaucoup de choses vraies ; mais ce » qu'il y a de vrai n'est pas neuf, et ce qu'il y a » de neuf n'est pas vrai. »

L'unique résultat que puisse tirer un instituteur raisonnable de tant de contradictions, d'erreurs, de mésentendus, de paradoxes, c'est la confirmation de l'ancienne maxime : Examinez et essayez vous-même autant que vous le pourrez : après cela tenez-vous-en à ce qui vous aura paru préférable, et ne vous laissez pas détourner de votre route par les cris de ceux qui rôdent autour de vous. A peine notre siècle a-t-il produit une opinion nouvelle, qu'il la détruit et la remplace par une autre. Enseignez avec soin, d'après la méthode que vous trouverez la meilleure, ce que vous jugerez le plus utile, et vous verrez sortir de vos écoles, tout comme au temps de nos pères, des conseillers, des bourguemestres, des prédicateurs, des maîtres d'école, des médecins, des artistes, des soldats; — et des vauriens.

RUDIMENS DE LA TRADUCTION,
ou l'art de traduire le latin en français.

Ouvrage élémentaire, précédé d'une Notice sur les traductions des auteurs latins; par *J. L. Ferri de Saint-Constant*, recteur de l'Académie d'Angers. — Deuxième édition, revue, corrigée et augmentée.

Deux vol. in-12. Prix : 6 fr., et 9 fr. par la poste. — A Paris, chez Auguste Delalain, libraire, rue des Mathurins, n°. 5; et chez le Normant.

« AVANT de tracer des règles pour mettre du
» français en latin, dit Dumarsais, donnez celles
» qui sont nécessaires pour bien entendre les au-
» teurs latins, pour bien les traduire. Vous voulez
» que vos élèves écrivent en latin, c'est-à-dire
» qu'ils imitent *Cornelius Nepos*, *Phèdre*, *Justin*,
» *Quinte-Curce*, *Cicéron*, etc.; mais n'oubliez pas
» que toute imitation doit être précédée de la
» connoissance de l'original. Plus cette connois-
» sance sera exacte, plus l'imitation sera facile. »
Il est assez généralement reconnu aujourd'hui que cette marche est la plus naturelle, la plus prompte et la plus sûre pour conduire au but des études classiques, à une *familiarité* vraiment intime avec le langage et les écrits des anciens. Rollin n'a cessé de la recommander; Pline en a indiqué les avan-

tages; Quintilien s'est expressément declaré en sa faveur : *aliud est grammaticè*, dit-il, *aliud latinè loqui.* « Parler *latin* est tout autre chose que par-
» ler *grammaticalement.* » Il n'est pas nécessaire d'argumenter long-temps pour prouver que si les Romains regardoient déjà cette méthode comme fort préférable à l'étude longue et minutieuse des règles de la grammaire, à plus forte raison les modernes doivent la préférer. Le but principal de ceux qui étudient les langues anciennes est de bien entendre les auteurs anciens; or, pour les entendre, il faut les lire, et les lire beaucoup : leur but secondaire est d'apprendre à écrire comme eux, d'après la structure, la syntaxe et l'esprit de leur langue; et pour cela il faut encore les lire. Ce n'est point là apprendre par routine; c'est au contraire étudier à la fois, dans les productions même du langage, les élémens dont il se compose, c'est-à-dire les mots; et les rapports, soit nécessaires, soit arbitraires, d'après lesquels ils se rapprochent, s'unissent et se combinent; c'est-à-dire les règles, telles qu'elles sont fixées par la grammaire, la logique, l'usage et l'harmonie.

M. Ferri de Saint-Constant a donc rendu un vrai service aux maîtres et aux élèves en publiant ses *Rudimens de la Traduction*. On peut considérer son ouvrage comme composé de deux parties, dont il indique lui-même la différence, en distinguant la *version* de la *traduction.* « La *version*, dit-il,
» est plus littérale, plus attachée aux procédés
» propres de la langue qu'on traduit. *La traduction*

» est plus occupée du fond des pensées, plus
» attentive à les présenter sous la forme qui peut
» leur convenir dans la langue nouvelle, plus as-
» sujettie dans ses expressions aux tours et aux
» idiotismes de cette dernière langue. L'idée de
» *version* est plus applicable à l'étude de ceux qui
» traduisent pour apprendre une langue. La *tra-*
» *duction* appartient à celui qui, par la connois-
» sance du génie des deux langues, est en état de
» faire passer dans la sienne les pensées de l'original
» avec toute leur délicatesse et leur énergie. »

Il a donc donné et les règles de la *version*, et celles de la *traduction* ; de sorte que son livre peut servir de guide aux élèves, et de conseiller aux traducteurs ou aux élèves qui, vers la fin de leurs études, s'exercent à faire passer dans notre langue les morceaux les plus beaux et les plus difficiles des classiques latins. Considéré sous ce double point de vue, cet ouvrage me paroît un des mieux pensés et des plus utiles qui aient été écrits depuis long-temps sur l'enseignement des langues anciennes. Il suffira, pour en faire sentir l'utilité, d'en indiquer la marche et le contenu.

Il est divisé en quatre parties : la première traite *de la valeur des mots*; la seconde, *de l'arrangement des mots*; la troisième, *des qualités générales de la traduction*; et la quatrième, *de ses qualités particulières*. On peut considérer comme une cinquième partie, une dissertation placée en tête du premier volume, et qui renferme des *notices sur les traductions les plus estimées*.

7

« Pour bien connoître la valeur des mots, dit
» l'auteur, il faut d'abord acquérir une juste idée
» de la formation de ces mots qui se composent
» de racines, d'initiales et de désinences. Il faut
» ensuite remonter aux étymologies qui font con-
» noître le sens primitif des mots, et le sens figuré
» qu'on y a attaché. Il faut distinguer les homo-
» nymes ou les mots qui ont le même son, et qui
» diffèrent par le sens. Il faut observer les diffé-
» rences qui se trouvent entre les mots qu'on re-
» garde comme synonymes. Enfin, il faut connoître
» les idiotismes ou les expressions exclusivement
» propres à la langue latine, et qui sont toujours les
» plus difficiles à faire passer dans un autre idiome. »

Cette partie contient donc, 1°. un recueil d'un assez grand nombre de *racines* latines. M. Ferri de Saint-Constant n'a point prétendu en faire un recueil complet; il s'est contenté de donner des exemples, et renvoie d'ailleurs à l'excellente *méthode latine* où M. Gaultier en a rassemblé un plus grand nombre; on pourroit peut-être lui contester quelques-unes des racines qu'il appelle *primitives*, mais cela n'importe en rien à l'enseignement; 2°. le tableau des *initiales* et des *désinences*, qui, en se combinant avec ces racines, forment les mots latins; 3°. un choix d'*étymologies* latines, dont quelques-unes seroient dans le cas d'être disputées, comme celles d'*adulatio*, de *sol*, d'*avarus*, etc., mais qui est fait cependant avec beaucoup de sagesse et de discernement; 4° une liste comparative des principaux *homonymes*; 5°. de bons synonymes; 6°. un recueil des *idiotismes* latins, traduits en général avec autant de clarté que d'exactitude; 7°. un chapitre beaucoup plus étendu dans cette édition que dans la précédente, sur *la traduction des différentes parties du discours*, et où l'auteur montre comment on doit souvent, eu égard au génie différent des deux langues, traduire, non pas toujours un substantif par un substantif, et un verbe par un verbe, mais tantôt un substantif par un verbe, tantôt un verbe par un substantif, et ainsi de suite. Dans cette phrase, par exemple : *Venio in senatum frequens*; Cic. l'adjectif *frequens* se traduit par l'adverbe *souvent* : « *Je viens souvent au sénat*, etc. » Ce chapitre me paroît utile pour tous les traducteurs.

Dans la seconde partie, où il s'agit de l'*arrangement des mots*, M. Ferri de Saint-Constant examine en quoi consiste véritablement la *construction grammaticale* et *logique* des phrases, quelles sont les meilleures méthodes de construction; quels inconvéniens paroissent attachés à l'usage de faire faire la construction en français à la méthode interlinéaire; et pourquoi la méthode de M. Gaultier (1), qui consiste à faire décomposer à l'élève la phrase qu'il traduit, et à lui mettre sous les yeux la construction directe, qui est la construction française, sans détruire la construction inverse ou latine, est fort préférable : il applique cette méthode aux *phrases* et aux *périodes simples, complexes* et *composés*. De là il passe à traiter des *irrégula-*

(1) Voy. le 1er N°. des Annales de l'Education, p. 57.

rités *de la construction;* c'est-à-dire, de l'*ellipse*, du *pléonasme*, de la *syllepse*, de l'*hyperbate*, et des moyens de les traduire. Ses réflexions sur *l'ellipse* sont particulièrement intéressantes.

La troisième et la quatrième parties, qui traitent des *qualités générales et particulières* de la traduction, paraissent destinées aux traducteurs plutôt qu'aux élèves; cependant ceux qui sont déjà avancés dans leurs études pourront les lire avec beaucoup de fruit. Les principes de traduction les plus sains y sont sans cesse appliqués à des exemples bien choisis. L'auteur rapproche et compare nos meilleurs traducteurs de Virgile, d'Horace, de Tite-Live, de Tacite, de Cicéron; il indique ce qui manque aux uns, ce qu'ont su trouver les autres, et découvre ainsi les difficultés et les écueils, *vada et scopulos*. On doit considérer ces deux parties comme le complément et le développement du traité élémentaire qui précède. La *notice*, placée en tête du premier volume, *sur les traductions des auteurs latins*, est intéressante, bien qu'assez incomplète : entr'autres omissions, M. Ferri de Saint-Constant, en parlant des traductions de *Cornelius Nepos*, n'a pas nommé celle de l'abbé de Radonvilliers, qui a paru il y a quelques années, complétée par M. Noël. Du reste, c'est purement par scrupule que je fais cette remarque, car elle n'est d'aucune importance pour l'ensemble de l'ouvrage, dont l'exposé rapide que je viens d'en donner peut faire pressentir, mais non apprécier toute l'utilité. F. G.

BIBLIOTHÈQUE DES PÈRES DE FAMILLE,

ET COURS D'INSTRUCTION PARTICULIÈRE.

Cet ouvrage paroît, à dater du 1er septembre dernier, les 1er et les 15 de chaque mois, par cahiers de 96 pages in-12. Le prix de la souscription est de 25 fr. pour l'année, à Paris, de 30 fr. pour les départemens, et de 35 fr. pour l'étranger. — On souscrit à Paris, au bureau de la Bibliothèque des Pères de Famille, rue Coq-Héron, n°. 9; chez Patris, imp.-lib., rue de la Colombe, n°. 4; et chez le Normant.

Il a déjà paru quatre Numéros de cet ouvrage, dont le titre indique assez la double intention de former les parens aux soins qu'exige l'éducation de leurs enfans, et de les seconder en leur fournissant les matériaux de l'instruction nécessaire à leur donner. Un plan si vaste paroît difficilement pouvoir être compris dans un si petit volume. Les conseils donnés aux parens peuvent se resserrer selon le talent de l'auteur pour la concision, mais l'instruction des enfans exige des développemens tels, qu'il n'est guère possible d'imaginer qu'un petit in-douze d'environ cent pages, paroissant tous les quinze jours, et dont la moitié se compose d'un conte, d'une fable, d'une énigme, et d'autres morceaux tout-à-fait étrangers à l'instruction et même à l'éducation, puisse nous donner dans l'espace de temps consacré à une éducation ordinaire, un cours complet de grammaire, de géographie, de mathématiques, de l'histoire de *tous* les peuples, un *abrégé historique de tous les hommes* qui se sont signalés dans les dernières guerres, *tous* les traits d'humanité, de piété filiale, etc., qui ont mérité à leurs auteurs l'estime de leurs concitoyens; *tout* ce qui regarde le traitement des maladies des enfans, l'article nécrologique de *tous* les hommes qui se sont fait un nom recommandable; des traités sur *tous* les objets qui peuvent intéresser les détails de la vie économique et particulière, etc.; telles sont les promesses du *prospectus*.

Pour les remplir, la Bibliothèque des Pères de Famille a déjà donné un article de sept pages sur les notions élémentaires de la géographie, où l'on a appris que le cercle a trois cent soixante degrés, que la terre a deux pôles, cinq zones; que la longitude se calcule à compter du méridien, et la latitude à compter de l'équateur; enfin le nom des cercles et des quatre points cardinaux. En deux mois, cela n'est pas beaucoup, les enfans ne paroissent pas destinés à avancer beaucoup sur ce point. Les leçons d'histoire sont plus multipliées, mais sans que nous puissions juger encore des progrès que l'auteur fera faire à ses élèves; parce que, persuadé que tout cours d'histoire doit commencer par l'histoire moderne, et en même temps qu'on ne peut comprendre l'histoire moderne sans avoir au moins entendu parler de l'histoire ancienne, il commence par leur en donner un aperçu, mais si rapide, qu'il auroit été plus court et tout aussi utile de n'en pas faire du tout;

car on peut être parfaitement sûr que les enfans qui ne sauroient pas encore leur histoire sainte, ne retiendront rien d'un récit où, par exemple, au lieu de leur raconter l'histoire d'Eve, d'Abraham, de Joseph, etc., on leur dit : « Séduite par un esprit » rebelle et ennemi du bien, la jeune Eve égare son » époux, et la condamnation du genre humain est » prononcée. » ou bien : « Rien de plus touchant, » dans l'historien sacré, que le tableau de la vie » simple et pastorale d'Abraham et de ses enfans. » Et c'est là tout ce qu'on nous en apprend pour le moment. On nous dit encore : « Que Joseph, tiré » miraculeusement de la prison, devint le favori » de Pharaon, et par sa sagesse et sa prévoyance, » sauva le royaume et sa famille de la famine la » plus affreuse. » Et c'est là, pour aider la mémoire des enfans, ce que le professeur a mis à la place de l'arbre de science, du sacrifice d'Isaac, du songe de Pharaon ! etc. L'histoire profane est racontée de même.

L'instruction grammaticale tient aussi une place considérable dans la Bibliothèque des Pères de Famille, et doit en tenir une considérable dans la vie, si, comme nous l'assure le professeur, « enseignée comme elle doit l'être, elle nous » apprend à raisonner, c'est-à-dire, à ne rien faire » au hasard, ni par routine. » Si tel étoit son effet, il faudroit assurément se hâter de l'enseigner aux enfans, de manière à ce qu'ils pussent la comprendre ; cependant, au bout de quatre leçons, le professeur n'en est pas encore là. Il ne veut pas se borner, dit-il, aux *règles de la syntaxe*, quoique les règles de la syntaxe soient les seules idées grammaticales qui puissent se fixer dans la tête des enfans. Il veut *raisonner la langue*, et commencer par *les idées abstraites*, *les idées concrètes*, et par une métaphysique qu'on pourroit lui contester, mais qui, fût elle bonne, auroit toujours pour les enfans l'inconvénient d'être de la métaphysique. Ce qui pourroit d'ailleurs donner des doutes sur l'utilité de cette méthode de grammaire, ce sont les fautes de grammaire où tombe le professeur qui l'enseigne. Voici quelques-unes de ses tournures: *Malgré qu'aujourd'hui*, — *tous les hommes ont de commun entr'eux*, — *il faut bien se pénétrer que tout substantif*, etc. La partie médicale offre, 1°. un article sur l'allaitement, composé d'apostrophes aux mères, dont l'auteur *voit tressaillir les entrailles*, qu'il félicite de leur affection sans bornes *pour leurs créatures*, et auxquelles il conseille *de ne pas livrer à la faulx meurtrière de la petite-vérole les fruits à peine éclos de leurs tendres amours*; 2°. un article sur les maladies pulmonaires, que l'auteur attribue généralement à l'habitude de coucher les enfans sur le dos; 3°. un essai assez intéressant sur *l'engastrimisme*, ou l'art du ventriloque.

Je ne parlerai pas d'un essai sur les jeux de hasard, dont les bonnes intentions auroient besoin d'être secondées par un autre style et d'autres pensées; de deux ou trois contes sur des sujets d'amour, et dont la lecture ne formera pas plus les enfans à l'habitude du bon français, que le cours de grammaire et la plupart des autres articles insérés dans la Bibliothèque. Je ne parlerai pas non plus de quelques fables ou pièces de vers où l'on fait *lampion* et *Diane* de deux syllabes, et où l'élégance ne m'a pas paru dédommager de la régularité. Il me suffira de dire que j'ai examiné les quatre premiers Numéros de cet ouvrage, destiné aux pères et aux enfans, sans découvrir sous quel rapport il pouvoit être utile ou intéressant pour les uns ou pour les autres.

P. M.

LANGAGE.

FAIRE EXCUSE, DEMANDER EXCUSE.

Faire excuse étoit en usage au temps de Bouhours, et ne l'est plus guère : *demander excuse* s'introduisoit, et Bouhours le traite avec cette indignation des anciennes autorités contre les nouvelles lois. « On a mis en usage, dit-il, une façon » de parler impertinente, *je vous demande excuse*; » on n'a plus qu'à y ajouter *je vous fais pardon....* » *Demander excuse* est un vrai galimatias qui » choque également l'usage et la raison ; il n'y a » que les bourgeois et la populace qui le disent. » Il n'y a aujourd'hui que les bourgeois qui disent quelquefois *je vous fais excuse*, et encore disent-ils plutôt *vous me ferez* ou *faites excuse*, ce qui n'est qu'une manière plus impérieuse de la demander. *Je vous demande excuse* est d'usage pour ceux qui ne trouvent pas plus poli et de meilleur goût de *demander pardon*.

Malgré l'arrêt de Bouhours, l'Académie a adopté les deux locutions; et, malgré la décision de l'Académie, dans un ouvrage périodique intitulé *Lettres académiques sur la Langue française* (1). dont il n'a paru que deux N°°., un correspondant des auteurs, M. Verdure, condamne l'expression *faire excuse, faire des excuses*; car *excuse*, dit-il, venant de *ex causâ*, *hors de cause*, c'est à l'offensé à faire *ex causâ*, à mettre *hors de cause* celui auquel il pardonne. Voilà donc trois opinions, Bouhours, qui ne veut pas *demander excuse*, M. Verdure, qui ne veut pas *faire excuse*, et l'Académie, qui consent à tous les deux, parce que seule elle a compris le vrai sens du mot. « On » ne peut demander que ce qui peut être accordé, » nous dit le Dictionnaire de Trevoux, d'après » Bouhours, dont il soutient l'opinion; *demandez* » *excuse* à un homme que vous avez offensé, » peut-il répondre : Je vous *accorde l'excuse* que » vous me demandez ? non, sans doute, parce » que l'excuse est un *acte*, une *prière* de la part » de celui qui a offensé, pour faire trouver bonnes » les raisons qu'il apporte pour sa justification. » Une excuse n'est point un *acte*, n'est point une *prière*. La preuve en est qu'on *donne*, qu'on *apporte* une excuse; et qu'on ne peut *donner*, *apporter*

---

(1) Chez Brunot-Labbe, libraire, quai des Augustins, et chez le Normant. Prix de la souscription, 30 f.

un acte ou une prière. L'*excuse* n'est point l'action d'excuser, mais la raison même qu'on donne pour y parvenir. *Excuse*, dit le Dictionnaire de l'Académie, *raison que l'on apporte pour se disculper, ou pour disculper quelqu'un de ce qu'il a fait ou dit.* C'étoit le sens du mot latin *excusatio*; aussi Cicéron dit-il, *ea vitia nonnihil habent excusationis*: « Il y a quelques raisons pour excuser ces vices. » On disoit aussi, *excusationem afferre, accipere* : « Apporter, recevoir des excuses, c'est-à-dire, des raisons qui expliquent et justifient. » Ce qu'il y a de singulier, c'est que c'est après avoir adopté la définition de l'Académie, que le Dictionnaire de Trevoux nous donne l'*excuse* comme un *acte*. Mais tandis qu'il en fait l'action de *s'excuser*, M. Verdure en fait l'action d'*excuser*, et ne voit pas que l'*excuse*, *ex causâ*, représente non pas l'*action*, mais la *raison* qui met *hors de cause*.

Ce qui les a trompés tous deux, c'est le mot *faire*, signe de l'action; mais *faire* est employé ici de même que dans *faire tort*, *faire justice*, comme nous l'employons souvent d'après les Latins pour *produire*, *effectuer*, *donner lieu à ce qu'une chose soit*. Les Latins disoient *verbum facere*, d'où, par parenthèse, vient cette ancienne locution, *je fis*, pour *je dis*. *Faire excuse* est donc produire une excuse, *faire* qu'une excuse soit produite.

Alors, comment *demander excuse*, comment demander à celui que blesse votre conduite les raisons de cette conduite ? — Vous ne lui demandez pas de vous les dire, mais de se les dire à lui-même, comme vous le chargeriez de les dire à un autre, si c'étoit auprès d'un autre que vous eussiez à vous excuser. Vous lui diriez fort bien *excusez-moi auprès de M. un tel;* c'est-à-dire, dites-lui les raisons qui font mon excuse; dites simplement, *excusez-moi,* ce sera comme si vous disiez, *je vous demande de m'excuser, je vous demande excuse;* il n'y aura de changé que la personne à laquelle vous voulez que s'adressent les *excuses* que vous desirez qu'on trouve pour vous.

Seigneur, *excusez*-moi dans l'état où je suis.

C'est-à-dire : « Je vous demande de trouver ou de voir dans l'état où je suis une excuse à ma conduite. » Je vous *demande excuse,* je vous demande l'excuse qui peut être alléguée en ma faveur; si on ne répond pas *je vous l'accorde,* c'est que l'*excuse* ne se demande pas comme le pardon, qui est un don purement gratuit, mais comme une espèce de justice, fondée sur les raisons qu'on a pour se faire excuser.

On excuse de soi-même et sans qu'on vous le demande. « Le bon esprit, dit l'abbé Girard, fait » *excuser* facilement, le bon cœur fait *pardonner* » promptement; » car c'est l'esprit qui trouve la raison d'excuse. Il dit encore : « On fait *excuse* » d'une faute apparente; on demande pardon » d'une faute réelle. » Parce que, pour détruire l'apparence d'une faute, il ne faut que trouver les raisons, les excuses qui prouvent qu'il n'y a pas de faute. On *fait* aussi, on *demande excuse* d'une faute légère ; on l'*excuse* sans peine, parce qu'il y a beaucoup de raisons pour qu'on n'en soit pas blessé ; il n'y en a pas pour ne pas l'être d'une faute grave, aussi faut-il en demander pardon.

Mais comme on ne demande guère excuse que par politesse, et lorsqu'il n'y a pas de quoi, alors généralement les gens du monde *demandent pardon*. Une *excuse* n'est qu'une explication, un *pardon* est un oubli. D'ailleurs celui qui veut qu'on l'*excuse* compte un peu sur ses raisons ; celui qui veut qu'on lui pardonne s'abandonne à la générosité qu'il sollicite, ce qui convient mieux à la politesse, dont la grâce est de ne point songer à ses droits et de ne point mesurer ses sacrifices.

Demander *excuse* cependant, c'est encore se soumettre, et la politesse seule peut l'ordonner. Bouhours rapporte qu'un prince Lobkowitz ayant eu une dispute avec le chevalier de Gremonville, on arrangea le différend en convenant que l'Allemand qui avoit tort et ne vouloit pas *demander pardon*, *demanderoit excuse*. S'il eût bien entendu le français, il se seroit réduit à *faire des excuses*, c'est déjà bien assez.

Faire ses excuses n'est point *faire des excuses*. On fait *ses excuses*, les excuses qu'on juge convenables à celui envers qui on veut être poli. On fait *des excuses* à celui qui les exige et les prescrit. Si *faire des excuses* a passé aussi dans la politesse, c'est que, comme je l'ai dit, elle n'est pas près regardante, et accorde tout, lorsqu'on ne lui demande rien.

P. M.

LA GÉNÉROSITÉ,

CONTE.

Margaretta venoit de distribuer presque tous ses joujoux à deux ou trois petites amies qui avoient passé l'après-midi avec elle. Elle s'assit toute contente auprès de sa mère, en lui disant : « Mon Dieu, maman, que c'est un grand plaisir d'être généreuse ! »

« Qui est-ce qui a été généreuse ? » lui dit Mad. d'Oisy en souriant. Margaretta rougit en regardant sa mère. « Est-ce toi ? » continua Mad. d'Oisy de la même manière.

« Mais, maman, dit Margaretta, qui ne vouloit pas répondre directement à la question, n'est-ce donc pas être généreuse que de donner tout ce qu'on a ? »

« C'est selon. Il faut d'abord qu'on l'ait donné par véritable bonté de cœur, pour faire plaisir, et non pas par orgueil, et pour qu'on dise que vous l'avez donné. »

« Est-ce que c'est de l'orgueil, maman, que de vous le dire à vous ? »

« Non, mon enfant. Quand tu me parles à moi, c'est comme si tu parlois à ta conscience. Tu peux me dire ce que tu as fait de bien, comme ce que tu as fait de mal, parce que tu es sûre que je ne le redirai pas. Je ne t'accuse pas d'orgueil; il te reste sans cela bien assez de choses à faire pour être généreuse. »

Pendant la fin du discours de sa mère, Margaretta avoit tenu les yeux fixés d'un air inquiet sur la petite Azélie, à qui elle avoit donné un beau chariot, celui de ses joujoux qu'elle aimoit le mieux. Tout d'un coup elle se lève précipitamment, et courant à elle tout en colère : « Voyez, mademoiselle, il valoit bien la peine de vous le donner, pour le casser comme cela tout de suite. »

La pauvre petite s'excusoit, regardoit le chariot d'un air tout interdit, disoit qu'elle ne l'avoit pas fait exprès, assuroit qu'il pourroit se raccommoder.

« Joliment », dit Margaretta, en le lui arrachant brusquement des mains, et le retournant de tous côtés d'un air d'humeur; puis le rendant comme elle l'avoit pris, elle fut se rasseoir auprès de sa mère en disant : « Cela est bien désagréable. »

« Quoi? dit Mad. d'Oisy, qu'elle ait cassé son chariot? qu'est-ce que cela te fait? »

« Mais, maman, c'est moi qui le lui avois donné. »

« Eh bien ! puisque tu le lui avois donné, il étoit à elle. »

« Je ne le lui avois pas donné pour qu'elle le cassât. »

« Ah ! tu le lui avois donné à condition qu'elle n'en feroit pas ce qu'il lui plairoit. Il falloit me dire cela; je ne pouvois pas le deviner. »

« Mais, maman...... »

« Mais, ma fille, je n'entends que ce qu'on me dit. Tu m'as dit que tu étois généreuse, alors j'ai cru que, comme les personnes généreuses, tu avois donné tout de bon, sans conserver de droit sur la chose que tu donnois. »

« Je sais bien, maman, que je n'ai plus de droit sur ce que je lui ai donné. »

« En ce cas-là, c'est donc sur Azélie que tu as des droits; car sans cela tu n'imaginerois pas de la gronder d'avoir cassé une chose qui lui appartient. Si tu lui as donné ce chariot pour avoir le droit de la gronder quand ce qu'elle fait te déplaît, en vérité, ce n'est pas là donner, c'est faire payer, et bien cher. Ce n'est pas être généreuse. »

Margaretta réfléchit quelques momens sur ce que lui avoit dit sa mère, puis, allant vers Azélie, elle lui dit tout doucement: « Cela se raccommodera avec un peu de colle. » — « Oh oui, » dit Azélie qui ne demandoit pas mieux que de croire que cela pourroit se raccommoder; et Margaretta se remit à jouer avec ses amies, sans parler de ce qu'elle leur avoit donné, et elle l'oublia même tout-à-fait. Le soir, quand elle y pensa, elle alla d'un air satisfait embrasser sa mère à qui elle avoit bien envie de dire : « A présent, j'ai été tout-à-fait généreuse. » Mais elle n'osa pas ; sa mère le vit bien, et ne lui dit rien non plus. Elle savoit bien tout ce que sa fille avoit encore à faire pour être généreuse.

Margaretta avoit avec elle Marianne, la fille de sa bonne, qui avoit un an de plus qu'elle. Elle l'aimoit beaucoup, et lui faisoit des présens le plus souvent qu'elle pouvoit, et avoit soin de les lui faire utiles. Ainsi Margaretta, qui était chargée de payer ses gants sur sa pension, les achetoit un peu grands, et tâchoit ne les pas trop salir pour qu'ils pussent ensuite servir à Marianne. Elle n'usoit pas ses souliers jusqu'à la semelle, afin que Marianne pût encore les porter. Elle lui avoit fait arranger de son argent un de ses anciens chapeaux de paille, ce qui n'empêchoit pas qu'elle ne lui gardât toujours une partie des bonbons qu'elle recevoit. Aussi Marianne l'auroit-elle aimée à la folie, si Margaretta n'eût toujours voulu s'en faire obéir. Mais quand elles jouoient ensemble aux *onchets*, Margaretta ne vouloit jamais avoir touché, et si Marianne lui disoit qu'elle avoit vu remuer les *onchets*, alors Margaretta commençoit par se mettre en colère; et, pour peu que Marianne soutînt son dire, elle jetoit tout, disoit qu'elle ne vouloit plus jouer, ou bien elle emportoit et serroit ses *onchets* en disant que Marianne ne les verroit plus. Quand elle étoit dans ses momens de gaîté, elle alloit faire peur à Marianne par-derrière, ou bien lui tirer les cheveux ou secouer sa chaise, quoique Marianne la priât de n'en rien faire; et quand Marianne se fâchoit, Margaretta disoit qu'elle n'entendoit pas la plaisanterie : mais si l'instant d'après Marianne vouloit plaisanter avec elle d'une manière qui ne lui convînt pas, ou que seulement sans le faire exprès, elle lui accrochât le pied en passant, ou marchât sur sa robe, alors Margaretta, tout de suite en colère, avoit plus tôt donné à Marianne une tape ou un

8.

coup de pied, qu'on n'avoit eu le temps de tourner la tête.

Un jour elle avoit été si insupportable que Marianne, malgré sa douceur, s'étoit fâchée tout-à-fait, et s'en étoit allée en disant qu'elle ne joueroit plus avec elle. Margaretta avoit naturellement trop de raison et un trop bon cœur pour ne pas sentir ses torts; mais elle ne les sentoit qu'après. Presqu'aussitôt que Marianne fut sortie, elle se mit à chercher dans sa commode; puis courant à sa mère, qui de la chambre à côté avoit entendu ce qui se passoit : « Maman, lui dit-elle, vous m'avez donné cette année un fichu de soie neuf; me permettez-vous de donner à Marianne celui de l'année passée ? »

« Comme tu voudras, mon enfant; mais à ta place je ne le lui donnerois pas. »

« Pourquoi donc, maman ? je n'en ai pas grand besoin, et cela fera plaisir à Marianne. »

« Oui, mais ce plaisir sera suivi d'un si grand chagrin, que si tu étois généreuse tu le lui épargnerois. »

« Mais, quel chagrin peut donc faire à Marianne mon fichu de soie », dit Margaretta, prête à pleurer de ce qu'on s'opposoit à sa bonne volonté.

« Sûrement elle aura beaucoup de plaisir en le recevant; mais, précisément à cause de cela, elle sera si reconnoissante, elle sera si fâchée de l'idée de te faire de la peine, qu'il lui sera bien plus dur ensuite de te voir à chaque instant te mettre en colère contre elle, de s'entendre dire qu'*elle t'en-*

nuie, qu'*elle est bête*, et cent choses pareilles. »

« Mais, maman, elle vient aussi m'impatienter. »

« Eh vraiment ! je le sais bien ; c'est pourquoi je te conseille aussi de ne pas t'exposer à manquer de générosité comme tu le fais sans cesse en maltraitant une personne qui n'ose te le rendre, parce qu'elle t'a des obligations. Si j'étois toi, je ne lui donnerois plus rien. »

« Maman, vous vous moquez de moi. »

« Non, mon enfant ; je t'avertis seulement qu'il n'y a rien de si contraire à la générosité, quand on ne veut rien supporter des autres, que de les obliger à tout supporter de vous. »

« Je pense, maman, dit Margaretta, après y avoir un peu réfléchi, que le meilleur moyen de ne pas m'impatienter si souvent contre Marianne, c'est de lui donner le fichu. En le lui voyant, je me souviendrai qu'il faut être plus douce avec elle. »

« Cela pourroit bien être, mais je ne sais pas comment tu feras pour le lui donner. »

« Qui m'en empêcheroit donc ? »

« Marianne est fâchée contre toi. Tu sais bien que si dans le moment où tu es fâchée contre elle, elle venoit t'apporter un présent, tu le lui jetterois au nez, en disant que tu n'en veux pas. Elle n'osera sûrement pas en faire autant ; mais ce sera peut-être un effort très désagréable pour elle que d'accepter le fichu, ou du moins il lui fera très peu de plaisir. C'est un grand obstacle à la générosité que de n'avoir pas su ménager les gens à qui on veut ensuite rendre service. »

« Comment donc faire ! » s'écria Margaretta, cette fois avec les larmes aux yeux.

« Je n'en sais rien, dit sa mère ; penses-y. »

Elles étoient depuis quelques instans dans le silence, Margaretta regardant tristement le fichu qu'elle tenoit toujours à la main, lorsque Marianne rentra dans la chambre. Margaretta le cacha bien vite sur les genoux de sa mère, puis s'approcha de Marianne d'un air moitié honteux, moitié riant : « Marianne, lui dit-elle, es-tu encore fâchée ? »

Marianne boudoit toujours un peu, et n'avoit pas trop envie de répondre. Margaretta lui jette ses bras au cou, en lui disant : « N'est-ce pas, ma petite Marianne, que tu veux bien encore jouer avec moi ? » Marianne fut si étonnée et si touchée de l'action de Margaretta qui n'avoit pas coutume de réparer ses torts d'une manière si aimable, qu'elle cessa sur-le-champ d'être fâchée, et dit qu'elle alloit jouer. Alors Margaretta courant chercher le fichu sur les genoux de sa mère, le donna à Marianne, en lui disant : « Tiens, Marianne, voilà un fichu que maman m'a permis de te donner. » Marianne rougit de plaisir ; les yeux de Margaretta brilloient de joie, et Mad. d'Oisy très contente de sa fille, l'appela d'un signe et la baisa au front, en lui disant bien bas pour que Marianne ne l'entendît pas : « Courage, mon enfant ! voilà un pas vers la générosité. »

Comme Mad. d'Oisy étoit extrêmement bonne pour Margaretta, celle-ci avoit un grand desir de lui faire plaisir ; et toutes les fois que son caractère ne l'emportoit pas à quelque impatience ou à quelque désobéissance, Mad. d'Oisy avoit tout lieu de se louer de son application et de son zèle au travail. Comme elle apprenoit l'anglais, elle imagina de traduire à elle toute seule une petite histoire assez longue qu'elle avoit trouvée dans sa grammaire, et la donna un jour bien écrite, sans contre-sens et sans fautes d'orthographe, à sa mère qui fut enchantée, parce qu'elle ne lui avoit encore fait traduire que de petites phrases pour lesquelles même elle l'aidoit toujours. Après avoir témoigné à sa fille toute la satisfaction qu'elle recevoit de cette preuve de sa bonne volonté et de ses progrès, Mad. d'Oisy lui dit : « Margaretta, voilà une belle occasion de faire preuve de générosité. »

« Quoi, maman, est-ce que je pourrois être généreuse avec vous ? »

« Tu m'as donné un grand plaisir, c'est de toi qu'il dépend de ne pas me l'ôter. »

« Oh ! maman, non sûrement je ne vous l'ôterai pas. »

« Tu me l'ôterois si tu n'étois pas très raisonnable aujourd'hui, et cela sans que je pusse t'en empêcher ; car j'avoue que je n'aurois pas le courage de te gronder. Vois, ma fille, ajouta-t-elle en souriant, me voilà en ton pouvoir ; c'est à toi de savoir comment tu veux en user. »

Margaretta sourit aussi de cette idée, alla sur-le-champ se mettre à son ouvrage, et fut toute la journée d'une sagesse exemplaire. Seulement, sa journée avoit été si bonne que le soir elle étoit fort en train de s'amuser, et que lorsque sa mère voulut l'envoyer coucher, elle résista un peu. « Songe, Margaretta, lui dit Mad. d'Oisy, qu'aujourd'hui je n'aurai pas le courage de me fâcher. » Margaretta, vivement contrariée, dit d'un ton d'impatience : « Mon Dieu, que cela est donc difficile d'être généreuse ! »

« Je ne t'ai pas dit que cela fût aisé, reprit froidement Mad. d'Oisy, et je ne t'oblige pas de l'être. Désobéis-moi, si tu veux. »

« Ah ! maman, dit Margaretta, vous voyez bien que je ne suis pas la maîtresse ; car vous voilà tout d'un coup l'air sérieux. »

« Moi qui ne me suis pas engagée à être généreuse, dit en souriant Mad. d'Oisy, je n'ai pas eu la force de te cacher que tu me faisois de la peine. » Margaretta s'alla coucher ; elle voyoit bien que c'étoit pour lui faire plaisir que sa mère lui avoit parlé de générosité ; mais elle comprit cependant qu'une personne vraiment généreuse ne doit jamais abuser de la bonté et de la complaisance de ceux qui l'aiment.

Cependant, elle ne savoit pas tout encore. Un jour qu'elle s'impatientoit de ce qu'une de ses amies l'avoit priée d'achever quelques rangées de tapisserie à un ouvrage qui l'ennuyoit, et que tout en le faisant elle se promettoit bien de lui dire qu'une autre fois elle auroit la bonté de faire son ouvrage elle-même : « en ce cas, lui dit sa mère, ne le fais pas ; car, quand il sera fait, tu seras obligée de lui cacher l'ennui qu'il t'a donné. »

« Eh ! pourquoi donc, maman ? »

« Ecoute, mon enfant, que je te raconte une histoire. J'ai connu une femme qui avoit été riche et qui étoit devenue pauvre. Dans le temps où elle avoit commencé à être pauvre, sa femme de chambre, Catherine, lui avoit prêté tout l'argent qu'elle avoit amassé à son service. La maîtresse croyoit qu'elle pourroit le lui rendre ; mais cela n'avoit pas été possible, et même elle se trouvoit réduite à n'avoir plus du tout de quoi vivre. Alors Catherine se mit à travailler pour elle. Elle quittoit à peine son ouvrage pour manger, et quand sa maîtresse s'affligeoit de la voir se fatiguer ainsi, elle disoit que l'ouvrage étoit la seule chose qui lui fit plaisir, et que quand Madame étoit riche, elle s'ennuyoit de n'avoir pas assez de choses à faire. Catherine s'étoit faite couturière : sa maîtresse vouloit l'aider ; mais dans les commencemens surtout, comme elle n'étoit pas bien accoutumée à l'ouvrage, elle faisoit souvent des fautes, cousoit à l'envers ce que Catherine lui disoit de coudre à l'endroit, ou bien posoit une manche le coude en dedans, ou bien un lé la pointe en bas. Lorsque Catherine s'en apercevoit, elle ne disoit rien, mais elle le défaisoit et le raccommodoit la nuit, pour que sa maîtresse n'eût pas le chagrin de voir que tandis que Catherine travailloit pour elle, elle la retardoit au lieu de l'avancer. La maîtresse tomba malade : elle avoit des fantaisies, elle les cachoit tant qu'elle pouvoit ; mais Catherine, qui connoissoit sa maîtresse, les devinoit et n'épargnoit rien pour lui procurer ce qu'elle desiroit. Tantôt elle travailloit deux heures de plus dans la nuit pour gagner plus d'argent, afin d'acheter ce qui étoit nécessaire, et ne disoit pas le prix que cela avoit coûté; ou, s'il falloit aller bien loin pour le chercher, elle se dépêchoit tant, que sa maîtresse qui ne connoissoit pas les chemins, croyoit que c'étoit bien près, et qu'elle n'a jamais su la moitié de ce que Catherine faisoit pour elle. »

« Ah, maman ! »

« Ce n'étoit pas tout. La maîtresse avoit un petit garçon qu'elle avoit assez mal élevé. Comme il s'ennuyoit de ne pas sortir, et de n'avoir pas pour jouer avec lui d'autres petits garçons de son âge, il avoit souvent de l'humeur et battoit ou pinçoit quelquefois très fort Victoire, la fille de Catherine, qui avoit cependant deux, trois ou quatre ans de plus que lui, mais qui, justement à cause de cela, et parce qu'elle l'avoit vu tout petit, ne le lui rendoit pas; mais comme il devenoit plus fort, il lui faisoit mal : elle alloit toute en larmes se plaindre à sa mère qui la prenoit sur ses genoux, tâchoit de la consoler, de cacher ses pleurs, et lui disoit : « Tais-toi : si Madame savoit que son fils t'a battu, elle en seroit si fâchée. » Elle lui disoit encore : « Tâche de bien vivre avec lui; car, vois-tu, il ne peut pas vivre ailleurs. » Et elle avoit tant fait que Victoire supportoit tout du petit garçon, parce qu'il avoit besoin d'elle. Que penses-tu de cela, ma fille ? »

« Oh, maman, que je voudrois bien connoître

Catherine et Victoire ! » En ce moment une femme proprement mise et d'une figure agréable et douce entra dans la chambre. Elle avoit avec elle une jeune fille d'environ quatorze ans, jolie, et qui avoit l'air très raisonnable. « Eh ! c'est vous, Catherine ? dit Mad. d'Oisy. » A ce nom, Margaretta tressaille, regarde sa mère qui lui fait signe qu'elle ne se trompe pas. Elle n'ose dire un mot; mais elle regarde Catherine, elle rougit, et le cœur lui bat bien fort.

« Vous voilà donc à Paris ? dit Mad. d'Oisy à Catherine, en la faisant asseoir. Vos affaires sont-elles finies ? »

« Madame est rentrée en possession de sa petite ferme, répond Catherine ; nous y sommes bien arrangées ; les affaires vont mieux, Dieu merci, et nous venons mettre M. Charles en pension. »

« Est-il toujours méchant, Victoire, demanda Mad. d'Oisy à la jeune fille, et vous toujours patiente ? »

« Oh ! Madame, dit Victoire, M. Charles n'a jamais été méchant. D'ailleurs, il faut bien supporter quelque chose des enfans. »

Après avoir causé quelque temps, Catherine dit : « Il faut que je m'en aille : Madame est seule, elle s'impatienteroit. » Margaretta fut bien contente et bien embarrassée quand sa mère lui dit d'embrasser Victoire qui lui paroissoit une personne si respectable. Elle la suivit des yeux sur l'escalier, se mit à la fenêtre pour la voir plus long-temps, puis revint à sa mère le cœur tout gros de plaisir d'avoir vu Catherine et Victoire. Au bout d'un instant, elle lui dit : « Maman, Catherine a dit qu'elle s'en alloit pour ne pas impatienter sa maîtresse; est-ce que sa maîtresse s'impatiente encore quelquefois contre elle ? ».

« Sa maîtresse a une très mauvaise santé; elle a eu beaucoup de malheurs qu'elle n'avoit pas été élevée à supporter; il est possible qu'elle ne soit pas toujours raisonnable; et Catherine qui a tant fait pour elle, pense qu'elle doit bien plus qu'un autre éviter de l'impatienter. »

« Maman, dit encore Margaretta, après quelques minutes de réflexion, on m'avoit toujours dit qu'il falloit oublier le bien qu'on avoit fait; on est cependant obligé de s'en souvenir pour être meilleur avec ceux qui vous ont des obligations. »

« L'important, mon enfant, c'est de ne les en pas faire souvenir. Quant à soi, on peut y songer; mais les personnes généreuses n'ont pas besoin de cela; elles sont si naturellement portées à faire plaisir aux autres, à les supporter avec patience, à s'oublier pour eux, qu'elles se conduisent à peu près avec tout le monde comme avec ceux à qui elles ont fait du bien. »

« C'est donc une bien grande vertu que la générosité ? »

« Oui, mon enfant; car elle donne presque toutes les autres. »

« Maman, dit Margaretta en embrassant sa mère, je veux tâcher d'être généreuse. »

P. M.

NOUVELLES

CONCERNANT L'ÉDUCATION.

FRANCE.

Langres......

..... Nous avons ici une école primaire gratuite, tenue par les *Frères des Écoles Chrétiennes*, connus sous le nom de *Frères Ignorantins*, et qu'il est impossible de voir sans en admirer la bonne conduite et les heureux résultats. Les enfans pauvres y apprennent à lire, à écrire, à calculer, et y sont élevés dans la foi catholique. L'école est divisée en trois classes, selon l'âge et les progrès des enfans. Chaque classe est dirigée par un Frère. Dans la petite classe sont les commençans. On se borne à leur enseigner l'alphabet et à les faire syllaber bien distinctement. Dans la classe moyenne, on fait épeler et on donne les élémens de l'écriture. Dans la grande classe, on fait lire, écrire en différents caractères, et calculer. Chaque classe est composée d'environ soixante-dix enfans, et l'on y consacre une demi-heure à la leçon du catéchisme. Elles commencent et finissent par de courtes prières. Avant la sortie du soir, on fait chanter aux enfans des cantiques, ce qui paroît être pour eux un grand plaisir.

Tout s'y fait dans le plus grand silence. Le maître lui-même ne parle pas, du moins pour les leçons de lecture. Placé en face des élèves, il fait un signal avec un petit instrument bruyant qu'il tient dans la main. A ce signal, tous les enfans lèvent les yeux sur lui; il indique de la main celui qui doit commencer, et celui-là se met à lire. Fait-il une faute? le maître l'arrête par un nouveau signal, et en désigne un second pour corriger la faute et continuer à sa place la lecture. Quand celui-ci se trompe, il en désigne un troisième, et ainsi de suite. Il use de la même méthode lorsque, sans qu'il y ait eu de faute commise, il veut changer le lecteur; et tous les enfans, obligés d'être attentifs à chaque signal, pour savoir si c'est vers eux qu'il se dirige, et à la lecture, pour être au courant et pouvoir reprendre sans interruption s'ils sont désignés, se permettent rarement une distraction ou une négligence. Leurs facultés sont excitées et tenues en éveil sans qu'ils s'en ennuient.

Dans chaque classe les Frères établissent un *censeur*, qui est l'élève le plus instruit et le plus sage. Dans les cas difficiles, lorsque les autres n'ont pas su répondre, on a recours au censeur qui est très fier de pouvoir déployer sa petite science.

Dans les leçons d'écriture, on ne peut plus se servir du signal; alors le maître passe d'un élève à l'autre pour diriger successivement et corriger chacun d'eux. Pendant ce temps, un écolier honoré du nom d'*inspecteur*, et, le signal à la main, fait réciter tantôt la grammaire, tantôt le calcul, tantôt le catéchisme, de sorte qu'il n'y a point de temps perdu. Deux fois par semaine, les mardi et les vendredi, il y a explication publique du tableau de calcul, et chacun porte sur son cahier le résultat des règles inscrites sur le tableau.

A la sortie des classes, les enfans s'en retournent en ordre, deux à deux, conduits par des inspecteurs aussi enfans, et qui veillent à ce qu'il ne se commette aucun excès. C'est une chose vraiment plaisante que le respect qu'inspirent ces petits Mentors, et l'obéissance qu'on leur témoigne. En général, le zèle des enfans en classe, leur attachement pour les Frères qui maintiennent une discipline rigoureuse sans user de moyens violens, car ils ne frappent jamais, le contentement qui règne sur toutes ces petites figures, font honneur à l'esprit de l'établissement, à ses méthodes et à ceux qui les appliquent.

Vous serez sans doute bien aise d'avoir quelques renseignemens sur l'histoire de cette utile Congrégation. Elle fut fondée en 1694 par M. Delasalle, chanoine de Rheims. Il s'associa d'abord douze personnes qui, adoptant son plan, se consacrèrent entièrement à cette œuvre de charité, et se lièrent par un vœu perpétuel de stabilité et d'obéissance.

En 1725, les Frères devenus plus nombreux, et pouvant étendre les bienfaits de leur zèle, s'adressèrent à Benoît XIII qui donna à leur institut une forme solide et déterminée. Cette approbation du souverain pontife fut suivie de lettres-patentes de Louis XV, enregistrées au parlement: elles énoncent « que la grâce est accor-

» dée aux Frères des écoles chrétiennes, pour former
» des sujets propres à tenir les écoles de charité dans les
» différentes villes du royaume, qui enseigneront aux
» pauvres enfans les principes de la foi catholique, apos-
» tolique et romaine, à lire, à écrire, et l'arithmétique
» le tout gratuitement. »

La même condition a été insérée depuis dans différentes lettres-patentes de Louis XVI, et notamment dans celles du mois de mars 1777.

Cet établissement, qui avoit déjà pris de grands accroissemens, n'a pas été respecté lors de la révolution : les Frères ont perdu leur état, ils ont été dispersés. A la renaissance de l'ordre ils ont repris leur utile tâche ; les villes ont fait des sacrifices pour réunir les anciens Frères, et on a tâché d'en former de nouveaux.

On compte maintenant trente-cinq maisons d'écoles chrétiennes, et quatre de noviciat, à Paris, Lyon, Toulouse et Langres. On peut évaluer à deux cents le nombre des sujets.

Leur règle, leur méthode, leurs instructions sont imprimées, et ont été communiquées à S. E. Mgr. le Grand-Maître de l'Université.

Il est dans leurs premiers devoirs de vivre dans une pauvreté telle qu'ils n'ont rien, absolument rien en propre, et se contentent de jouir en commun du plus strict nécessaire. Ils ne peuvent, sous aucun prétexte, rien recevoir des parens des enfans qui leur sont confiés. Un inspecteur de l'Université impériale, étant entré dans une de leurs cellules, fut étonné de n'y point voir de meubles : « Les Frères n'ont-ils pas une table, de-
» manda-t-il ? — qu'auroient-ils besoin de table, lui
» répondit-on ? ils n'ont rien à poser ; — mais une
» chaise ? — ils n'ont pas besoin de chaise : ils ne
» viennent ici que pour se coucher. » Tout leur mobilier se réduit donc à un grabat, et toute leur richesse consiste dans un exemplaire du Nouveau-Testament qu'ils portent toujours dans la poche. Leurs vœux de chasteté, d'obéissance et de pauvreté sont pour trois ans.

Livres d'éducation publiés en Allemagne à la Foire de Saint-Michel, 1810. (*Leipzig.*)

(*Fin.*)

9°. Manuel pour les Elémens de l'Histoire; par Galletti. — Gotha, librairie d'Ettinger.

10°. La Mère qui raconte, ou Petites Histoires pour les enfans de deux à quatre ans; par Jac. Glatz. — Leipzig, chez Leo.

11°. Théone, ouvrage destiné à fortifier dans les jeunes filles les sentimens religieux et moraux; par J. Glatz. Deux vol. Seconde édition. — Francfort-sur-le-Mein. Wilmans.

12°. Les Heureuses Soirées, ou Contes d'un Père entouré de ses Enfans; par J. Glatz. Ire année. — Leipzig, chez Fleischer le jeune.

13°. Nouvelle Bibliothèque pour la Pédagogique, les écoles et l'instruction des Enfans en général; par J. C. F. Gutsmuths. — Leipzig, Gleditsch.

14°. Manuel moral pour la Jeunesse, ou Leçons d'un Père à ses Enfans près d'entrer dans le monde. Deuxième édition. — A Hambourg, chez Gundermann.

15°. Manuel pour les Mères, sur l'éducation physique de leurs Enfans; par Ad. Henke. — Francfort-sur-le-Mein, Wilmans.

16°. Recueil de Lettres amusantes et instructives pour les Enfans élevés avec soin; par Hirschberg. — Stendal, chez Franzen et Grosse.

17°. Louis et ses Compagnons; par J. A. C. Lœhr. — Leipzig, Fleischer le jeune.

18°. Voyages instructifs pour faire connoître aux Enfans l'industrie et le commerce des divers Etats; par J. J. Meisner. En deux parties in-8°. — Berlin.

19°. Entretiens sur le Corps humain; par J. C. Mœller. In-8°. — Hambourg, chez Gundermann.

20°. Nouvelle Bibliothèque morale des Enfans; par J. H. Muller. — Magdebourg, chez Heinrichshofen.

21°. Agnès et ses Enfans; par Pœhlmann. — Nuremberg, chez Campe.

22°. Manuel des Connoissances élémentaires nécessaires aux Enfans de tous les états; par Aug. Raabe. Troisième édition. — Hanovre.

23°. Cours complet et abrégé d'Education; par J. Rechberger. — Lintz, chez Haslinger.

24°. Récréations domestiques entre des Parens et leurs Enfans; par A. G. Salzmann. In-8°. — Vienne, chez Kupfer et Wimmer.

25°. Le Père Roderich et ses Enfans; par C. F. Sintenis. Troisième édition. — Leipzig, Fleischer le jeune.

26°. L'Ami des Ecoles allemandes; par Zerrenner. 44e partie. In-8°. — Berlin et Stettin, Nicolaï.

(*Extrait du Catalogue de la Foire de Saint-Michel*, 1810. *Leipzig, librairie de Weidmann.*)

FOIRE DE PAQUES, 1811. (LEIPZIG.)

1°. La nature divine, ou le seul principe de la véritable éducation, avec une application particulière de ce principe à une nouvelle méthode d'enseignement. — Hof, chez Grau, en commission.

2°. Manuel d'éducation à l'usage des professeurs, par V. G. Milde; 1re partie : de la culture des facultés physiques et intellectuelles. — Vienne, chez Rœtzl et Kaulfuss.

3°. Répertoire pour tout ce qui concerne l'éducation et l'instruction, par D. Reuter. — Nuremberg, chez Campe.

4°. Lettres sur le but et la direction de l'éducation des femmes, par Mad. la baronne Caroline Fouqué, in-12. — Berlin, chez Hitzig.

5°. De la manière d'être en société avec les enfans, par C. F. Pockel. — Hanovre, chez Hahn.

6°. Quand doit commencer l'éducation religieuse, et comment doit-elle être dirigée? Par J. F. Willberg. Unna, chez Hesselmann.

7°. Moyens de perfectionner l'éducation physique de la première enfance, par L. A. Gœlis. — Vienne, chez Rœtzl et Kaulfuss.

8°. De l'éducation physique et morale des enfans, dans leurs premières années, par Fr. Neumann. — Quedlinbourg, chez Basse.

9°. Correspondance de quelques instituteurs, publiée par R. B. C. L. Natorp, 1er vol. — Duisbourg, chez Bœdecker et compagnie.

10°. Observations et vues sur l'éducation, les pensions et les écoles, par J. Schmidt. — Heidelberg, chez Mohr et Zimmer.

11°. Des inconvéniens du tutoiement entre les parens et les enfans. — Gœrlitz, chez Anton.

12°. Plan d'une méthode d'enseignement raisonnable pour les études ordinaires, par W. Mauer. — Wurtzbourg, chez Stahel.

13°. Essai psychologique et médicinal sur cette question : Jusqu'à quel point doit-on faire étudier les jeunes enfans? par Braun. — Leipzig, chez Bruder en commiss.

14°. Essai d'enseignement de la religion chrétienne, par F. Herder. — Winterthur, chez Steiner.

15°. Principes de logique pour les écoles, par J. Fries. — Heidelberg, chez Mohr et Zimmer.

16°. Manuel d'histoire naturelle pour les écoles ; d'après Blumenbach, par Kneitel. — Leipzig, chez Bruder.

17°. Manuel d'agriculture pour les commençans et pour les écoles de campagne, par R. A. H. de Bose, 1er vol. — Leipzig, chez Sommer.

18°. Manuel de géographie, par A. C. Gaspari. — 11e édit. — Weimar, à l'Institut géographique.

19°. Nouvel Atlas pour les écoles, avec vingt cartes coloriées, gravées par J. N. Champion, 3e édit. in-f°. — Leipzig, chez Gleditsch.

20°. Histoire universelle à l'usage des enfans, par J. M. Schrœckh, 1re part. Histoire ancienne. — 4e éd. — Leipzig, chez Weidmann.

(*La suite à un de nos prochains Numéros.*)

Nota. Quelques Abonnés ayant paru regretter que le premier volume de nos *Annales* ne fût pas accompagné d'une table des matières, nous croyons devoir les prévenir que cette table sera donnée à la fin de l'année avec celle du second volume, et qu'elle pourra se joindre au premier.

ANNALES
DE L'ÉDUCATION.

DES MOYENS D'ÉMULATION.

(IVe et dernier Article.)

ARISTE est né dans une situation heureuse et facile; il a une fortune faite, un rang assuré; qu'il se borne à suivre tranquillement la route où l'a placé le sort, qu'il se contente de vivre sans gêne, sans fatigue, il trouvera toujours des gens qui s'occuperont de lui, sans exiger qu'il s'occupe d'eux avec un zèle très actif : qu'il ne fasse de tort à personne, et personne ne lui en demandera davantage : rien, dans sa position, ne l'oblige à aucun effort; il n'a ni parens à nourrir, ni enfans à instruire; pourquoi Ariste se donneroit-il beaucoup de peine pour devenir un homme éclairé, laborieux, énergique? aucun de ceux qui l'entourent n'a besoin de son travail ni de sa science; rien ne lui en fait sentir la nécessité, et Ariste est si content de son état, que son imagination, à peu près immobile, ne va jamais chercher au loin des devoirs à remplir, des sacrifices à s'imposer, des efforts à faire; il se trouve bien où il est, comme il est, et il y reste : supposé qu'il ait de sa nature un peu d'indolence et peu d'amour-propre, comment lui prouverez-vous qu'il doit agir, apprendre, travailler, s'efforcer, se contrarier, sortir enfin de cette situation commode et douce pour atteindre à un but éloigné dont il ne voit pas l'importance?

Si le seul *sentiment du devoir* étoit capable de produire ce miracle, si Ariste parvenoit à s'en pénétrer si profondément qu'il s'avouât que l'homme est sur cette terre pour travailler, et non pour se reposer avant d'avoir rien fait; pour déployer toutes les facultés qu'il a reçues, et non pour les laisser inactives au sein d'une aisance qu'il n'a pas méritée lui-même; pour apprendre tout ce qu'il peut savoir, tenter tout ce qu'il peut faire, et non pour rester ignorant et paresseux: si, d'après cette conviction, Ariste sortoit de son repos, se consacroit à l'étude, au mouvement, à la fatigue; si elle l'amenoit à changer sa vie tranquille et oisive en une vie active et laborieuse, Ariste seroit un homme supérieur, un homme très extraordinaire: embrasser cette grande idée dans toute son étendue, et après y être arrivé, avoir le courage de la suivre dans toute sa rigueur, c'est le propre d'un esprit très élevé, d'un caractère très fort, et l'on ne voit guère *le sentiment du devoir* devenir ainsi pour les hommes un principe d'actions énergiques, quand il n'est pas soutenu par les désirs de l'amour-propre ou par les ordres de la nécessité.

Comment le seroit-il donc pour les enfans? Ne sont-ils pas presque tous dans la situation d'Ariste? n'ont-ils pas, comme lui, une existence toute faite, des gens qui s'occupent d'eux, sans qu'ils se donnent beaucoup de peine pour attirer leurs regards et fixer leur attention ? n'ont-ils pas de plus cette inexpérience complète qui dispense des inquiétudes de l'avenir, et leur imagination ne doit-elle pas, encore plus que la sienne, se concentrer sur le présent, se refuser à saisir ce qui s'en éloigne, repousser enfin l'empire de cette prévoyance qui nous fait voir comme nécessaire une activité dont les résultats sont reculés et incertains ? Ils arriveront sans peine à sentir qu'il est de leur devoir d'être justes, bons, doux, complaisans: ces idées morales entreront de bonne heure dans leur tête, parce qu'elles sont d'un usage journalier, parce qu'elles s'appliquent à toutes les situations, à tous les âges ; mais comment leur prouverez-vous qu'il est aussi de leur devoir d'être studieux, actifs, appliqués, zélés au travail ? Dans le présent au milieu duquel ils vivent, auquel ils s'arrêtent, cela n'est indispensable ni pour vous ni pour eux. D'ailleurs, « il seroit absurde, dit avec » raison Condorcet, de s'imposer la loi de faire enten- » dre aux enfans à quoi chaque connoissance qu'on » leur donne peut être bonne ; car s'il est quel- » quefois rebutant d'apprendre ce dont on ne peut » connoître l'utilité, il est le plus souvent impossible » de connoître autrement que sur parole l'utilité » de ce qu'on ne sait pas encore (1). » Supposez même que vous parveniez à leur persuader qu'ils *doivent* étudier avec zèle ce dont ils ne voient pas le

---

OEuvres complètes de Condorcet, t. IX, p. 129.

but, comment donnerez-vous au sentiment de ce devoir assez d'énergie pour en faire un ressort actif, un moyen d'émulation vraiment efficace? Il est évident qu'ils n'en sauroient comprendre la nécessité. Vous serez donc obligé, si vous voulez en faire un mobile puissant, de l'associer à quelque autre sentiment, de le soutenir par quelque autre devoir, qui devienne ainsi le principe de l'activité et du zèle. Quel sera celui que vous choisirez pour cette association?

—Leur parlerez-vous de l'obéissance qu'ils vous doivent? Je suis loin de croire qu'en éducation il faille renoncer à l'emploi de l'autorité : c'est une arme indispensable, et qui n'a aucun inconvénient quand on s'en sert, non pour former servilement la raison de l'enfant, mais pour régler sa conduite qu'il est hors d'état de diriger lui-même. Ainsi, lorsqu'il n'a pas envie d'étudier, il est bon qu'il sache que vous le voulez, et qu'il doit vous obéir; c'est là un moyen de lui faire faire sa tâche : mais en est-ce un de la lui faire faire avec zèle, et croyez-vous qu'un enfant qui ne travailleroit jamais que par obéissance fît de rapides progrès? tireroit-il, de l'idée qu'il est de son devoir d'apprendre parce qu'il est de son devoir d'obéir, cette impulsion vive et volontaire que vous cherchez à lui donner? Les enfans, comme les hommes, ne font avec zèle que ce qu'ils font ou croient faire avec liberté; ce n'est pas en soumettant leur volonté qu'on peut prétendre à leur inspirer de l'émulation, car cette émulation ne dépend que d'eux seuls, et ne peut naître que

DE L'EDUCATION. 133

lorsqu'ils veulent librement et d'eux-mêmes. D'ailleurs, cette autorité que vous devez établir en général, deviendra funeste si vous vous en servez dans tous les cas particuliers : il faut que les enfans y croient plus qu'ils ne la sentent. « Comme tous » les despotes, a-t-on déjà dit dans ce Journal, » elle ne peut se faire respecter qu'en se montrant » fort peu. » Partout où elle est inutile elle devient tyrannique ; et s'il est vrai, comme on n'en sauroit douter, que la spontanéité soit la source de l'émulation, ce n'est pas du sentiment du devoir d'obéissance que l'émulation peut naître. L'homme confie des semences à la terre ; et, pour les faire fructifier, il cherche à multiplier, à fortifier les principes de fécondité et de vie qu'elle possède dans son sein ; loin de la comprimer, de l'écraser, il la remue, l'engraisse, l'arrose : croiroit-il moins nécessaire de prendre les mêmes soins et de conserver les mêmes égards quand il traite avec des êtres libres ?

Vous servirez-vous de la sensibilité de vos enfans pour leur persuader qu'il est de leur devoir d'étudier avec zèle, parce que cela vous fait plaisir, et qu'ils doivent chercher à vous plaire ? Je crains fort que vous ne vous trompiez beaucoup en comptant sur l'efficacité de ce moyen. Les affections des enfans sont trop foibles, trop inégales pour devenir en eux un principe d'actions et la source d'efforts difficiles et prolongés : cela pourra réussir une fois, deux fois ; mais si vous voulez en faire un ressort habituel, vous le verrez bientôt perdre son élasticité et sa puissance ; rien ne s'use comme la sensibilité dont on exige de continuels sacrifices; et c'en est un pour l'enfance que de se fixer au travail. D'ailleurs les enfans, qui dépendent en tout de leurs parens, ne peuvent guère croire que le bonheur de ceux-ci dépende en revanche de leur plus ou moins grande application; et s'ils le croyoient, ce seroit un malheur, car cette autorité grave et calme que des parens doivent conserver, en seroit fort ébranlée, sans que le zèle des enfans, incapables encore de se dévouer au bonheur d'un autre, en devînt beaucoup plus soutenu. Sans doute ils doivent craindre de mécontenter leurs parens, et souhaiter de leur faire plaisir; mais ce sentiment est plus propre à les rendre honteux d'un tort ou heureux d'une bonne journée, qu'à leur inspirer des habitudes d'activité. Dans l'enfance, tous les sentimens désintéressés sont des plantes délicates qu'il faut cultiver avec soin, n'exposer d'abord au souffle d'aucun orage : elles deviendront peut-être un jour des arbres vigoureux ; mais, si l'on exigeoit de trop bonne heure qu'elles portassent des fruits, qu'elles résistassent aux vents, on les verroit ou périr, ou prendre une fausse direction, ou s'arrêter dans leur croissance. Ne négligez rien pour faire naître dans ces jeunes cœurs la bonté, la générosité, le dévouement ; mais laissez ces belles vertus se développer d'elles-mêmes ; ne cherchez pas à en jouir trop tôt en les obligeant à un exercice précoce : vos rapports avec vos enfans sont ceux où cet exercice pourroit devenir le plus funeste : l'autorité y occupe toujours une place ; elle n'abandonne jamais tout à la bonne volonté de celui sur qui elle est accoutumée à se déployer. Quand vous aurez exhorté votre fils à travailler avec zèle parce qu'il vous fera plaisir, que ferez-vous s'il travaille mal ? Le punirez-vous ? Singulière manière de lui inspirer de l'émulation que de vouloir le contraindre à vous être agréable ! Et si vous ne le punissez pas, comment préviendrez-vous l'inconvénient de cette entière indépendance dont il se sentira possesseur ? Dans cette inévitable alternative, vous vous verrez bientôt obligé de renoncer à un ressort presque toujours si inutile et quelquefois si dangereux.

Il en est un autre qu'on peut appeler avec moins de crainte et plus de succès, à l'appui du sentiment du devoir, c'est celui de la honte. Qu'on en éloigne d'abord toute humiliation ; j'ai déjà dit qu'elle ne servoit qu'à avilir ou à aigrir le caractère : je veux parler de cette honte intérieure, qui nous fait rougir involontairement lorsque les autres nous blâment, et qui nous porte à nous affliger, comme malgré nous, des torts que leur désapprobation nous a indiqués ; elle étend nos sentimens et nos idées au-delà du domaine d'une justice rigoureuse ; et, par cela seul, elle est propre à faire remplir aux enfans des devoirs dont ils ne comprennent pas bien l'importance. « Pour
» l'homme peu éclairé, dit un moraliste allemand,

plein de profondeur (1), « ce qui convient (*decens*)
» est la mesure de ce qui est bon : il distingue le bien
» du mal, d'après les mœurs et l'opinion d'autrui :
» un sentiment confus lui rend cette habitude sacrée ;
» il trouve convenable de la prendre pour loi, et
» quand il l'a une fois contractée, la vertu consiste
» pour lui dans la soumission aux règles établies.
» C'est lorsqu'il commence à réfléchir lui-même sur
» la morale, qu'il ramène ses idées de vertu à des prin-
» cipes immuables, et qu'il rectifie peu à peu les
» décisions de ce sentiment intérieur qui ne laisse
» pas d'éprouver toujours une certaine répugnance
» quand il faut en venir à une action extraordinaire
» ou désapprouvée du public. C'est ainsi que se forme
» la conscience des enfans : ce que font et approu-
» vent les autres est pour eux ce qu'on doit faire ;
» ainsi naît cette idée de moralité qu'ils applique-
» ront plus tard à des lois moins conventionnelles, et
» mieux fondées sur la vraie connoissance du juste
» et de l'injuste. » Ce besoin de l'approbation
d'autrui, cette crainte du blâme est donc un puissant moyen d'engager les enfans à s'acquitter des
devoirs dont la nécessité ne sauroit les frapper avec
évidence; et c'est surtout pour ces devoirs-là qu'il
faut l'employer, car il est bien moins nécessaire de
recourir à cet empire de l'opinon dans les cas où
la raison naissante peut juger et se convaincre par
elle-même des torts de la conduite. Mais ne voit-on
pas que ceci rentre dans ce que j'ai déjà dit sur le

---

(1) Schwartz dans son *Traité d'Education*.

développement de l'amour-propre, sur la manière de s'en servir comme moyen d'émulation, et que c'est au désir de mériter les suffrages, employé comme auxiliaire du sentiment du devoir, plutôt qu'à ce sentiment même, qu'on devra attribuer le zèle de l'enfant auprès duquel on aura mis ce ressort en jeu?

Ces diverses considérations nous donnent le droit de penser que le sentiment du devoir, considéré isolément et réduit à ses propres ressources, ne sauroit être pour l'enfance un mobile très actif: telle est d'ailleurs sa nature; dans tous les états et à tout âge, il est plutôt la règle que le principe de notre activité; il nous indique ce que nous devons éviter, la route que nous devons tenir, les bornes que nous ne devons pas dépasser, les conditions enfin que la vertu prescrit à l'action de nos facultés; mais rarement ces facultés lui doivent leur première impulsion : sa destination est de nous apprendre à marcher droit plutôt que de nous faire marcher. Quelques hommes d'un caractère supérieur ont pu, sans aucun autre motif, s'engager dans des carrières pleines de travaux et de fatigues; mais leur petit nombre est la meilleure preuve de notre opinion ; et celui qui a en lui-même de quoi se ranger un jour parmi ces héros de l'humanité, n'a pas besoin qu'on le lui apprenne. Pourquoi exigeroit-on des enfans ce qu'on ne sauroit prétendre des hommes? Qu'ils s'accoutument à régler constamment leurs actions d'après les lois du devoir; qu'ils soient de bonne heure éclairés sur ces loi que le sentiment de leur sainteté se fortifie chaque jour dans leur ame : pourquoi refuseriez-vous ensuite de profiter, en les élevant, de ces principes d'activité plus pressans et plus immédiats que Dieu a rendus inséparables de la nature humaine, en donnant aux hommes des besoins, des intérêts, des passions et surtout ce désir d'étendre et de prolonger leur existence, qui a toujours été, en petit comme en grand, la principale cause du mouvement salutaire qui, en faisant fermenter le monde, en a tiré et en tirera tout ce qu'il a produit, et tout ce qu'il pourra produire de beau et d'utile?

Il n'est à mon avis qu'une manière indirecte d'employer avec succès le sentiment du devoir comme moyen d'émulation ; et, par une singulière méprise, c'est celle que l'on met le moins en usage. On prêche, on endoctrine les enfans pour leur inspirer du zèle ; on leur parle d'obéissance, de sensibilité, d'obligation ; c'est par ces motifs peu efficaces ou hors de leur portée qu'on veut les pousser à agir ; et quand ils ont bien fait, c'est leur amour-propre qu'on récompense : on les loue, on les vante, et l'on ne voit pas que c'est précisément la marche contraire qu'il faudroit suivre. Faites du besoin d'agir et d'être loué le principe de leur activité, la source de leur zèle, et tirez ensuite du sentiment d'un devoir rempli la récompense de ce zèle ; ne prêchez point d'abord ; excitez, encouragez par les moyens dont nous venons de parler, mais insistez ensuite sur le plaisir d'avoir bien fait, sur les joies que procure une bonne conscience ; appelez sur ce point les idées et les émotions de l'enfant, toujours faciles à détourner, surtout quand il est heureux : il a travaillé dans l'espoir d'obtenir une récompense, un plaisir, une distinction ; il ne vous chicanera pas sur la nature de ce plaisir : puisez-le donc dans ce qu'il sait de vertu plutôt que dans ce qu'il a de vanité et d'amour-propre ; à cet âge le bonheur dispose toujours au bien : profitez de cette disposition, et vous aurez à votre usage des moyens d'émulation énergiques et des moyens de récompense qui seront sans danger pour le caractère moral de votre élève. En dirigeant le contentement qu'il trouve à bien faire vers le sentiment du devoir rempli, vous lui ferez de ce sentiment un besoin impérieux, et ce besoin deviendra bientôt une habitude salutaire. Vous aurez ainsi tiré du sentiment du devoir une cause de bonne volonté qui, bien qu'éloignée et indirecte, pourra exercer une grande influence ; tandis que si vous aviez voulu l'employer directement et de prime abord, vous n'en auriez obtenu que de bien foibles résultats. Combiner de la sorte les principes d'activité inhérens à notre nature avec les sentimens moraux qui doivent régler cette activité, tel est sans doute le but de l'éducation quand elle cherche des moyens d'émulation pour animer le zèle et hâter les progrès des enfans dans leurs études.

F. G.

JOURNAL

ADRESSÉ PAR UNE FEMME A SON MARI, SUR L'ÉDUCATION DE SES DEUX FILLES.

Numéro IX.

Pensez-vous, mon ami, que « l'invention des » *bals d'enfans* soit une triple conspiration contre » l'innocence, la santé et le bonheur des enfans? » voilà ce que je trouve dans des *Essais* de mistriss Hannah More *sur l'Education moderne* (*strictures on modern education*); ouvrage qui a obtenu en Angleterre un prodigieux succès, qui a paru en 1799, que je lis sur la huitième édition faite en 1800, qui en a probablement eu bien d'autres depuis, et dont le principe fondamental est qu'il faut regarder les enfans, non « comme des êtres » innocens dont les petites foiblesses méritent » peut-être quelques corrections, mais comme » des êtres qui apportent dans le monde une » nature corrompue et de mauvaises dispositions, » que l'éducation doit avoir pour principal but » de rectifier. » Pauvres enfans ! Je regarde en ce moment ces deux petites figures si fraîches, si douces, si animées du plaisir que leur procure un amusement innocent ; c'est là *une nature corrompue*! Quand Louise, au moment où sa gaîté l'emporte trop loin, arrêtée par un mot un peu sévère, court se cacher, en pleurant de l'idée que je suis fâchée contre elle ; quand Sophie, au milieu d'un accès d'humeur, frappée d'une raison à sa portée, abandonne, par le simple amour du bien, par le desir de remplir un devoir qu'elle conçoit, la fantaisie qu'elle soutenoit avec le plus d'opiniâtreté, je ne verrai en elles qu'une nature corrompue, je n'aurai qu'à combattre ! Mon ami, nous avons à soutenir, à diriger, à développer les penchans qui nous ont été donnés à tous pour le bien, à les opposer aux occasions du mal où nous pourroit faire succomber la fragilité de notre nature. Nous naissons non pas corrompus, mais foibles et désarmés contre les tentations qui vont nous assaillir. Ignorans, il faut nous instruire, et surtout ne pas exagérer les difficultés de la vertu que tant de gens consentiroient volontiers à trouver trop difficile.

Je ne crois pas qu'elle ait autant à craindre que le prétend mistriss Hannah More, de quelques amusemens accordés à l'enfance, fussent-ils mal choisis. Ils le sont assez mal en Angleterre, si l'on en croit la description que nous donne mistriss More de ce qu'on appelle bals d'enfans, bals de nuit nombreux, parés, d'où la petite fille revient excédée de la foule, du bruit, de la chaleur, la tête malade, incapable le lendemain de la moindre occupation, tandis qu'elle a employé la matinée qui le précède à étudier un nouveau pas *avec plus de soin et de peine qu'il ne lui en coûteroit pour acquérir vingt idées*, ou bien *à combiner des parures, examiner des couleurs, assortir des rubans, mêler des fleurs, et choisir des plumes.* Ce ne sont certainement pas là des plaisirs à offrir à l'enfance. Quel effet pensez-vous, mon ami, que dans deux, trois, quatre ans, pourroit produire sur Sophie un bal de cette espèce? Probablement celui d'un ennui profond dont elle ne manqueroit pas de m'avertir. Mes filles sont trop heureuses pour sentir le besoin de cette dissipation sans plaisir qui accompagne les amusemens qu'on prend avec la foule. J'ai vu, pour divertir mon enfance, des bals à peu près du genre de ceux que décrit mistriss More; seulement, aucun n'eût passé dix heures, et les parures qu'on nous y faisoit porter n'étoient assurément pas de notre choix. Il eût été curieux pour un esprit plus formé que ne l'étoit alors le mien, d'observer le caractère, les fantaisies naturelles des enfans s'échappant sans cesse au milieu de tout cet appareil de leurs amusemens factices. Les petits garçons, plus fiers, plus importans, plus hommes que partout ailleurs, parce que, plus libres et moins protégés, ils avoient à défendre les uns contre les autres de plus grands intérêts, leurs droits, leur honneur et la danseuse qu'ils avoient choisie, à laquelle ils étoient chargés de trouver, de garder, d'assurer sa place. Les petites filles, au contraire, redevenant petites filles si cette place contestée, quelque dispute de prééminence les animant d'un intérêt réel, leur faisoit oublier les devoirs qu'impose la bonne éducation à une jeune fille produite en public; mais reprenant bientôt la contrainte, partie nécessaire de cette sorte d'amusement, jusqu'à ce que quelqu'autre sentiment vif vînt la leur faire oublier. J'en ai vu une demeurer toute la soirée sur sa banquette, pleurer de ce qu'on ne la prioit pas à danser, et ses pleurs n'étoient point ceux de la vanité blessée, mais de l'impatience trompée, de l'ennui; d'autres, combattoient courageusement le sommeil qui devoit terminer ce qu'elles croyoient être un plaisir, et ne se réveilloient pourtant d'une manière complète qu'au passage d'une assiette de pâtisserie et de rafraîchissemens : il falloit voir alors l'agitation et l'indécision entre un biscuit et un petit gâteau, un verre d'orgeat et un verre de limonade, et la longue attente du domestique chargé de les porter, qu'il falloit bien laisser aller, avec un profond regret de n'avoir pas

<blockquote>Mis les plaideurs d'accord en croquant l'un et l'autre.</blockquote>

C'étoient là, pour la plupart, tous les vrais plaisirs d'une journée qu'elles avoient désirée pour varier la monotonie d'une vie généralement assez languissante, pour se rapprocher du monde, qui devoit être le séjour du divertissement, puisqu'il faisoit l'occupation des grandes personnes.

Cette disposition à se tromper sur leurs propres sensations étoit, je crois, la seule habitude fâcheuse qu'elles pussent recevoir, si même elles en recevoient aucune de ces bals, d'ailleurs assez rares pour les enfans bien élevés, et dont on avoit soin que ni les préparatifs ni les souvenirs ne les occupassent long-temps avant ni après. C'eût été sans doute un besoin fâcheux à leur donner, que celui du mouvement au défaut du plaisir. Le goût du plaisir est bien dangereux, mais du moins il nous dégoûte de l'occupation, du lieu où nous ne trouvons plus de plaisir, et nous force de retourner à la raison, faute de mieux. Mais le mouvement se trouve partout; celle à qui il suffit n'aura jamais rien à désirer; jamais le besoin d'une occupation intéressante ne ramènera à des occupations sérieuses son ame accoutumée à l'indolente dissipation que lui procure un mouvement extérieur, auquel elle ne prend que peu ou point de part.

Mais si, ce que je ne crois pas, des plaisirs mal entendus ont pu avoir sur les enfans quelque fâcheuse influence, ce n'étoit pas la faute du bal, c'étoit celle des habitudes avec lesquelles il faisoit contraste, de cette vie retirée et éloignée de la société d'où on les précipitoit tout-à-coup dans le monde avec toutes ses pompes, de manière à frapper leur imagination, tellement étonnée alors qu'elle n'avoit pas le temps de reconnoître si cet éclat qui la frappoit, ce bruit, ce mouvement qui l'étourdissoient étoient plaisir ou fatigue. D'ailleurs, dans son éloignement du monde dont le bruit bourdonnoit sans cesse autour de ses oreilles, l'enfant savoit que c'étoit là qu'il devoit vivre, il s'y élançoit d'avance et se plaisoit à rentrer par intervalles dans ce séjour de son existence future, et où il devoit se trouver délivré de la contrainte et de la nullité qui pesoient sur son enfance.

Aujourd'hui les enfans ne sont avec personne aussi libres qu'avec leurs parens, nulle part aussi

DE L'ÉDUCATION.

importans que chez eux. Par le soin qu'on prend de leur éviter l'ennui et la liberté qu'on leur laisse en même temps de pourvoir à leurs plaisirs, leur vie, quelquefois contrariée peut-être, est du moins toujours remplie; et ce n'est pas la contrariété qui nous chasse hors de nous-mêmes, c'est l'ennui. Ils ne cherchent donc rien au-delà de ce qu'ils connoissent; et ceux qui les environnent, généralement plus sédentaires que ne le permettoient les habitudes d'autrefois, ne leur donnent pas même l'idée de ces plaisirs, dont ils ne sentent pas le besoin : aussi, mon ami, quelque simples que soient en général aujourd'hui les divertissemens de société auxquels on fait participer les enfans, si les bals d'enfans n'avoient pas été inventés, ce ne seroit pas moi qui les inventerois pour mes filles. Tels qu'ils sont et telles que je les connois, ils les amuseront beaucoup, et les plaisirs vifs ne sont pas une chose qu'il faille se presser d'introduire dans une vie remplie de plaisirs doux et suffisans.

« Les vrais plaisirs des enfans, (dit mistriss More
» qui apparemment ici oublie leur *nature corrom-*
» *pue*), sont naturels et de peu de dépense. La
» joie naît de partout pour des yeux et des cœurs
» si neufs aux jouissances de la vie.... Avec les
» plus simples matériaux, un peu de loisir, mais
» pas trop, vous les verrez habiles à se composer
» des amusemens d'où ils tireront un plaisir plus
» vrai que tous ceux que vous pourriez leur
» acheter à grands frais. » Je pense donc comme elle, qu'il ne seroit pas nécessaire de leur en aller

chercher plus loin. Mais si ces plaisirs viennent les chercher, si des liaisons de famille, de société, multiplient autour des enfans la tentation de ceux des amusemens du monde qui commencent à être à leur portée, croira-t-on calmer leur imagination en les en privant? et pense-t-on que la petite fille qui, restant à la maison, verra aller au bal une amie ou une parente de son âge, y reste beaucoup plus raisonnable dans son cœur, que celle à qui on auroit fait connoître ce plaisir au lieu de le lui laisser envier?

D'ailleurs, si j'interdis le bal, quelle raison d'indulgence pourrai-je avoir pour une partie de campagne, un goûter sur l'eau, un jour de vendange; plaisirs bien aussi propres à émouvoir l'imagination des enfans que le bal le plus amusant? « Tant que l'enfance, dit mistriss More, con-
» serve sa simplicité naturelle, le moindre chan-
» gement lui paroît intéressant, le moindre plaisir
» est pour elle une fête. » Elles en trouveront donc partout, partout la simplicité de leur vie les exposera à rencontrer un plaisir tout aussi capable que le bal de jeter un peu de langueur sur les occupations et même les amusemens du lendemain. Serai-je sans cesse en garde contre leurs plaisirs, toujours occupée de la crainte de les voir un moment trop heureuses? En vérité, mon ami, ce seroit exiger de ma vertu maternelle beaucoup plus, je crois, que je n'en puis attendre. Je ne sais pas bien si c'est pour ma propre satisfaction ou pour la leur que je tâche de me persuader qu'un

plaisir vif peut, sans beaucoup d'inconvéniens, se glisser de loin à loin dans une vie occupée d'ailleurs d'une manière assez intéressante pour que l'ame qu'il aura fait sortir un moment d'elle-même puisse y rentrer sans trop de peine : et vous me direz si j'ai tort quand je pense que c'est l'ennui bien plus que le goût du plaisir qui précipite les femmes dans la dissipation, et qu'en préservant mes filles du danger de s'ennuyer, je les préserve de celui de s'amuser trop.

Mais voyons donc ce qu'ont en particulier de si dangereux les bals, les réunions, pour que mistriss More les signale de toute l'indignation de sa sévérité. *La vanité*, nous crie-t-elle, la vanité des femmes, que ne répriment ni le temps ni les événemens ! Eh ! bon Dieu, nous le savons bien ce que c'est que la vanité; nulle de nous n'en ignore, depuis Louise jusqu'à notre grand'tante, qui n'oubliera jamais que mademoiselle Bertin l'a déclarée devant plusieurs personnes, la mieux coiffée des femmes qui se trouvoient à une certaine fête de Versailles, dont je saurai quand vous voudrez la date et l'occasion. Sophie remarque déjà quelquefois que son chapeau de tous les jours est bien vieux, et Louise a une telle passion pour les robes neuves, que quand on lui en a essayé une, elle pleure de ce qu'on la lui ôte. Sa vanité ne va pas à vouloir la conserver pour le jour où elle sera vue de plus de monde; il lui suffit de l'admiration du petit cercle qui l'entoure. Plus pressée qu'avide de louanges, elle ne sait pas encore s'en passer aujourd'hui pour en avoir davantage demain ; et sa vanité, comme ses autres passions, ne tient que la place du moment et de l'occasion.

Vous penserez peut-être que c'est une raison pour éviter de donner à cette vanité plus de momens qu'elle n'en pourroit naturellement avoir, pour fuir les occasions extraordinaires capables de la faire fermenter. Mais ces occasions extraordinaires ne promettent-elles pas à sa vanité beaucoup plus de plaisir qu'elles ne lui en donnent, et par là ne sont-elles pas utiles à faire connoître? Que dans un an ou deux je conduise mes filles à quelque réunion d'enfans, bal ou goûter, n'importe, une parure un peu plus soignée qu'à l'ordinaire va certainement occuper ces petites têtes. La bonne, la couturière se seront émerveillées dix fois ; la cuisinière, les voisines vont arriver tour-à-tour au moment de la toilette pour voir les robes neuves de ces demoiselles. Louise appellera celle qui ne songe pas à venir. Je veux bien supposer aussi, quoique je n'en croie rien, que Sophie pense déjà un peu au plaisir de montrer sa parure dans le monde. Elles arrivent, elles voient toutes les petites filles aussi parées qu'elles, et quelques-unes beaucoup davantage. Voilà le triomphe de la vanité fini ; il n'y a plus moyen d'espérer de se distinguer par sa robe. La toilette est oubliée, on ne pense plus qu'à se divertir ; et une seconde, une troisième fois, l'admiration de la bonne, de la cuisinière et des voisines qui vous ont déjà vue parée sera moins vive et moins sensible. On ne

DE L'ÉDUCATION. 149

comptera plus du tout sur celle du monde; et la robe de fête, toujours à peu près la même, toujours aussi simple qu'il sera possible, deviendra un signe de plaisir et non un objet de vanité.

Ne craignez-vous pas, me dira-t-on, que cette simplicité ne leur fasse regarder d'un œil d'envie celles de leurs compagnes qu'elles verront plus parées? Non, car j'aurai soin qu'elles soient aussi bien que le plus grand nombre; et quant à celles qui auront quelque chose de remarquable, ce sera moi qui les ferai remarquer. « As-tu vu, Sophie, » dirai-je le lendemain, comme la guirlande de » cette petite demoiselle lui tomboit à chaque » instant sur le nez, et avoit l'air de la gêner? » — « Oh! oui, maman, et ses pieds se prenoient » toujours dans la garniture de sa robe. » Et Louise cherchera à faire une remarque sur son bouquet. Ainsi je leur ferai de la simplicité une affaire, non de précepte, mais de goût. Je ne leur dirai point qu'il convient que les enfans soient simples, mais je tâcherai de les accoutumer à croire qu'ils ne peuvent être bien autrement. Tout ce qui pourra en arriver, c'est que leur vanité se tournera vers la pédanterie de la simplicité; mais je n'ai pas peur que celle-là dure trop long-temps.

Ce que je crains bien, par exemple, c'est qu'au bal, quand je les y mènerai, elles n'entendent dire qu'elles sont jolies. Mon ami, j'en suis bien fâchée, mais elles l'entendent dire en passant dans la rue, et Louise ne manque pas de me le répéter. Qu'y faire? Je conviens avec elles d'un air d'indifférence qu'elles sont jolies, et sans y ajouter un correctif qui leur feroit penser que la chose en a besoin, et qu'il y a quelque fondement à cet orgueil contre lequel on prend soin de les prémunir. Je ne dis point, *oui*, mais *il faut être sage*, ou bien, *on n'est pas jolie si on est méchante*; c'est dans quelqu'autre moment que je parle ou de la satisfaction qu'elles me donnent, ou en général des avantages de la bonté, avec un sentiment de complaisance qui y attache pour elles le véritable mérite. Mistriss More pense comme moi, qu'il seroit inutile et dangereux de paroître mettre de l'importance à leur cacher un secret qu'elles ne peuvent ignorer, et croit que le plus tôt qu'elles le sauront sera le mieux : car, dit-elle, « comme une idée nouvelle a toujours plus d'effet » qu'une autre, on peut diminuer les inconvé- » niens de celle-ci en la laissant entrer de bonne » heure dans la tête des jeunes filles, pour qui » chaque année va la rendre plus intéressante, » et par conséquent plus dangereuse. »

Ah, mon ami, la belle précaution, et qu'une jeune fille, pour s'être entendue dire jusqu'à douze ans qu'elle est jolie, en sera bien plus avancée sur l'impression qu'elle doit recevoir de ce même compliment à seize ! Comment empêcher que cette idée ne lui paroisse nouvelle au moment où s'éveilleront les sentimens d'où elle va tirer son compliment et recevoir une nouvelle forme ? Une petite fille aura beau savoir qu'elle est jolie, si cet avantage ne lui est pas présenté avec une admiration ridicule, s'il n'excite pas pour elle une attention qui la flatte et l'amuse, elle saura qu'elle est jolie, pourra le répéter comme les autres, sans y attacher beaucoup d'orgueil, parce qu'elle n'y verra pas beaucoup d'avantages. Ces avantages commencent à se faire sentir à la jeune fille ; ils lui expliquent le sens du mot ; elle commence à rougir lorsqu'elle l'entend : n'est-ce donc pas qu'il a quelque chose de nouveau pour elle ?

Je le vois plus clairement chaque jour, la jeunesse est de tous les âges de la vie celui que l'enfance nous révèle le moins ; une influence indépendante du caractère la domine avec un empire contre lequel on peut d'avance lui donner des forces, mais sans prévoir de quelle manière elle aura à s'en servir. Quelquefois à l'enfance la plus calme succèdent les agitations d'une imagination vive, mais qui, jusque là, n'avoit rien trouvé de propre à l'émouvoir ; quelquefois à l'abandon d'un caractère facile, de nouveaux intérêts substituent la ténacité des opinions et des volontés. Mille transformations aussi inattendues dérangent tous les calculs, changent toutes les idées qu'on avoit pu former sur un enfant, en nous offrant, à la vérité, pour le diriger des ressources nouvelles et aussi imprévues que le changement qui les rend nécessaires.

Mon ami, quand vos filles, d'ici à l'âge de douze ou treize ans, auront entrevu, et je l'espère sans dangers, ce monde qu'elles sont destinées à connoître, ce ne sera pas là ce qui me rassurera contre ceux qu'elles y pourroient courir à dix-huit et à vingt. Je ne fonderai pas non plus ma tranquillité sur quelques précautions de détail prises d'avance, dans un temps où je ne pouvois savoir quelles précautions étoient nécessaires; mais si, dans les principes que j'aurai pris soin d'affermir, dans les sentimens que j'aurai pris soin de former, elles ne me fournissoient pas des ressources pour les aider à soutenir mon ouvrage, vous conviendrez au moins, mon ami, que ce ne seroient pas quelques *bals d'enfans* qui en auroient amené la destruction.

P. M.

IVe LETTRE AU RÉDACTEUR.

INFLUENCE DU CLIMAT, DU SOL, DES SAISONS, DES LOCALITÉS, SUR LA CONSTITUTION DE L'ENFANT; ET MOYENS DE SE GARANTIR DE LEURS MAUVAIS EFFETS PAR LES HABITATIONS, LA PROPRETÉ, LES VÊTEMENS, ET AUTRES MESURES DE PRÉCAUTION.

J'AI parlé dans ma dernière lettre de l'influence des divers alimens sur l'enfant et sur son développement physique; je dois exposer maintenant celle de l'atmosphère et des autres corps qui nous entourent. Nous cherchons à remédier à ce qu'ils peuvent avoir de nuisible par la situation même de nos demeures, par les moyens propres à garantir la surface de notre corps du contact de l'air, tels que nos chambres, nos vêtemens, par l'isolement, par les antidotes enfin qui nous préservent des contagions.

La première question à faire est celle-ci : *Sous quelle zone l'enfant est-il né ?* Est-ce dans une région *polaire*, durant une de ces longues nuits qui laissent si long-tems attendre le jour; sous un ciel qui répand tant de lumière et si peu de chaleur; où les êtres animés s'engourdissent, vivent de leur propre substance pendant un hiver entier, et conservent une vie tenace sous des glaces éternelles ? ou bien a-t-il vu le jour sous cette zone *torride*, où l'homme soupire après l'ombre de la nuit, se consume par une vie trop active, et cherche la mollesse sans jamais trouver le repos ? Dans le premier cas, qu'on éveille l'enfant pour ne pas le laisser végéter dans la langueur; dans le second, que l'on s'applique à le calmer, à arrêter un développement trop prompt pour être durable, trop animé pour être toujours solide. Les soins les plus assidus ne l'empêcheront pas, il est vrai, de se ressentir toujours un peu du caractère que lui imprima le ciel dès le berceau, mais ils en modifieront l'influence.

Pourquoi la bienfaisante nature n'a-t-elle pas placé, dans les deux extrêmes de la constitution atmosphérique, des modèles que nous puissions citer comme exemples du régime à suivre et des moyens à employer pour favoriser le développement physique de l'homme, dans deux situations si opposées ? Nous admirons, il est vrai, les restes de la peuplade des Péruviens, mais ils ne nous offrent guère que les débris d'une colonie qui a succombé, faute d'être alimentée par une mère-patrie placée sous un ciel tempéré. On ne sauroit prévoir sans doute ce que deviendroient les contrées équatoriales, si l'Europe continuoit à les repeupler jusqu'à ce qu'une race plus forte et plus active s'y fût acclimatée, et que la civilisation y eût poussé de profondes racines. Les créoles du Mexique nous font voir déjà ce que peuvent devenir de bons germes échauffés par un beau ciel. D'autre part, les bords de la Neva nous offrent la civilisation s'établissant avec succès dans une région boréale, à laquelle s'accoutument des rejetons étrangers ; mais ces exemples ne sont pas de ceux qui peuvent devenir la base de principes certains applicables à nos pays. Bornons-nous donc à une hypothèse plus favorable : supposons que la Providence ait placé l'enfant, au sein des zones tempérées, dans l'une de ces îles heureuses dont les mers environnantes adoucissent le climat, ou vers ces bords de la Méditerranée, où les dispositions primitives de notre espèce se développent avec tant de variété, et où l'homme a travaillé avec tant de succès à l'œuvre de la civilisation. Quel régime faudra-t-il recommander ? quels préceptes faudra-t-il lui prescrire ? Ici se présentent encore à nos yeux une foule de modifications qui naissent non-seulement des dispositions individuelles ou nationales, et des circonstances particulières, mais aussi de la succession des quatre saisons que présentent nos climats, et des irrégularités apparentes de notre atmosphère.

DE L'ÉDUCATION.

J'ai déjà indiqué, dans ma première lettre, ces influences extérieures; mais là, nous considérions à peu près l'enfant comme une plante placée sous la tutelle d'un jardinier qui l'enferme dans une serre, sans examiner s'il ne seroit pas nécessaire de l'en retirer. Plus on le voit avancer en âge, plus il importe de l'accoutumer aux diverses températures. Il faut qu'il apprenne à respirer l'air *frais et humide* de nos printemps, la *chaleur sèche* de nos étés, la *chaude humidité* de nos automnes, et le *froid sec* de nos hivers; il faut enfin qu'il sache supporter jusqu'aux variations même subites, et de nos saisons et de nos journées. Nous avons donc à examiner d'abord l'influence générale des saisons sur la peau et sur les voies de la respiration, organes plus immédiatement en contact avec l'atmosphère.

La *fraîcheur humide*, qui caractérise ordinairement notre printemps, relâche la fibre, tendue par le froid sec de l'hiver, et tient nos poumons humectés; mais les premiers rayons de chaleur sont un stimulant qui ne devient utile qu'autant qu'il agit peu à peu. La transpiration pulmonaire, diminuée tout à coup par les vapeurs qui se dégagent dans l'air, paroît boucher les pores et produire un autre genre d'irritation que l'énergie de la circulation ne surmonte quelquefois que par une fièvre, qui finit, lorsqu'elle se termine heureusement, par expulser, au moyen des membranes muqueuses, une matière épaisse et d'une apparence purulente, qui débarrasse de nouveau les voies respiratoires.

L'humidité froide, qui, par les facultés conductrices du calorique, ôte la chaleur à la peau plus promptement encore que le froid sec lui-même, arrête aussi davantage la transpiration. Cet air du printemps a d'ailleurs quelque chose de vivifiant pour la nature animale, aussi bien que pour les végétaux; il opère comme un ferment dans nos veines, il nous rend plus susceptibles, et exalte les voies respiratoires, ainsi que la tête et le système nerveux. L'expérience prouve que tout changement subit de température survenu alors favorise les indispositions. Un enfant, dans le premier mois de sa naissance, se trouve comme une plante délicate qu'il faut garantir des fraîcheurs du printemps, pour la faire fleurir ensuite. Le jeu du calorique et de l'humidité, que des agens cachés absorbent ou dégagent subitement dans l'atmosphère, exige des précautions dont nous parlerons plus bas.

La *chaleur sèche*, caractère de l'été, est d'un effet agréable, lorsqu'elle n'est pas trop prolongée, car alors elle nous rend plus irritables. En dilatant la fibre, en favorisant une prompte évaporation, elle laisse trop de tension et de sécheresse, et le suc nourricier se trouve trop tôt consumé. Ce n'est pas dans un âge où la circulation est déjà si rapide, où la perte excessive des substances nutritives est à craindre, qu'il convient de permettre pendant les chaleurs, des exercices extraordinaires. La chaleur prolongée paroît surtout attaquer les voies digestives : l'appétit se perd en été, les inflammations du foie et les coliques sont les maladies des climats chauds. Le corps a plutôt besoin alors de repos, et l'activité du jeune enfant ne doit, en général, être exercée qu'au moment de la fraîcheur.

La *chaleur humide*, propre à nos automnes, est tout-à-fait relâchante. La nature, comme épuisée après tant de développemens, présente souvent des décompositions. L'influence nuisible de l'automne se fait cependant plus sentir à un âge plus avancé ; et ce qu'il y a de plus à craindre pour l'enfant, c'est plutôt l'abondance des fruits après que la chaleur a disposé les entrailles aux coliques, surtout dès que les nuits deviennent fraîches et humides.

Le *froid sec*, qui règne dans l'hiver, contracte les petits vaisseaux capillaires qui s'ouvrent à la surface de la peau. La mucosité qui forme l'épiderme se durcit en écailles plus épaisses, empêche l'évaporation des sueurs, et fait perdre cette mollesse de peau, si nécessaire surtout aux femmes. Quant aux poumons, ils se trouvent irrités par cette température : la respiration s'accélère, ils se dessèchent et s'enflamment, en exhalant ces vapeurs qui se condensent en forme de nuage autour de la bouche ; mais cette vitesse de respiration augmente la circulation et excite des forces considérables. Dans un âge trop tendre, les petits vaisseaux capillaires de la surface du corps n'ont pas encore beaucoup d'énergie, et la circulation générale est plus rapide que forte ; ces considérations doivent nous servir de règle à l'égard des enfans. C'est à ce froid, il est vrai, qu'il faut les habituer pour les rendre forts; mais il vaut mieux attendre que les forces digestives et musculaires se soient fortifiées à la suite du sevrage. Le froid est, au reste, un stimulant fort utile pour notre organisation, en ce qu'il nous fait perdre peu de substance, tandis qu'il nous en fait recevoir davantage par l'appétit qu'il donne; de plus, en arrêtant une trop grande expansion vitale, il donne plus de solidité à la matière.

Je n'ai présenté ici que la marche régulière des saisons dans un climat tempéré. Qui oseroit passer en revue les innombrables modifications qu'apporte chaque mois, chaque jour, et que la météorologie n'a pu soumettre encore à aucune loi fixe? La complexion individuelle de chaque enfant complique encore plus les problèmes. Tout ce qu'on peut dire de plus général, c'est qu'une constitution atmosphérique quelconque, la plus favorable même, si elle est trop prolongée, et tout changement trop subit, affecte désagréablement l'espèce humaine; et cependant la *variation* est une nécessité à laquelle elle est soumise aussi bien qu'à celle de l'*habitude*: ce sont les écueils entre lesquels nous flottons dans la vie.

On peut distinguer ensuite l'effet général des zones et des saisons de leurs effets particuliers. Dans les climats froids, les fluides blancs et muqueux paroissent augmenter à la longue; le sang devient plus épais, plus disposé à se coaguler; la partie huileuse du corps se change en graisse; et la matière musculaire ou osseuse acquiert plus de solidité. Dans un climat très-chaud, il se forme avec le temps un surcroît de bile, le sang devient plus abondant et plus fluide, la fibre plus sèche et plus tendue. La première complexion donne moins de mobilité et de sensibilité, mais des impressions durables, une action forte, lente et solide; elle dispose au flegme et à la ténacité; l'autre a plus de vivacité et d'énergie, avec moins de tenue. C'est entre ces deux extrêmes que se trouve la race des zones tempérées, inconstante comme les saisons, et susceptible d'impressions plus variées.

Né avec des dispositions particulières, l'enfant se modifie par une nourriture différente, comme par l'influence du climat et des saisons; il est en outre exposé aux accidens. Un froid humide frappe les poumons d'un enfant, dont les voies respiratoires sont foibles, et la poitrine serrée; une toux convulsive peut l'affecter et suffoquer la victime. Un coup de soleil vient-il à tomber sur une tête déjà trop foible, la chaleur à irriter les entrailles? l'individu meurt d'apoplexie, ou les *coliques* l'épuiseront. Près des lieux où des corps en putréfaction exhalent des parties animales qu'a soulevées une chaleur humide, la lymphe s'altère et les forces actives fatiguées se détruisent. Voilà les dangers des saisons; mais d'un autre côté, ce même froid fortifie les muscles et les voies digestives. Le printemps donne aux organes un développement extraordinaire, et sa fraîcheur tempérée favorise le passage à la chaleur de l'été, qui ouvre des pores contractés. L'automne enfin continue à entretenir cette influence, relâche la fibre, et finit par frayer le chemin à l'impression du froid, qui doit rendre une nouvelle énergie. Voilà l'avantage de ces mêmes saisons ; c'est par ces variétés que l'homme apprendra à supporter un jour tous les climats. Quelle existence prépareroit à son fils une mère qui ne songeroit qu'à éviter les moindres inconvéniens ! Je lui citerai, avec Rousseau, l'allégorie si belle et si claire de Thétis plongeant Achille dans les eaux du Styx, pour le rendre invulnérable.

Si nous venons à passer de l'influence directe des zones et des saisons à celle des substances particulières de l'atmosphère, nous voyons que la physique nous a fait reconnoître l'électricité de l'air, et que la chimie nous a appris à le décomposer, au point d'en mesurer les parties constituantes. Nous cherchons à démêler les fluides vésiculaires que tient suspendus cette atmosphère, et la quantité de lumière qui s'y répand ; nous calculons l'élasticité de cette masse ; et nous examinons l'action des vents et des autres météores sur les localités. L'éducation physique, prise dans le sens le plus étendu, profite de toutes ces considérations particulières. Des gaz artificiellement préparés peuvent rétablir ou détruire à volonté des parties constituantes de l'air, selon que nous les jugeons utiles ou nuisibles. Sans ces moyens artificiels même, nous pouvons à volonté placer l'enfant dans une atmosphère plus ou moins élastique, sur la hauteur, ou dans une plaine à l'abri des vents ; à mesure que l'homme apprend à connaître et à distinguer les inconvéniens et les avantages de chaque séjour, il s'arrange, pour ainsi dire, un monde à sa fantaisie dans le lieu où la population prospère le plus, et où elle est capable d'acquérir le plus grand développement et la plus grande aisance.

En vain des hommes d'un grand talent et d'une imagination brillante nous ont présenté l'état actuel du monde comme un état contre nature, et ont voulu resserrer l'éducation physique dans les limites d'un ancien état de notre espèce, qu'ils ont appelé l'état naturel ; en vain ces mêmes gens se moquent encore aujourd'hui des petites découvertes, sans s'apercevoir qu'elles sont une suite nécessaire du changement de position où se trouve le genre humain à mesure qu'il se multiplie. Les révolutions terrestres que nous présente la géologie, les fables qui nous offrent les premiers rêves ou les premières pensées des hommes, l'histoire enfin, sont les seuls guides capables de nous éclairer sur les différentes situations dans lesquelles l'homme a été successivement placé, et qui lui ont appris peu à peu à se garantir de l'influence de l'atmosphère, par la découverte des moyens qui composent aujourd'hui notre code d'éducation physique.

Presque toutes les traditions placent le premier homme sur la montagne. Un couple heureux échappé au déluge se trouve sur un de ces pics où les rayons du soleil, arrivés plus tôt et retirés plus tard, dissolvent les vapeurs et les gros nuages. Là, respirant un air vif et frais, la poitrine s'élargit, les forces physiques se développent librement, la vue s'étend sur un vaste horizon; de là naissent un sentiment de force, de courage, et cet amour de l'indépendance qu'on observe encore aujourd'hui chez les montagnards de presque tous les pays. Dans l'origine, on s'y couvroit de la peau de l'animal, qu'on avoit tué à la chasse, et qui avoit servi de nourriture; on se cachoit dans les cavernes pour se garantir de la rigueur du climat. Si tel est l'état de nature le plus désirable, vous n'avez qu'à porter l'enfant sur l'une de ces pointes élevées qui couvrent l'Europe; la force physique y gagnera, mais une infinité de développemens, qui exigent une vie sédentaire et d'autres exercices, seront perdus pour l'humanité.

Supposons que, les eaux s'étant retirées, la plaine se soit couverte de verdure, et les coteaux de vignobles, un des enfants du couple qui habitoit la montagne descend dans la plaine. La chaleur lui fait rechercher l'ombre des forêts, il veut se garantir des pluies, et construit une cabane. Bientôt l'humidité et l'hiver l'engagent à s'y chauffer; et comme alors il ne supporte plus aussi bien le froid, et que les animaux sauvages qu'il a détruits ne fournissent plus assez de vêtemens pour ses enfans, il pense à l'économie rurale, et il élève des brebis. C'est encore là un état bien naturel assurément; mais la première indépendance y a perdu; sans s'en apercevoir, l'homme est devenu esclave de plusieurs besoins, de plusieurs goûts; en revanche il sait y pourvoir par la culture. A mesure que sa famille s'accroît à son tour, et que la jalousie s'éveille même entre frères, il faut songer aux moyens de défense et d'agrandissement. Que l'un des descendans de cette famille se retire dans une de ces gorges où l'ennemi ne pénètre guère, qu'en résultera-t-il? Les eaux qui découlent des montagnes voisines, y deviennent stagnantes, les rayons du soleil s'y montrent rarement, ou ne font que mettre en fermentation les débris des végétaux et les cadavres des animaux, qui chargent l'air d'exhalaisons infectes. L'homme végète au milieu de ces décombres, et devient crétin et hébété. C'est un état naturel encore; mais celui qui a le misérable bonheur de s'acclimater ainsi, pourra-t-il jamais offrir, dans cette solitude ce modèle d'une organisation parfaite et bien développée, que nous cherchons? C'est donc, en dernier résultat, dans les hautes plaines d'une température moyenne, où prospère l'agriculture, que le genre humain, pris en masse, prospère aussi le mieux. Ce sont là les pépinières qui maintiennent, dans toute leur pureté, les principales dispositions naturelles, les forces musculaires, comme les fonctions de conservation et de propagation de l'espèce : c'est donc là qu'il convient le mieux de placer l'enfant ; mais avant de l'y envoyer, assurez-vous s'il est assez bien conformé pour supporter les négligences des nourrices de la campagne ; car une grande partie des enfans qu'on fait sortir de la ville succombent au village, et ces négligences en sont la principale cause.

Un instinct naturel nous attache au sol qui nous

a vu naître, et nous cherchons à nous y perpétuer. Il faut une grande nécessité, beaucoup de courage, ou un haut dégré de rapprochement entre les peuples, pour que l'émigration devienne volontaire et facile. On cherche plutôt à remédier aux inconvéniens du lieu natal; peu à peu le village se forme, pour se changer insensiblement en ville. Aucune intention ne dirige les premiers pas; chacun bâtit sa cabane, sans ordre et sans mesure. C'est ainsi que ces plaines fertiles et jadis salutaires, où serpentent de si belles rivières, premiers moyens de communication entre les hommes, sont devenues des villes, *des gorges artificielles*, toujours plus insalubres en raison de ce qu'elles sont plus peuplées et où l'enfance a de la peine à prospérer. Des rues étroites empêchent les rayons du soleil d'y pénétrer; par leur direction tortueuse, elles arrêtent le vent qui devroit en renouveler l'air. D'autres rues, parallèles à la rivière, retiennent les ruisseaux qui alloient y aboutir, et en rendent les eaux stagnantes. Plein d'un égoïsme rétréci, l'homme ne songe d'abord qu'à la conservation momentanée de sa petite existence, jusqu'à ce que sa propre misère et les exemples que lui offre ailleurs la société, l'éclairent sur ses intérêts, et rendent plus étendues et plus libérales ses vues sur l'avenir et la postérité. Le hasard le seconde quelquefois. L'incendie de 1688 a rendu Londres plus salubre; Paris profite de l'expérience des siècles, et augmente journellement la salubrité de son enceinte. Rien de plus instructif que l'histoire de la police de cette capitale, autrefois si souvent exposée à toutes sortes d'épidémies, suite de la malpropreté. La peste de Marseille, au commencement du siècle dernier, a appelé l'attention sur la police médicale, étroitement liée aux progrès de l'éducation physique particulière. L'Amérique profite encore plus des expériences de l'Europe, et bâtit ses villes sur un plan mieux raisonné; aussi leur mortalité est-elle proportionnellement inférieure à celle des nôtres, et peut-être pourrons-nous profiter un jour des lumières de ces élèves d'outre-mer, que nous avons formés (1).

Tout en reconnoissant qu'une campagne bien située offre les chances les plus favorables pour le développement physique de la première enfance, nous devons donc nous avouer que nos villes gagnent en salubrité, et qu'il est des développemens, des dispositions, des facultés, qui ne peuvent fructifier qu'au sein d'une société nombreuse. Dès que l'enfant commencera à parler, on tiendra peut-être à le placer où l'on prononce le mieux. Est-il question de lui faire exercer un art quelconque? vous serez contraint de sacrifier, pour son éducation morale, d'autres avantages quelquefois très réels. Et si le sort l'a fait naître dans une grande ville, si sa destinée le porte à l'un de ces emplois qui

---

(1) Les anciens, selon Vitruve, mettoient beaucoup d'importance à l'examen du sol où ils vouloient bâtir leurs maisons. Ils avoient l'habitude de faire tuer plusieurs animaux nés dans cet endroit, et lorsque les entrailles ou les viscères se trouvoient affectés, ils renonçoient à s'y établir.

demandent une grande réunion d'hommes, vous aurez besoin de connoître et de juger les moyens que vous offre la civilisation pour diminuer les inconvéniens qu'elle entraîne. Un penchant naturel nous oblige à nous réunir : c'est donc à tort qu'on voudroit nous faire regarder comme un état contre nature celui de ces millions d'hommes qui ont dû et qui ont su aussi trouver les moyens de se former en société, comme nous le voyons aujourd'hui.

Notre climat et nos mœurs, ne permettent plus que nos enfants s'élèvent sur la paille dans la crêche ; un berceau plus commode porte ce gage précieux. Les huttes et les cabanes se sont transformées pour nous en maisons et en hôtels assez distans les uns des autres et assez bien construits pour nous garantir des impressions désavantageuses des saisons, ou des autres agens qui nous entourent. Nos salles et nos dortoirs, situés de manière à recevoir à volonté les rayons du soleil, les vents les plus favorables, sont élevés sur des caves voûtées, pour que l'humidité du sol ne puisse nous atteindre ; et dans nos chambres, bien fermées, nous pouvons nous procurer tous les degrés de température et de sécheresse qui nous conviennent le mieux. On emploie le bois sec, le charbon, etc. ; et on a trouvé des mastics qui garantissent les murs de l'humidité ; nous pourrions aussi employer d'autres substances pour l'absorber promptement. L'air est-il chaud et sec à l'excès, ou trop électrisé, comme dans un temps d'orage ? nous n'avons qu'à arroser nos planchers, ou à placer dans quelque coin des vases à grande surface remplis d'eau, pour la faire évaporer. Si nous souffrons d'un air chaud et humide, nous connoissons le ventilateur; et nos architectes auront peut-être un jour plus d'égard dans la distribution des pièces, aux moyens d'établir des courans d'air convenables. Dans le froid, nous avons les cheminées qui servent en même-temps de ventilateurs, et les poêles, qui distribuent une chaleur plus égale et plus constante : quatorze degrés du thermomètre de Réaumur sont à peu près, pour notre climat, le point de chaleur où l'on se porte bien. L'usage des poêles est peut-être moins utile en France, surtout dans les maisons modernes, aux entre-sols, et avec cet entourage d'une draperie étouffante, qui ôte tout air et toute lumière. L'usage des cheminées paroît rendre moins frileux; les peuples du midi supportent mieux les alternatives des saisons. Les acides très volatils, tels que le vinaigre chauffé, les vapeurs de l'acide nitrique, et le gaz de l'acide muriatique oxigéné nous servent à détruire les substances putrides qui peuvent s'être dégagées dans notre atmosphère. Cependant tous ces moyens, devenus précieux sans doute dans l'état de société où nous nous trouvons, voudriez-vous les employer continuellement et sans mesure ? vous n'éleveriez votre enfant que pour la chambre, et vous auriez perdu de vue le véritable but de toute éducation physique, celui de l'acclimater et de le fortifier pour lui faire supporter les diverses impressions de l'atmosphère.

Vivant en grandes familles, et enfermés dans no

maisons, *la propreté devient pour nous un moyen de conservation* plus nécessaire encore dans les villes que dans les villages, où se trouve, en général, moins de monde rassemblé sur un plus grand espace. Les exhalaisons animales sont les miasmes les plus funestes à la société. Dans les pays les plus productifs et les plus chauds de l'Orient, les premiers législateurs sentirent la nécessité d'établir à cet égard des lois civiles et religieuses, dès qu'ils réunirent des peuples, et voulurent former des états.

J'ai déjà parlé des soins de la peau à la première époque de la vie. Plusieurs précautions étoient nécessaires alors, parce que l'enfant ne savoit pas exprimer ses besoins. A mesure que l'enfant grandit, on lui donne des habitudes qui rendent inutiles les remèdes contre les écorchures causées par la malpropreté (1). Il sera toujours bon de laver l'enfant très vite, surtout en hiver, et de le sécher vite aussi, pour le tenir en mouvement ; c'est ce qui empêche le mieux le refroidissement. Dès qu'il se fortifie, l'usage de l'eau froide est préférable ; il devient même nécessaire de l'habituer à une eau de plus en plus froide, pour affermir la peau, et lui faire supporter les bains froids, qui rendent insensible

---

(1) Tout le monde sait qu'on saupoudre ces plaies avec de la semence de lycopode. On y applique aussi un peu de graisse, d'huile, du beurre de cacao, ce qui empêche les urines de toucher à la peau. Le cérat est applicable lorsqu'il y a déjà une plaie qui n'est pas pure, et la solution d'acétate de plomb (eau de goulard), lorsqu'elle est guérie, et que l'on veut lui donner plus de fermeté.

aux variations des saisons. Cette habitude du froid est surtout nécessaire pour les parties qui restent exposées à l'air, telles que le visage et les mains. Chacun est né avec une peau qui lui est particulière, aussi bien qu'avec d'autres dispositions plus ou moins heureuses. On n'a qu'à voir les personnes qui se baignent, quelle différence de couleur et de fermeté leur peau n'offre-t-elle pas? Il est difficile d'en décrire les nuances. Ce n'est pas une partie assez isolée du reste de la machine, pour que les dispositions originaires mises à part, elle ne dépende pas directement aussi des autres fonctions, et qu'on puisse indiquer des moyens particuliers pour la soigner. Les femmes qui, pour la ménager, s'enferment et renoncent au soleil, comme à tout ce qui leur semble nuisible, peuvent sans doute la rendre, pour quelque temps, plus douce et plus blanche; mais la moindre sécrétion plus abondante de bile, la moindre impression un peu vive de l'air, la moindre indigestion ou la moindre affection de l'ame, un rayon du soleil enfin portera atteinte aux beaux jours, ou plutôt aux beaux momens de celle qui ne songe pas à autre chose. Il nous importe donc de rendre moins susceptible cette surface qui doit nécessairement être exposée, et c'est dans l'enfance que nous pouvons le mieux y réussir. Les vaisseaux capillaires qui y aboutissent, déposent un enduit muqueux et huileux qui se durcit, et présente au microscope des écailles plus ou moins grandes, qui restent tendres lorsque la peau est couverte; l'épiderme se durcit à l'air, se dessèche au feu, et peut devenir cornée par une pression prolongée, lorsque les vaisseaux qui y sécrètent le fluide ne sont pas assez forts, assez actifs pour détacher cette enveloppe qui doit se renouveler continuellement. (1)

Ce n'est donc pas de la seule application des corps extérieurs, mais c'est aussi du mouvement interne que dépendent sa beauté et sa conservation; et c'est justement cette action intérieure qui donne tant de fraîcheur aux enfans de la campagne, quoique moins soignés, et un teint blafard aux enfans trop gâtés des villes. A part les soins qu'exige la propreté, il est bon, en général, de ne pas s'occuper du teint. Des dispositions individuelles ou des vices particuliers peuvent cependant exiger une attention particulière, afin d'éviter l'influence nuisible des corps environnans. On peut distinguer la peau rouge et trop sensible, la peau blafarde trop dure, la peau très blanche trop fine, et la peau très jaune et foncée : chacune de ces espèces de peau est souvent en rapport direct avec le reste du corps. Voici quelques observations que j'ajouterai à celles que j'ai données déjà pour servir de guide sur ce point. Le *froid* durcit la peau dépourvue d'épiderme comme celle des lèvres, et y produit des gerçures, comme nous le voyons l'hiver. Un peu de mucilage, de pommade, d'huile, de la moelle de bœuf, du saindoux, y remédie aisément, si cela ne vient pas d'autres causes. L'humi-

---

(1) Les cors aux pieds et l'intérieur des mains des personnes qui manient les choses dures en sont un exemple.

dité froide, trop prolongée, n'est pas saine. Les personnes qui habitent près des eaux, sont sujettes aux maladies de la peau, comme à toutes celles qui tiennent au système de la respiration. La chaleur sèche, au contraire, lorsque l'air n'est pas trop chargé d'électricité, ouvre les pores, et la peau de l'homme qui se ménage le moins, devient douce et blanche pendant l'été. Une humidité douce et de peu de durée ne nuit point à la peau, lorsque l'évaporation qui vient à la suite ne produit pas trop de fraîcheur. Les blanchisseuses qui ont toujours les mains dans de l'eau ou chaude ou savonneuse et caustique, n'ont pas ordinairement la peau belle; mais lorsqu'elle est relâchée, et que la transpiration devient habituelle, on doit la fortifier, et l'on peut se servir, avec précaution, d'un peu d'eau-de-vie ou d'eau de Cologne dans de l'eau. La peau trop rouge se trouve souvent mieux de l'eau froide sans trop de frictions; et celle qui est jaune et foncée, d'une eau tiède avec des frictions sèches. La première doit rester exposée à l'air; l'autre a plutôt besoin d'être couverte. Il est des peaux très fines et très blanches, qui n'exigent d'autre soin que la propreté, ou tout au plus quelques mucilagineux ou huileux, comme les pâtes d'amandes; c'est assez le cas des enfans très blonds. Ils sont sujets, en revanche, à être hâlés par le soleil; inconvénient contre lequel on emploie du blanc d'œuf, de l'huile d'amandes douces, du beurre de cacao, et du blanc de baleine. D'autres fois les mucilages et les huiles sont trop relâchans. Le vinaigre est un astringent trop fort pour les enfans ; les autres acides, et surtout l'acide nitrique gâtent les mains des chimistes qui en manient beaucoup : les huiles et les graisses pures bouchent les pores ; les fabricans, qui en font usage, ne nous offrent pas une peau agréable. Tout le monde sait quand il faut se servir de savon. Les callosités se ramollissent par l'eau chaude mélangée d'acide sulfurique, ou mieux encore par l'usage des eaux sulfureuses. Je pourrois prolonger à l'infini le détail de ces petits soins qu'exige la variété des dispositions naturelles ; mais j'ai dû me borner à indiquer les principaux : il me reste d'ailleurs à passer en revue les autres parties du corps, et la manière de les garantir des influences de l'atmosphère ou des substances environnantes.

FRIEDLANDER.

(La suite à un prochain numéro.)

PRINCIPES DE DESSIN,
ou Cours complet d'études pour la figure,

D'après les plus beaux modèles de l'antiquité, et les tableaux des grands maîtres; dessiné par *G. Reverdin*, et gravé par les premiers artistes de Paris dans ce genre.

Ce Cours sera composé de trois livraisons ; la première, contenant douze cahiers, a déjà paru. Prix : 36 fr. Les deux autres paroîtront successivement, et seront chacune du même prix. — A Paris, chez Reverdin, rue du Sentier, n°. 15; et chez le Normant.

EN fait de beaux-arts, comme en fait de sciences, le meilleur moyen d'en assurer l'éclat et les progrès, c'est d'en perfectionner l'enseignement. Plus les bons principes se répandent, plus on doit voir se former de grands artistes, soit parce que les talens naturels rencontrent ainsi plus de chances favorables, soit parce que les jugemens d'un public éclairé animent et éclairent même les artistes les plus célèbres. Rien n'étoit plus difficile, il y a cinquante ans, que d'apprendre à bien dessiner: tableaux, copies, maîtres, modèles, tout portoit l'empreinte d'un goût faux et maniéré; point de pureté dans les contours, de noblesse et de simplicité dans les expressions, d'élégance naturelle dans les poses. De petites gravures précieuses et incorrectes, ou des dessins qui ne valoient guère mieux, étoient tout ce qu'on offroit à l'imitation des élèves; et on les retenoit fort long-temps sur ces misérables élémens, sans leur donner ce sentiment du beau qui peut dicter des jugemens sains même à celui qui sait à peine manier le crayon, mais sans lequel un dessinateur vieilli dans son métier est hors d'état de sentir et de discerner ce qu'il y a de plus sublime dans les chefs-d'œuvre de la sculpture grecque ou de la peinture italienne. Maintenant ce sentiment est à la portée de quiconque veut chercher à s'en pénétrer; les méthodes d'enseignement sont changées; les artistes, ayant sous les yeux les plus beaux modèles, et s'appliquant à les étudier, les reproduisent dans leurs leçons, dans leurs conseils, dans les copies qu'ils en font imiter à leurs élèves. A chaque pas que l'on fait dans Paris, l'on aperçoit des traces de cette réforme ; les plus médiocres gravures étalées sur les Boulevards sont infiniment supérieures à celles qu'on y voyoit vers le milieu du dernier siècle ; il ne reste plus qu'à propager les bons principes, le bon goût, les bons modèles ; ils existent au milieu de nous ; mais ils sont loin encore d'avoir acquis cette popularité qui peut seule assurer aux arts un public capable de les apprécier et de les juger. On avoit droit de s'étonner que l'activité qui anime les artistes ne nous eût pas encore valu un *Cours complet d'études pour la Figure*, c'est-à-dire une collection de bonnes gravures prises d'après les statues antiques ou les tableaux des grands maîtres, et conduisant les élèves depuis les élémens jusqu'au dessin de ce qu'on appelle *les académies*. De premiers cahiers insuffisans et incomplets, des têtes prises au hasard et quelquefois mal choisies, ne remédioient pas à cette lacune. M. Reverdin vient de la remplir : « Faire parmi » les chefs-d'œuvre de l'art un choix raisonné ; » fixer par le crayon leurs formes élégantes ; » donner à la gravure la vigueur et tous les carac- » tères du crayon ; chercher à rendre par la pureté » et la fidélité du dessin le relief et les charmes » de ces contours magiques ; offrir aux commen- » çans une suite d'études en gradation mesurée, » du simple au composé, du facile au difficile ; » former leur goût en même temps que leur » main », tel est le but qu'il s'est proposé et qu'il a su atteindre. Son ouvrage comprendra trois livraisons qu'on pourra acheter séparément. La première, qui a déjà paru, est composée de douze cahiers; les cinq premiers, de quatre feuilles chacun, représentent les traits du visage chacun à part, et des demi-profils sous divers aspects. Je n'ai jamais vu de contours si purs et si pleins, ni de gravures qui reproduisissent si bien le velouté, le gras du crayon, et cette inégalité de teintes fondues sans mollesse, fermes sans sécheresse, que le burin a tant de peine à rendre. Les quatre cahiers suivans, gravés avec le même soin, renferment les profils de l'*Apollon*, de l'*Ariane*, de l'*Antinoüs*, etc.; les masques de l'*Amour grec*, de *Diane*, de la *Vénus de Médicis*, etc.; enfin, les dixième, onzième et douzième cahiers offrent les plus beaux pieds et les plus belles mains qu'on ait pu choisir dans les antiques.

La seconde partie présentera, en feuilles détachées, des têtes moyennes, de grandes têtes et des fragmens qui doivent précéder l'étude de la figure entière. La troisième, enfin, comprendra les figures ou académies, et sera terminée par deux groupes dessinés d'après les plus beaux monumens connus.

Comme cette dernière partie se composera de figures nues, qui ne peuvent guère être dessinées par de jeunes personnes, M. Reverdin publie pour elles une collection de figures drapées que les maîtres pourront y substituer. Il suffit de nommer cette collection pour en faire sentir le mérite; c'est celle des *Neuf Muses antiques*, conduites par l'*Apollon Musagète*. Ces magnifiques statues, découvertes en 1774 à Tivoli, sont des chefs-d'œuvre d'élégance, de naïveté, de souplesse, et les gravures de M. Reverdin rendent toutes ces beautés avec la chaleur et la vérité du crayon. Il en a déjà fait paroître sept: *Thalie*, *Erato*, *Calliope*, *Uranie*, *Polymnie*, *Euterpe* et *Terpsichore*; les deux autres et l'*Apollon* ne tarderont pas à être publiées. Le prix de chaque estampe est, sur papier vélin, 6 fr., et 4 fr. sur papier ordinaire. Il faut ajouter 50 cent. pour les recevoir par la poste. Quand ces modèles seront entre les mains de tous les maîtres et de tous les élèves, nous pourrons être certains que le bon goût aura déjà fait de grands progrès.

F. G.

LES VOYAGES D'ADOLPHE.

(*Continuation.*)

Nous avons laissé M. de Vauréal et son fils sortant du Palais, c'est-à-dire, sur la petite place située en face de cet édifice, et qui se termine, d'un côté, par la rue de la Barillerie aboutissant au pont Saint-Michel, de l'autre par la rue Saint-Barthelemy qui mène au Pont-au-Change. — Arrêtons-nous un moment ici, dit M. de Vauréal; cet emplacement, la rue que tu as à ta droite, et plusieurs autres petites rues adjacentes ont eu pour premier possesseur saint Eloy, d'abord orfèvre, ensuite favori du roi Dagobert. Il avoit établi dans une maison que le roi lui avoit donnée vis-à-vis le Palais, une communauté de religieuses en l'honneur de saint Martial, évêque de Limoges, que saint Eloy révéroit beaucoup, parce qu'il étoit lui-même Limousin. Le nombre des religieuses s'accrut tellement, que leur maison devint bientôt trop petite, et le saint obtint du monarque tout le terrain environnant, qui porta le nom de *Ceinture de Saint-Eloy*. Ce monastère, ainsi étendu, servit tour-à-tour à différens ordres religieux. Certaines parties en furent successivement détachées, et les derniers moines qui l'habitèrent étoient les Barnabites, que Henri IV avoit appelés en France en 1608, et qui se consacroient surtout aux missions.

Adolphe. Mais, papa, où donc étoit l'église ? je n'en vois point.

M. de Vauréal. Tu ne peux voir celle que les Barnabites firent reconstruire, quoiqu'elle existe encore : elle est située dans la rue de *la Barillerie*, au fond d'une cour, et les maisons, qui ont pris peu à peu la place des bâtimens du monastère, en masquent la vue. Anciennement, la population n'étoit pas, à beaucoup près, aussi nombreuse que de nos jours; on pouvoit sacrifier plus d'espace aux couvens, aux églises et à des fondations de ce genre; à mesure que le nombre des hommes a augmenté, et que chacun d'eux a eu sa famille à loger, les maisons particulières ont resserré ces vastes édifices, devenus d'ailleurs moins nécessaires, parce que le nombre des moines diminuoit ;

La Cité étoit remplie de monastères et d'églises, qui ont été successivement rasés, fermés, ou employés à d'autres usages. Dans la rue *Saint-Barthélemy*, par exemple, située à ta gauche, sur l'emplacement que tu vois occupé par ce grand bâtiment, qui étoit naguère une salle de spectacle nommée *le Théâtre de la Cité*, et qu'on a fait fermer depuis qu'on a restreint le nombre des théâtres, s'élevoit autrefois une église qu'on appeloit *Saint-Barthelemy*, et dont l'origine remontoit jusqu'à la première race de nos rois. Je pourrois te montrer pareillement dans le quartier où nous sommes, la place ou les débris d'une foule d'autres églises, jadis plus ou moins célèbres : *Saint-Denis-du-Pas*, *Saint-Christophe*, *Saint-Landry*, *Saint-Pierre-aux-Bœufs*, etc. Je te nommerai celles qui se trouveront sur notre chemin; mais tu t'ennuierois si je voulois te les faire parcourir toutes.

Adolphe. Pourquoi donc faisoit-on construire plus d'églises qu'on n'en avoit besoin ?

M. de Vauréal. La fondation d'une église étoit alors regardée comme un acte de piété, une œuvre méritoire par laquelle on s'assuroit la bienveillance de Dieu et le pardon de ses péchés : ainsi les églises se multiplièrent comme elles s'enrichirent. Celui qui n'avoit pas de quoi en fonder une avoit au moins de quoi faire un présent à celle de sa paroisse ou d'un saint qu'il respectoit de préférence. L'usage de ces présens devint si général, que Chilpéric II ne cessoit de répéter : « Notre fisc est ruiné; tous les trésors ont passé dans les à églises (1) »; et ceux qui faisoient ces dons y attachoient une telle importance, qu'ils maudissoient d'avance ceux qui prétendroient aux biens une fois donnés à une église ou à un couvent. « Qu'ils » soient maudits, disoient-ils; qu'ils soient, comme » Dathan et Abiron, engloutis vivans dans le sein » de la terre et entraînés en Enfer; qu'ils n'ob- » tiennent leur pardon que lorsque le Diable » obtiendra le sien! (2) » C'est là ce qui commença à remplir les églises de tant de vases d'or et d'argent, de ces richesses et de cette pompe qu'elles étalèrent dans la suite.

Adolphe. Papa, les Francs étoient donc bien riches alors?

M. de Vauréal. Non, mon ami; l'argent devoit même être fort rare, puisque, sous les rois de la première race, ceux qui vouloient en emprunter étoient obligés de payer un intérêt d'un tiers, c'est-à-dire que celui qui empruntoit cent francs devoit en rendre cent trente-trois au bout de l'année (3), tandis qu'aujourd'hui il n'en donneroit que cent cinq; mais on avoit la manie d'entasser en un même lieu les richesses qu'on amassoit à grand peine : les rois barbares surtout, qui n'étoient pas accoutumés à voir de l'or, prirent plaisir à thésauriser, et l'on cite l'exemple de Théodoric, roi des Visigoths, qui chaque jour, à une heure

---

(1) Grégoire de Tours, liv. VI, c. 46, col. 325, lett. A.
(2) Formules de Marculf, l. II, f. 1.
(3) Form. de Marculf, l. II, for. 25, 26, 27.

déterminée, passoit un certain temps à contempler ses trésors (1). Comme les églises étoient les lieux les plus fréquentés et les plus révérés, les personnes pieuses, tant rois que sujets, se plaisoient à les enrichir et à les orner. Je te ferai lire un jour, dans la Vie de saint Eloy, la description des ornemens de l'église de Saint-Denis, qui fut construite, comme tu sais, par les ordres de Dagobert; et tu verras, dans Grégoire de Tours, le plus ancien de nos historiens, quelles richesses devoit posséder l'église cathédrale de Tours, où saint Martin étoit enterré.

En achevant ces mots, M. de Vauréal prit Adolphe par la main, et alloit entrer avec lui dans la rue de *la Vieille-Draperie*, lorsqu'il se souvint qu'il avoit oublié de lui parler d'un fait intéresssant que rappeloit l'endroit où ils étoient. — Arrêtons-nous encore un moment ici, reprit-il. Tu vois la rue où nous allons entrer? — Oui, papa. — Eh bien, au coin même de cette rue qui se prolongeoit alors jusqu'au Palais, étoit la maison de Jean Châtel, de ce fanatique insensé qui tenta d'assassiner Henri IV. — Celui qui donna à Henri IV un coup de poignard dont il eut la lèvre fendue et une dent cassée? — Lui-même; tu sais qu'heureusement cette blessure fut peu de chose, puisque le roi, écrivant aussitôt après cette nouvelle à différentes villes, leur disoit : « Il y a, Dieu merci, si peu » de mal, que, pour cela, nous ne nous mettrons

---

(1) Sidon. Apollin., Epist., l. 1, ep. 2, p. 4.

» pas au lit de meilleure heure. » Mais pour augmenter l'horreur que devoit inspirer le coupable, sa maison fut rasée, et l'on éleva à la place une pyramide sur laquelle fut gravée une inscription déshonorante pour les Jésuites, qui furent bannis du royaume, parce qu'on les soupçonnoit de l'avoir poussé à cet attentat.

Adolphe. Mais, papa, je ne vois point de pyramide.

M. de Vauréal. Il y a plus de deux cents ans qu'elle a été renversée par les ordres d'Henri IV lui-même, qui, ayant permis, en 1605, le retour des Jésuites, consentit, sur la demande du Père Cotton, son confesseur, à la destruction de ce monument honteux pour leur Ordre. Le grand espace vide qui nous entoure n'existoit pas alors; il étoit rempli par des maisons; la pyramide s'élevoit sur le terrain qu'occupoit auparavant celle de Jean Châtel, et c'est sous Louis XVI seulement qu'a été faite la place où nous sommes.

Rien de remarquable ne s'offroit plus en cet endroit aux yeux d'Adolphe, ni à la mémoire de M. de Vauréal; ils traversèrent la rue de *la Vieille-Draperie* dans sa longueur, et débouchèrent, après quelques détours, dans la rue de *la Juiverie.* M. de Vauréal nommoit à son fils toutes celles qui en valoient la peine. Le nom de celle-ci frappa Adolphe. — Comment, dit-il, est-ce qu'elle est peuplée de Juifs?

M. de Vauréal. C'étoit autrefois une de celles qui leur avoient été assignées pour y habiter. Tu sais que cette malheureuse nation a été long-temps persécutée en France. Elle avoit ses quartiers à part, payoit de forts impôts, et jouissoit de foibles priviléges, souvent très peu respectés. On les chassa plusieurs fois pour s'emparer de leurs biens. Philippe-Auguste et Charles VI, entr'autres, les bannirent du royaume; et quand on leur permettoit de revenir, c'étoit afin de profiter des richesses que leur valoit leur industrie. Ils étoient ainsi l'objet tantôt de lois cruelles, tantôt de règlemens ridicules. On leur défendoit de paroître en public sans une marque jaune sur l'estomac. Philippe-le-Hardi leur ordonna de porter une corne sur la tête, et Philippe-le-Bel confisqua leurs biens, et en fit brûler plusieurs, sous prétexte qu'ils avoient empoisonné les puits. Toute l'Europe partageoit cette intolérance barbare. En Allemagne, en Espagne, les Juifs étoient également maltraités; et ce mépris, ces persécutions, cet avilissement, ont sans doute été l'unique cause des défauts qu'on leur a reprochés, comme l'avarice et la tromperie. On les a ainsi tourmentés et dégradés à la fois. En Hollande encore, et en particulier à Amsterdam, ils habitent un quartier hors duquel ils ne peuvent loger, et où l'accroissement de la population les a tellement entassés, que les rues sont encombrées de femmes et d'enfans dont la malpropreté et la misère sont effrayantes. Dieu merci, de pareils abus n'existent plus au milieu de nous; les Juifs y sont traités comme d'autres hommes, et il faut espérer qu'ils obtiendront bientôt cette même égalité de droits dans les pays qui ne la leur ont pas encore accordée.

De la rue de *la Juiverie*, nos voyageurs passèrent dans celle *des Marmouzets*. — Le singulier nom ! dit Adolphe ; pourquoi appelle-t-on ainsi cette rue ? — Je n'en sais rien, reprit M. de Vauréal ; ce que je puis te dire, c'est qu'on prétend qu'elle a été le théâtre d'évènemens fort tragiques. Un barbier et un pâtissier y demeuroient, dit-on, l'un à côté de l'autre. Le barbier assassinoit quelques-uns de ceux qui entroient chez lui pour se faire raser ; ils tomboient par une trape dans une cave placée au-dessous de sa boutique, et le pâtissier faisoit ensuite des pâtés avec leur chair.

Adolphe. Ah ! mon Dieu ! papa, et comment ont-ils été découverts ?

M. de Vauréal. On ajoute que la femme d'un homme qui avoit eu ce triste sort, inquiète de ne pas voir revenir son mari, alla le chercher dans toutes les rues par où il avoit pu passer, et que, dans celle-ci, elle trouva le chien de la maison qui, ayant accompagné son maître, n'avoit pas quitté depuis le devant de la boutique du barbier. Ce chien, en la voyant, se mit à aboyer ; elle soupçonna que ses aboiemens n'étoient pas sans raison : on fit des recherches, et l'on découvrit le crime.

Adolphe. Et ils furent punis ?

M. de Vauréal. Comme tu peux le présumer. La maison fut rasée, avec défense de la rebâtir.

Je ne t'affirmerai pas que cette histoire soit vraie; il n'en reste d'autre monument que la tradition populaire qui la rapporte. Cependant, il est certain que pendant plus de cent ans il y a eu dans cette rue une place vide, sur laquelle on ne croyoit pas qu'il fût permis de bâtir. François Ier en redonna la permission, *nonobstant*, dit-il, *tout arrêt précédent*, ce qui semble indiquer qu'en effet on avoit eu à juger et à punir une action si atroce.

Adolphe. Et que devint le chien ?

M. de Vauréal. L'histoire ne s'en est pas mise en peine. Le pauvre animal n'avoit pas été assez heureux pour sauver son maître, et peut-être oublia-t-on qu'on devoit à son intelligence la découverte de son sort; peut-être aussi cette partie de l'aventure est-elle fausse. En général, ce qu'on nous raconte de l'intelligence des animaux est ou évidemment exagéré, ou fort mal prouvé; et cependant, comme ce sont presque toujours des traits fort extraordinaires, on ne doit les croire que sur de bonnes preuves. Mais marchons un peu plus vite; nous avons encore beaucoup de choses à voir, et je voudrois te faire parcourir aujourd'hui le reste de la Cité.

Ils doublèrent le pas, enfilèrent la rue *Saint-Christophe*, et se trouvèrent bientôt sur la *Place du Parvis Notre-Dame.* — Ah ! voilà *Notre-Dame !* s'écria Adolphe.— Oui, nous voici devant la cathédrale de Paris, et l'une des églises dont le nom revient le plus souvent dans notre histoire; il paroît que déjà, sous nos premiers rois, existoit sur cet emplacement une église consacrée à *Saint-Etienne*. Childebert, fils de Clovis, y en adjoignit une autre qu'il dédia à *Notre-Dame* ; mais ce ne fut que vers l'an 1160, sous le règne de Louis-le-Jeune, que Maurice de Sully, évêque de Paris, commença à faire construire à la place celle que nous y voyons maintenant. Cette construction dura plus de deux cents ans, ce qui t'étonnera moins, si tu fais attention à l'immensité de cette église et à la multiplicité des ornemens dont elle est surchargée ; encore en a-t-on enlevé beaucoup pendant la révolution. Par exemple, les vingt-huit niches que tu vois au-dessus des trois portes étoient occupées par les statues de vingt-huit de nos rois, depuis Childebert jusqu'à Philippe-Auguste. Ces statues avoient quatorze pieds de hauteur. On voyoit, dans le nombre, Pepin-le-Bref monté sur un lion.

Adolphe. Pourquoi donc, papa ?

M. de Vauréal. Comment, tu ne te rappelles pas, qu'assistant avec sa cour au combat d'un taureau et d'un lion, Pepin, instruit qu'on s'étoit moqué de la petitesse de sa taille, dit à un de ceux qui l'entouroient : *Lequel de vous ira séparer ces deux animaux ?* Personne ne répondit ; aucun n'osoit l'entreprendre. *Ce sera moi,* dit Pepin. Il tire son sabre, saute dans l'arène, va droit au lion, lui abat la tête d'un coup, se retourne, et frappe également le taureau à mort. *Souvenez-vous,* dit-il en reprenant sa place, *que David tua aussi le géant Goliath.* Tu devines sans peine que depuis on ne se moqua plus de la petitesse de sa taille.

C'est un trait que tu n'aurois pas dû oublier. Je ne finirois pas si je voulois te conter toutes les particularités de notre histoire qui se rattachent à *Notre-Dame*. Nos rois, à leur avènement, y venoient déposer leur couronne devant la majesté de Dieu ; avant de partir pour l'armée, ils y venoient implorer sa protection, et, à leur retour, ils l'y remercioient des faveurs qu'il leur avoit accordées. Ce fut devant ce portail que Philippe-le-Hardi prit sur ses épaules les ossemens de saint Louis son père, mort, comme tu sais, devant Tunis, pour les porter jusqu'à Saint-Denis. On planta une croix à chaque endroit où il s'étoit reposé sur la route, et il y en eut sept ; elles ont été abattues. Philippe-le-Bel, après avoir vaincu les Flamands à Mons-en-Puelle, en 1304, entra dans *Notre-Dame* monté sur le même cheval et couvert des mêmes armes qu'il avoit à la bataille, et sa statue équestre fut placée dans l'intérieur de l'église ; tu ne l'y verras pas, car elle a été brisée pendant la révolution. Jean-le-Bon, revenu d'Angleterre où il étoit prisonnier, rendit grâce ici de sa délivrance avant de rentrer dans son palais. Tu ne devinerois jamais le singulier vœu qu'avoient fait les bourgeois de Paris pendant que leur roi étoit retenu à Londres.

Adolphe. Qu'étoit-ce donc que ce vœu ?

M. de Vauréal. Ils s'étoient engagés, dans l'espoir que le ciel délivreroit alors la France de ses maux, à offrir tous les ans à *Notre-Dame* un cierge de la longueur du tour de Paris, et ce vœu fut observé durant deux cent cinquante ans; mais, en 1605, Paris étoit devenu si grand qu'on ne savoit plus comment faire, et les bourgeois se rachetèrent de leur promesse en donnant à l'église une fort belle lampe d'argent. Mais entrons; il faut que tu voies l'intérieur de l'église.

Ils entrèrent, et Adolphe fut extrêmement frappé de la prodigieuse élévation des voûtes ainsi que de l'étendue de la nef. M. de Vauréal s'arrêta près d'un pilier peu éloigné de la porte principale. — Il y avoit autrefois ici, lui dit-il, une statue colossale de saint Christophe, tellement grande, que les statues voisines paroissoient de vrais pygmées.

Adolphe. Qui étoit donc saint Christophe, papa, et pourquoi le faisoit-on si grand?

M. de Vauréal. Saint Christophe fut un Chrétien martyr que la Légende a peint comme un géant énorme, et dont on croyoit qu'il suffisoit de voir son image pour ne pouvoir mourir ce jour là de mort subite ou d'accident. Sous le règne de Charles VI, pendant les désordres qui agitoient alors la France, Pierre Des Essarts, surintendant des finances, fut traîné en prison par les séditieux, et de là à l'échafaud. Antoine Des Essarts, son frère, qui avoit été arrêté avec lui, rêva que saint Christophe brisoit les grilles de sa prison et l'emportoit dans ses bras. Ayant été déclaré innocent quelques jours après, il fit élever au saint cette statue colossale, devant laquelle il étoit représenté à genoux. Sa hauteur démesurée produisoit un effet désagréable dans l'église, et on l'en a enlevée il y a plus de vingt-cinq ans. *Notre-Dame* étoit remplie de monumens, de statues et de tableaux. Louis XIV, la bourgeoisie, de simples particuliers l'avoient fait orner magnifiquement ; pendant la révolution la plupart de ces ornemens ont été ou détruits, ou transportés ailleurs. Nous en verrons quelques-uns au *Musée des Petits-Augustins*, dont je t'ai déjà parlé ; ceux qui restent ici n'offrent rien de bien remarquable. Sortons, nous avons encore des choses intéressantes à voir dans la Cité.

Ils sortirent en s'entretenant du maître-autel que fit élever Louis XIV, et qu'exécuta le sculpteur Coustou l'aîné, dans le fond du sanctuaire, ainsi que de quelques tableaux qu'Adolphe avoit regardés en passant. Nous irons bientôt les retrouver devant l'*Hôtel-Dieu*, que M. de Vauréal étoit bien aise de faire connoître à son fils, pour lui montrer ce que la bienfaisance même peut gagner en sagesse et en utilité aux progrès des lumières et des principes d'administration.

F. G.

NOUVELLES

CONCERNANT L'ÉDUCATION.

AMÉRIQUE.

New-Yorck.

Zerah Colburn, enfant extraordinaire.

CET enfant est né en avril 1804, à Cabot, comté de Calédonie, Etat de Vermont ; il n'avoit pas encore sept

DE L'ÉDUCATION.

ans à l'époque où le vit M. Mac-Neven, qui rend compte de cette visite dans le *Medical and Philosophical Journal and Review*, imprimé à New-Yorck (1811). Dans le courant de la vie, Zerah paroît en tout semblable aux autres enfans, soit pour la légèreté, soit pour la puérilité de ses amusemens; mais lorsque son attention se fixe entièrement sur quelque sujet, il déploie alors des facultés très-supérieures à son âge; et lorsqu'il s'agit de calcul, supérieures, je crois, à ce qu'on pourroit attendre de quelqu'âge que ce soit. Ce fut en août dernier (1810) que son père, lui entendant répéter entre ses dents quelques nombres qu'il multiplioit pour son plaisir, s'aperçut de sa prodigieuse facilité pour le calcul. L'attention qu'elle excita, et l'exercice qui lui fut donné en conséquence de cette attention, l'ont en quelques mois singulièrement augmentée. La promptitude de ses réponses sur les questions d'arithmétique qui peuvent lui être proposées est telle, qu'il semble répondre de mémoire. On ne peut cependant douter que cette promptitude ne soit due à la rapidité de ses combinaisons; car dans les calculs un peu compliqués, on l'entend souvent multiplier, additionner ou soustraire tout haut et avec une incroyable vitesse. Il se reprend quelquefois; lorsqu'il commet quelque erreur, il en paroît excessivement mortifié; mais cela ne lui arrive presque jamais. M. Mac-Neven l'a entendu répondre, sans la plus légère apparence d'hésitation et sans la moindre erreur, aux questions suivantes : — *Demande*. Que font 1347, 1953 et 2091 ? — *Réponse*. 5391. — *Demande*. Quels sont les nombres qui, multipliés l'un par l'autre, donnent 1242? — Les solutions suivantes furent données aussi vite que le peut permettre la parole : — 54 par 23. — 9 par 138. — 27 par 46. — 3 par 414. — 6 par 207. — 2 par 621. — *Demande*. Quel est le nombre qui multiplié par lui-même produit 1369 ? — *Réponse*. 37. — *Demande*. Quel est le nombre qui, multiplié par lui-même, donne 2401 ? — *Réponse*. 49 ; et 7, multiplié par 343, donne le même nombre.

Lorsqu'on exprimoit les nombres par mille et par cent, il crioit avec impatience : *Mettez-les en cents*, c'est-à-dire que pour 2401 il vouloit qu'on lui dît *vingt-quatre cents et un*.

Demande. Que donnera 6 multiplié 6 fois par lui-même ? — Il calcula tout haut à la manière suivante, et aussi vite que peut aller la parole ; 6 fois 6 font 36 ; 6 fois 36 font 216 ; 6 fois 216 font 1,296 ; 6 fois 1,296 font 7,776 ; 6 fois 7,776 font 46,656 ; et 6 fois 46,656 font 279,936.

Demande. Combien d'heures en 25 ans, 11 mois et 3 jours? — *Réponse.* 226,992. La personne qui lui avoit fait cette question s'étoit trompée dans le calcul qu'elle avoit fait de son côté ; en sorte que lorsque Zerah répondit, elle crut que c'étoit lui qui se trompoit. Zerah, après un instant de réflexion, assura que c'étoit son calcul qui étoit juste : on refit l'opération, et il se trouva qu'il avoit raison. (1)

Comme on lui proposa de multiplier 123 par 237, son père objecta que deux nombres triples étoient trop difficiles. L'enfant répondit qu'il pouvoit les multiplier, et tint parole ; il multiplia même et très promptement 1234 par 1234. Cependant on voit que les questions difficiles le fatiguent, et il prie souvent qu'on ne lui en donne pas de si compliquées. Pendant qu'il répond, on voit à son maintien, à l'éclat de ses yeux, à la contraction de ses traits, combien son esprit travaille. Sa physionomie est très expressive ; il a le front petit, mais angulaire, les arcs orbitaux (des sourcils) considérablement avancés ; ses yeux sont gris, spirituels et toujours en mouvement ; son crâne est arqué et remarquablement large ; il a l'occiput petit, les cheveux roux ; il est singulierement fort et grand pour son âge ; ses mouvemens sont précipités, et il est toujours en action.

(1) L'enfant et ceux qui le questionnoient ont oublié de faire entrer dans ce dernier calcul la différence des années bissextiles ; et ont supposé les onze derniers mois de trente jours. Cet oubli rappelle une anecdote du même genre. On amena à d'Alembert un petit pâtre qui avoit aussi une étonnante facilité de calcul. — Mon enfant, lui dit d'Alembert, voilà mon âge ; combien ai-je vécu de minutes? — L'enfant se retira dans un coin de la chambre, cacha son visage dans ses mains, et revint un moment après répondre à d'Alembert qui n'avoit pas encore achevé le calcul qu'il avoit entrepris la plume à la main ; il l'achève ; les deux résultats n'étoient pas d'accord ; — Vous vous êtes trompé, mon petit ami. — L'enfant retourne dans son coin, refait son calcul et revient, assurant qu'il ne s'est pas trompé ; d'Alembert vérifioit le sien. — Mais, monsieur, dit tout-à-coup l'enfant, avez-vous songé aux années bissextiles ? — D'Alembert les avoit oubliées, et le petit pâtre avoit raison.

Il n'a jamais été à l'école, et ne sait ni lire ni écrire. On lui demanda comment il faisoit ces calculs; il répondit qu'il les voyoit clairement devant lui. Il n'a point encore d'idées des fractions, et ne sait compter que les nombres ronds. Il est le cinquième de sept enfans dont aucun ne se distingue par ses facultés remarquables. Son père Abiah-Colburn est né avec six doigts à chaque main, et Zerah est le seul des enfans d'Abiah en qui se retrouve cette singularité.

M. Mac-Neven rappela à l'occasion de Zerah-Colburn un autre personnage (Jedidiah-Buxton), connu dans le siècle dernier par une extraordinaire aptitude au calcul, mais qui n'étoit accompagnée d'aucune sorte d'esprit. Jedidiah paroissoit même privé de quelques-uns des sentimens les plus ordinaires. La musique ne lui offroit rien qu'une confusion de sons; et conduit à une pièce de Shakespear, jouée par Garrick, il ne s'occupa qu'à compter le nombre des mots prononcés par ce grand acteur. Zerah-Colburn annonce au contraire beaucoup d'esprit; il est prompt à la repartie, et quelquefois mordant. Quelques jours avant la visite de M. Mac-Neven, une femme s'étoit divertie à lui demander: *Combien font trois zéros multipliés par trois zéros?* — *Précisément ce que vous êtes,* dit-il, *rien du tout.*

Il nous paroît fort à craindre que les efforts d'attention auxquels on soumet Zerah-Colburn ne fatiguent ou ne désorganisent cette jeune tête, et ne détruisent d'avance tout ce qu'on en pourroit espérer si elle étoit laissée au cours naturel de ses idées et de ses développemens. Il est encore possible que ces développemens s'arrêtent par un nouveau jeu de la nature qui les a produits, ou même que ces facultés extraordinaires s'oblitèrent et se détruisent. M. Mac-Neven cite l'exemple à M. Van-R. du village d'Utica, vivant aussi aux Etats-Unis, qui, à l'âge de six ans, se distinguoit par une singulière facilité à calculer de tête; à huit, il perdit entièrement cette faculté, sans savoir comment. Actuellement M. Van-R. calcule comme tout le monde, la plume à la main, ni mieux ni plus vite qu'un autre; et ne conserve pas la plus légère idée de la manière dont il calculoit de tête dans son enfance.

Livres d'éducation publiés en Allemagne à la Foire de Pâques, 1811. (*Leipzig.*)

(*Continuation.*)

21°. Histoire des Grecs pour les jeunes gens; par A. Zachariæ. — Altona, chez Hammerich.

22°. Questions historiques, et Réponses à l'usage des enfans; par C. F. Steffani. — Gotha, chez Steudel.

23°. Elémens de Musique; par C. A. Zeller. — Kœnigsberg, chez Nicolorius.

24°. Méthode simple pour apprendre à lire aux enfans; par H. Stephani. Quatrième édition. — Erlangen, chez Palm.

25°. Manuel pour apprendre à lire et à dicter; par F. W. Wildes. — Halle, chez Gebauer.

26°. L'Ami de la Pensée; par J. F. Schletz. — Giessen, chez Heyer.

27°. L'Ami des Enfans; par F. E. de Rochon. Sixième édition. — Landshut, chez Krull.

28°. Matériaux pour éveiller et exercer le jugement des Enfans; par J. A. C. Læhr. Troisième édition. — Leipzig, chez Fleischer le jeune.

29°. Manuel théorique et pratique pour le développement des facultés de l'enfance; par J. S. Klinger. Nouvelle édition. — Hof, chez Grau.

30°. Mnémonique à l'usage des écoles. — Leipzig, chez J. G. H. Richter.

31°. Exercice pour l'esprit des Enfans; par Sachs. — Berlin, chez Braunes.

32°. Manuel pour former l'esprit et le goût des jeunes filles allemandes; par J. W. H. Zirgenbein. Deuxième volume. — Quedlinbourg, chez Ernst.

(*La suite à un de nos prochains Numéros.*)

ANNALES
DE L'ÉDUCATION.

DE L'ÉDUCATION

QU'ON SE DONNE SOI-MÊME,

Et d'un ouvrage nouveau intitulé : EUDOXE, *ou* ENTRE-
TIENS SUR L'ÉTUDE DES SCIENCES, DES LETTRES ET
DE LA PHILOSOPHIE; par M. *Deleuze.*

Deux vol. in-8°. Prix : 12 fr., et 15 fr. par la poste. — A Paris,
chez Schœll, rue des Fossés Saint-Germain-l'Auxerrois, n°. 19;
et chez le Normant.

(Premier Article.)

LE principal but de l'éducation est d'apprendre
à l'homme à s'élever lui-même lorsqu'il aura cessé
d'être enfant : ce but, sur lequel on ne sauroit fixer
de trop bonne heure ses regards, et qu'on ne doit
jamais perdre de vue, devient plus difficile à atteindre à mesure qu'on en approche davantage.
Le maître qui avoit long-temps marché presque seul
avec l'élève, et soutenu de près ses premiers pas, s'en
voit éloigné peu à peu par les nouvelles relations, les
nouveaux besoins qui s'emparent de cette jeune
existence. C'est toujours au même point qu'il faut
arriver; mais les routes se multiplient, se croisent :
on discerne difficilement où elles aboutissent; mille
guides s'offrent à y conduire le nouveau venu, et

il est hors d'état d'apprécier leur mérite, de juger de leur bonne foi. Les passions commencent à le séduire; de mauvais conseillers cherchent à l'entraîner; l'inexpérience l'égarera peut-être; en lui, hors de lui, tout est obstacle ou danger; et c'est alors cependant que l'éducation est finie; il ne s'agit plus, dit-on, que de prendre un état, de se placer dans la société : comment le jeune homme remplira-t-il cet état, comment occupera-t-il cette place? On voudroit qu'il s'y conduisît bien, qu'il s'y distinguât; on ne se demande guère si cela est possible. Commet-il des fautes, soit d'ignorance, soit de volonté ; les uns le traitent avec une indulgence dangereuse, les autres avec une sévérité inutile : on ne voit pas que ce qui importe uniquement, c'est qu'il soit vraiment éclairé et sévère avec lui-même, qu'il sache penser et vouloir par lui-même, que tout vienne de lui enfin, et que c'est là ce qui lui reste à apprendre, parce qu'on n'a pu le lui enseigner. Ce n'est pas du dehors que l'on peut combattre les ennemis qui sont au-dedans. Si c'est dans l'esprit et au fond du cœur que se trouvent les plus redoutables adversaires de la raison et de la vertu de l'homme, c'est là aussi qu'il doit avoir des armes pour repousser leurs attaques ; le jeune homme n'a à craindre que lui seul, et c'est lui seul qui peut se sauver.

Gardez-vous donc bien de lui laisser penser alors que son éducation est achevée; dites-lui, au contraire, que *son* éducation proprement dite, celle qui est vraiment *la sienne*, puisqu'il doit se la donner lui-même, commence, et que c'est à lui à y veiller. Si l'on ne négligeoit pas de prendre ce soin, d'où dépend peut-être la valeur de la vie entière, nous aurions plus d'ouvrages et de meilleurs ouvrages destinés aux jeunes gens dont les études paroissent finies, qui sont déjà entrés dans le monde, qui vont être hommes enfin, avant de l'être devenus. Je conviens que de pareils livres sont aujourd'hui fort difficiles à faire; l'état des connoissances humaines et celui des mœurs se réunissent pour embarrasser l'écrivain; l'étendue des idées s'est accrue avec la variété des connoissances, et avec elle se sont multipliées les causes d'erreurs. Devenir savant est maintenant plus malaisé, et rester ignorant plus dangereux que jamais. Quand l'esprit humain s'est ouvert de nouvelles sources de lumières, l'ignorant vient prendre en passant une erreur au même endroit où le savant qui s'arrête trouve une vérité. Et qu'on n'espère pas empêcher l'ignorant de passer par là. Les générations contemporaines suivent la même route, vivent dans la même atmosphère : en exceptant les classes inférieures de la société, qui ne prennent aucune part ou une part fort tardive aux révolutions de la science et de la pensée, on peut dire, je crois, que la seule différence entre des contemporains est que les uns savent mal et se trompent là où les autres savent bien et en profitent. Ce seroit donc une folie, indépendamment de toute autre considération, que de prétendre laisser les jeunes gens dans l'ignorance des idées et des connoissances que ceux qui ne les ont pas sont toujours portés à croire inutiles, ou même dangereuses. Chaque homme appartient à son siècle : s'il veut le servir, il faut qu'il commence par s'élever à son niveau. De-là naissent, sous le rapport de l'instruction, des difficultés incalculables pour ceux qui veulent écrire des livres destinés à cet âge où l'entendement déjà formé, déjà pourvu de nombreux matériaux, capable de comprendre et de suivre les travaux des générations précédentes, a besoin d'embrasser ce vaste horizon et de le parcourir avec quelque soin avant de s'y choisir une place particulière. Ces livres doivent être le résultat de connoissances étendues, profondes, et cependant rien n'y peut être traité avec étendue et avec profondeur. L'auteur doit tout indiquer, sans développer rien, exposer sommairement ce que les hommes ont fait dans les diverses branches de nos connoissances, où ils en sont, quelles sont les meilleures méthodes d'étude, de travail; dire, en un mot, par quelle route l'esprit humain a marché dans chaque science vers la vérité, jusqu'où il y a porté ses pas, comment il peut s'y maintenir et y avancer encore... Que l'on songe au nombre d'idées et de faits en tout genre qui circulent aujourd'hui dans le monde, et je n'aurai pas besoin d'insister davantage sur les obstacles que rencontrent les hommes qui essaient d'en tracer le tableau pour des jeunes gens parvenus à cette époque où les faits et les idées commencent, en se combinant, à former les véritables lumières.

Si nous venons à considérer l'état des mœurs,

les difficultés qui en résultent ne sont pas moins grandes. S'agit-il d'instruction et de connoissances ? il est nécessaire d'en suivre le développement et de marcher toujours pour être au niveau de leurs progrès ; mais, en fait de morale, il faut rester immobile et fixe au milieu des secousses que les révolutions du monde et de ses idées font essuyer aux principes qui la constituent. Les vérités de la science sont belles sans doute, mais on en découvre toujours de nouvelles, et elles sont toujours mêlées d'erreurs ; tandis que les vertus, ces filles des vérités morales, restent éternellement les mêmes : leur beauté durable et sans mélange ne craint ni l'altération des opinions, ni l'épreuve du temps. La *Logique* d'Aristote est encore et sera toujours vraie, mais on n'en sauroit dire autant de toutes ses œuvres : sa *Physique*, par exemple, est maintenant sans valeur, tandis que toute la conduite de Socrate inspire encore la même admiration qu'elle inspiroit à ses disciples. Prenez donc garde que ces jeunes gens qui vont étudier les incertitudes de l'esprit humain, pour démêler, au milieu de ses erreurs, le progrès lent et caché de quelques vérités découvertes péniblement, long-temps méconnues, quelquefois oubliées, ne regardent aussi les principes moraux comme variables et incertains, ou ne négligent du moins d'en bien saisir l'immobilité ; ils doivent avoir les lumières de leur siècle et la vertu de tous les temps. Placez toujours la morale devant eux, et si haut que rien ne puisse leur en masquer la vue, ils erreront dans le labyrinthe des connoissances humaines, ils en parcourront et les routes tortueuses et les petits sentiers; que la vertu soit toujours pour eux ce que sont les astres du ciel pour le voyageur près de s'égarer : c'est le feu sacré qu'on ne peut laisser éteindre sans s'exposer à la mort; maintenant surtout nous devons veiller à sa conservation.

Les révolutions qui amènent quelquefois les changemens les plus heureux et l'empire des vérités les plus utiles, ébranlent momentanément la morale: au milieu de ces grands bouleversemens, les caractères mal intentionnés se débarrassent de ses liens; les caractères foibles la perdent de vue; et lorsque cette catastrophe, qui peut devenir une régénération, arrive dans un temps où l'esprit, fier d'ailleurs de ses découvertes et de ses travaux, est peu disposé à écouter docilement la voix de la conscience, les principes les plus respectables sont quelque temps oubliés et sans pouvoir. La génération qui s'élève sera à l'abri de ces dangers, si dans toute son éducation, et surtout au moment où ceux qui la composent seront sur le point de devenir hommes, on ne cesse d'associer à toutes leurs connoissances, à toutes leurs idées, l'idée et le sentiment de la vertu. Tous les livres d'instruction sortis de Port-Royal, et en général ceux de cette époque, les Logiques, les Rhétoriques, les Histoires, Fleury, Rollin, et tant d'autres, offrent à côté de leurs préjugés ce beau caractère : on ne le rencontre guère aujourd'hui. J'en ai indiqué la principale cause, et cependant il importe plus que jamais de le rétablir partout. Accueillons donc avec autant d'empressement que de reconnoissance un ouvrage où les principales conditions que je viens d'exiger sont remplies, où la plupart des difficultés dont j'ai parlé sont surmontées, et dont l'auteur s'est proposé d'atteindre ce but dont j'ai cherché à faire sentir l'importance, la direction des idées et des études d'un jeune homme de vingt ans, qui a déjà reçu une éducation très soignée, et qui veut devenir par lui-même ce qu'ont été les sages de tous les siècles, un homme éclairé, vertueux et utile au genre humain.

Eudoxe a fait de bonnes études à l'Université de Goettingue ; à son retour en France, il ne retrouve plus son père ; mais Ariste, ami de sa famille, établi à Genève sur les bords du lac, avec sa femme et ses enfans, lui servira de guide : Eudoxe se rend auprès de lui, lui exprime son désir de s'éclairer, de se distinguer, de remplir tous les devoirs de l'homme, et lui demande ses conseils. De longs entretiens s'établissent entr'eux : c'est en présence des deux spectacles les plus beaux et les plus touchans que puisse offrir le monde, celui d'une nature admirable et celui du bonheur domestique le plus pur, que le jeune homme écoute les réflexions et les avis du sage, discute avec lui ses propres idées, et se prépare à la tâche qui doit occuper sa vie, celle de se livrer à l'étude et à la méditation, pour se rendre utile en faisant des découvertes et en éclairant l'univers. Ce cadre me paroît aussi heureux que simple : comme le plan de travail qu'Ariste propose à son ami embrasse les principes de toutes nos connoissances, le lecteur, qui parcourt ainsi ce vaste champ où s'est déployée en tout sens toute l'activité de l'homme, se voit avec délices ramené sans cesse, par la situation des personnages, aux idées les plus naturelles, aux sentimens les plus doux : le tableau de plaisirs faciles et vrais, d'émotions vertueuses et salutaires, s'unit à celui des sciences humaines et des recherches les plus difficiles, les plus sérieuses, auxquelles puissent se livrer les savans et les philosophes. L'ouvrage entier porte ainsi un caractère moral, en harmonie avec les principes que l'auteur y professe, et qui laisse dans l'ame une impression continue de sagesse et de vertu.

D'excellentes réflexions sur la nécessité de fixer un but à sa vie, sur la carrière qu'Eudoxe se propose de parcourir, sur le bien que peut faire le vrai philosophe, sur la définition de la philosophie, et son application à tout ce qui occupe notre esprit ou remplit notre existence, sur l'évidence de la morale et la certitude de ses principes, qui a pour base l'assentiment de tous les hommes vertueux, sont l'objet du premier *Entretien*. Ariste y fait sentir à Eudoxe, par une comparaison simple et claire, l'étendue et la difficulté de l'entreprise à laquelle il veut se consacrer. « Il me semble, » dit-il, qu'on peut comparer l'étude de la philo» sophie à l'agriculture. Voyez cette campagne à » laquelle je donne quelques soins; avant les se» mences, on laboure, on prépare le sol, on sème;

» les blés restent long-temps dans la terre avant la
» moisson; le soleil les dore et les mûrit. La saison
» de la récolte venue, on coupe, on entasse les
» gerbes, on bat les épis, on sépare la balle du
» grain, et le grain seul entre dans le commerce.
» Ainsi formez d'abord votre esprit par des études
» préliminaires, enrichissez-le ensuite par une éru-
» dition profonde et variée dans les sciences et
» dans l'histoire : ce sont là les semences que l'es-
» prit doit conserver long-temps pour que la ré-
» flexion les fasse germer, les multiplie et les
» mûrisse. Ces connoissances et ces observations
» doivent enfin être mises en ordre, et il n'en
» faut tirer, pour l'offrir aux hommes, que ce qu'il
» y a de plus précieux. Et comme à chaque instant
» la campagne demande quelque travail nouveau,
» comme le cultivateur laborieux profite des jours
» de fête pour visiter ses champs et pour examiner
» les réparations dont ils ont besoin; de même
» celui qui veut se distinguer et se rendre utile
» par des talens supérieurs, ne doit passer aucun
» jour sans ajouter quelque chose à son ouvrage,
» et s'il l'interrompt quelquefois, ce doit être
» pour se rendre compte de ce qu'il a appris; car
» ce dernier travail est le seul par lequel on vienne
» à bout de maîtriser son imagination, de mettre
» de l'ordre et de la clarté dans ses idées. »

Après avoir jeté ainsi une vue générale sur la marche que doit suivre Eudoxe, Ariste commence, dans le second *Entretien*, à en développer le plan.

« Votre cours d'études, lui dit-il, se divise natu-

» rellement en trois parties : il faut d'abord faire
» des études préliminaires; il faut ensuite acquérir
» des connoissances exactes dans la plupart des
» sciences; il faut enfin se proposer un but, s'at-
» tacher à un objet particulier, et s'instruire à
» fond de ce qui est relatif à cet objet. Je nomme
» *Etudes préliminaires* celles qui doivent servir de
» base ou d'instrument pour les autres, celles qui
» forment l'esprit et le jugement, le disposent à re-
» cevoir les diverses semences qu'on y voudra jeter;
» celles enfin qui, renfermant des principes com-
» muns à plusieurs sciences, en unissent et abré-
» gent les élémens, et facilitent les moyens d'y
» faire des progrès. »

Parmi ces études, à l'examen desquelles cet entretien est consacré, Ariste range : 1°. *la Logique*,
qu'il est nécessaire d'étudier, non pour être versé
dans la dialectique de l'école, mais « pour con-
» noître les lois auxquelles l'entendement est sou-
» mis, et les règles établies d'après l'observation de
» ces lois fondamentales, pour se familiariser avec
» les diverses méthodes employées à la recherche
» de la vérité et avec les formes qui garantissent
» la justesse d'un raisonnement, pour s'accou-
» tumer enfin à entendre les ouvrages où des dis-
» tinctions nombreuses et subtiles répandent de
» l'obscurité, à démêler les artifices employés par
» les sophistes, et à pouvoir, au besoin, les com-
» battre avec leurs propres armes. » La petite
Logique de Dumarsais, la partie de l'*Essai sur
l'entendement humain* de Locke, qui traite de

l'origine des idées, des bornes de nos connoissances, du raisonnement et de la méthode; les 3ᵉ et 4ᵉ volumes du *Cours d'Etudes* de Condillac, où les principes du raisonnement sont à la fois exposés et appliqués ; enfin, *l'Art de Penser* de Port-Royal, paroissent à l'auteur les ouvrages les plus propres à guider le jeune homme dans cette étude, et ils lui suffisent. « 2º. De la *Logique*, dit
» Ariste, hâtez-vous de passer à la *Géométrie;*
» cette étude est indispensable, pour accoutumer
» l'esprit à marcher pas à pas, à ne rien admettre
» sans preuve, à ne se plaire qu'au vrai. Elle a de
» plus l'avantage d'exercer les forces de l'esprit
» humain, de l'accoutumer à l'attention, et de le
» rendre inventif; car rien n'exige plus d'invention
» que la solution des problèmes d'algèbre et de
» géométrie. » Il conseille à Eudoxe de pousser dès-lors assez loin l'étude des mathématiques, pour n'avoir plus besoin d'y revenir. « Vous ne
» pouvez la partager en deux époques : si vous
» n'en avez d'abord appris que les élémens, vous
» les oublierez en vous occupant d'autres objets ;
» il faut en posséder l'ensemble, il faut avoir pris
» l'habitude du calcul, savoir les formules algé-
» briques, et vous être familiarisé avec leur appli-
» cation. » Nous ne saurions croire, avec M. Deleuze, que deux années suffisent pour arriver à ce point : pressé par la nécessité de faire parcourir à son élève un champ immense, il ne calcule pas toujours la possibilité de la vitesse avec laquelle il le fait marcher : nous reviendrons plus tard sur cette

erreur : continuons à suivre la marche de son ouvrage. « 3°. A l'étude des mathématiques, poursuit » Ariste, vous associerez celle du dessin. Il est » absolument nécessaire, lorsqu'on cultive les scien- » ces, de savoir dessiner un plan, une machine, » les objets d'histoire naturelle, et même les choses » remarquables qu'on rencontre dans ses voyages.... » Cette étude a encore un grand avantage, c'est » qu'elle nous apprend à bien voir, et développe » en nous le sentiment du beau. » Il entre ensuite dans des détails intéressans sur la meilleure manière de parvenir, non à être peintre, mais « à » ce coup d'œil sûr, à ce goût délicat, qui fait » saisir le beau dans les ouvrages des arts, et à ce » talent d'exécution à l'aide duquel on rend avec » exactitude et célérité les objets dont on veut » conserver le souvenir pour soi, ou donner l'idée » aux autres. » Le dessin au trait, le soin de s'accoutumer à bien juger de l'inclinaison des lignes et de la grandeur des angles, l'habitude de dessiner de mémoire, et quelques procédés de détail, sont la méthode que recommande l'auteur, qui n'a peut-être pas assez insisté sur la nécessité de voir et d'étudier la nature dans la variété libre et irrégulière des formes qu'elle présente à nos regards. 4°. La *Géographie* et *la Chronologie* viennent ensuite : leur utilité est trop évidente pour qu'il soit nécessaire de s'y arrêter. Dessiner des cartes de géographie, et copier des tables de chronologie, en n'y plaçant d'abord que les principales époques, et ne les remplissant ensuite qu'à mesure que ce qu'elles contiennent se grave dans la mémoire, sont les meilleurs moyens d'y réussir. Quant au dessin des cartes, Ariste insiste avec raison sur la nécessité d'unir l'examen de la géographie physique à celui de la géographie politique, et d'apporter une grande exactitude dans l'indication des chaînes de montagnes, des forêts, des fleuves, etc. La sphère et la théorie de la projection des cartes sont indispensables à connoître : tous les principes en sont exposés dans l'excellente *Introduction* que M. Lacroix a placée en tête de la géographie de Pinkerton, traduite par M. Valckenaer. 5º. L'étude *des langues* est également indispensable ; elle fait partie de l'éducation collégiale ; cependant, comme elle est moins cultivée en France que partout ailleurs, Ariste croit nécessaire d'en développer les avantages. « En Allemagne, en Angleterre, en Po- » logne, en Suède, dit-il, il n'est presque aucun » homme bien élevé qui, à l'âge de dix-sept ans, » ne sache le grec, le latin et plusieurs langues vi- » vantes. » Parmi ces dernières, l'allemand, l'anglais et l'italien sont les plus importantes à savoir : on apprend beaucoup aujourd'hui l'anglais et l'italien, mais on néglige l'allemand ; on l'enseignoit autrefois à l'École militaire ; c'est la langue de l'Alsace et d'une portion considérable de l'Empire : enfin la littérature allemande peut être comparée à une mine où aucun métal n'est pur et sans alliage, mais où les métaux les plus nobles se trouvent en abondance, et dont l'exploitation promet des trésors. Un homme éclairé ne sauroit donc se dispenser

de la connoître. Ariste fait des réflexions fort judicieuses sur l'insuffisance des traductions, sur la facilité que donne la connoissance d'une langue pour en apprendre d'autres; par exemple, celle de l'allemand pour l'étude des langues du Nord, et celle du latin pour l'étude des langues du Midi. Il recommande à Eudoxe de traiter ces études philosophiquement, c'est-à-dire d'examiner avec soin la grammaire générale. « Rien ne montre mieux, dit-il, le
» caractère de l'entendement humain, son étendue,
» sa perfectibilité, que la théorie du langage....
» Elle fait connoître ces lois fondamentales qui,
» résultant de l'analyse logique de la pensée, sont
» nécessairement communes à toutes les langues
» et antérieures à toutes les conventions. »

Ce ne sont pas là des études élémentaires comme les font les enfans, mais les études préliminaires que doit refaire avec soin tout homme qui veut étendre et consolider son instruction. Eudoxe, dont l'éducation a été bien dirigée, marchera avec rapidité dans cette première route qu'Ariste lui trace. Celui-ci lui conseille de prendre note soigneusement et chaque jour de tout ce qu'il aura observé, rencontré ou appris de plus nouveau et de plus remarquable. Ils discutent ensemble la forme la plus convenable à donner à de pareils recueils. L'auteur a eu ici la sagesse de ne rien prescrire ; chacun règle et ordonne comme il veut ces détails de l'administration de ses connoissances et de ses travaux; mais on ne sauroit sans inconvénient négliger d'y apporter de la vigilance et de l'exactitude. « On peut,

» dit Leibnitz, comparer nos connoissances à une
» grande boutique sans ordre et sans inventaire :
» nous ne savons ce que nous possédons, et ne pou-
» vons nous en servir au besoin. »

Lorsque ces études préliminaires, auxquelles Ariste conseille à Eudoxe de joindre quelques notions sur le droit positif, et la pratique des affaires dans le pays qu'il habite, seront finies, « il faut,
» lui dit-il, vous arrêter, revenir sur les principes,
» et lier vos diverses connoissances, de manière
» qu'elles se rappellent mutuellement ; consulter
» vos forces, et savoir si elles vous suffisent pour
» parcourir, dans toute son étendue, la nouvelle
» carrière qui s'ouvre devant vous... Les études
» qui vous restent à faire doivent être différem-
» ment dirigées, selon que vous voudrez appro-
» fondir une science en particulier et en reculer
» les bornes, ou envisager l'ensemble des sciences
» pour les appliquer à la philosophie. » Eudoxe persiste à prendre ce parti, et l'auteur part de là pour parcourir les diverses branches des connoissances humaines : nous le suivrons dans le tableau qu'il en trace ; bien que ses réflexions et ses conseils aient principalement pour objet la méthode d'après laquelle le philosophe doit étudier et envisager les diverses sciences, ceux qui veulent se livrer plus spécialement soit aux sciences naturelles, soit aux arts mécaniques, soit à l'histoire, etc.; enfin, ceux qui se proposent simplement d'acquérir de véritables lumières, y trouveront d'excellentes directions. Je prie les lecteurs de ne

pas s'effrayer tout d'abord de l'étendue de ce cadre, et du grand nombre d'objets qu'il contient; mais de se rappeler au contraire ce beau mot de Vauvenargues, que cite M. Deleuze lui-même: « Pour » faire de grandes choses, il faut vivre comme si » on ne devoit jamais mourir. »

F. G.

(*La suite à un prochain numéro.*)

JOURNAL

ADRESSÉ PAR UNE FEMME A SON MARI, SUR L'ÉDUCATION DE SES DEUX FILLES.

Numéro X.

MON ami, à présent que mes filles commencent à grandir, je me suis persuadée qu'il falloit que je lusse des livres d'éducation. Savez-vous ce qui m'arrive? c'est que, quand je quitte mon livre pour revenir à mes filles, la première chose que je fais, sans le vouloir, c'est de mettre de côté toutes les idées qui viennent de m'occuper, pour en prendre d'autres qui n'ont aucun rapport à celles-là. Ce qu'on vient de me dire est cependant raisonnable, mais ce que je vois est toute autre chose. Ce sont deux mondes absolument différens, tous deux réels, mais dont on n'a point déterminé les relations; en sorte qu'il m'est impossible d'appliquer ce qu'on me prescrit dans l'un à ce qui se passe dans l'autre. Ainsi, je lisois l'autre jour dans l'ouvrage de mistriss More, où je trouve beaucoup d'esprit, et un bon esprit toutes les fois qu'il n'est pas troublé par l'excès de sa sévérité religieuse, un chapitre très raisonnable sur l'avantage d'accoutumer les femmes à contraindre leurs desirs, même sur les choses qui peuvent paroître de peu d'importance. Quelque brillante que soit la situation de celle à qui vous en aurez fait prendre l'habitude, elle peut être atteinte d'un revers de fortune : « Alors, dit mistriss More, quelle droiture, quelle » indépendance d'esprit ne lui avez-vous pas » assurée, en déracinant de son cœur tout » desir inutile! Accoutumée à surmonter ses goûts, » elle ne se laissera point entraîner dans une société » corrompue par l'éclat dont elle pourra briller; elle » ne sera pas tentée de faire le mal pour en obte- » nir des jouissances dont elle saura se passer ; elle » ne se verra point exposée à flatter ceux qu'elle » méprise, car elle sera trop réglée dans ses desirs, » pour avoir besoin de ces agrémens de la vie » qu'elle ne pourroit obtenir que par des complai- » sances avilissantes. » Enchantée de la sagesse de ces vues, je cherchois le moyen de les remplir, et le fil par lequel on peut diriger les penchans d'un enfant de huit ans vers les principes de conduite qu'il sera obligé d'adopter à vingt ou trente. Je vis que le moyen proposé par mistriss More étoit d'inculquer aux petites filles le *principe général* de la modération : d'où il résulteroit nécessairement qu'elle modéreroit leur goût pour la parure; et celui-là une fois vaincu, mistriss More regarde le reste comme facile.

Je songeois avec un peu d'embarras à la manière de réduire en principes généraux les idées de Louise et de Sophie, lorsqu'il m'est arrivé du monde. Je les ai envoyées jouer dans la chambre voisine : au bout d'un instant a commencé un tel tapage, que j'ai pensé que c'étoit le moment d'appliquer le *principe général* de la modération dans les mouvemens. Un bruit de meubles renversés m'a fait courir au secours : j'ai vu Louise à quatre pattes, faisant le loup, et balayant le parquet avec la robe blanche qu'on venoit de lui mettre pour la promenade ; sa sœur, le jupon de la poupée sur la tête en guise de casque, le coussin de mon chien attaché je ne sais comment sur le bras pour lui servir de bouclier, et le balai de cheminée à la main faisant épée, poursuivoit le loup à travers une forêt de chaises et de tables qu'elle renversoit sur son passage : la joie, les cris ont redoublé quand on m'a vue arriver ; dans le transport qui les animoit, j'ai eu toutes les peines du monde à les empêcher de se précipiter dans le salon pour y poursuivre leurs exploits guerriers. Le principe général de la modération eût été dans ce moment fort peu entendu : il a fallu arrêter Louise, en lui rappelant le précepte très particulier qui lui a été donné de ne pas marcher sur ses genoux lorsqu'elle a une robe blanche, et faire honte à Sophie de l'idée de se présenter devant quelqu'un avec un pareil accoutrement. Ainsi, loin que la modération que j'ai pu leur inspirer pour le moment dût les affermir contre les idées mondaines, je n'ai pu l'obtenir que par des considérations tout-à-fait capables, dans cinq ou six ans, de se tourner en amour pour la parure. A la vérité, deux jours après, Sophie voulant acheter une ceinture, je l'ai détournée, par des raisons d'ordre et d'économie, d'en acheter une qu'elle desiroit beaucoup, mais dont le prix ne convenoit pas à l'état de ses finances. C'est ainsi que, par des motifs particuliers, je l'ai conduite, en deux occasions différentes, à la modération, dont je ne lui aurois jamais fait comprendre la nécessité générale.

Un principe général en morale ne peut naître pour nous que de l'expérience; c'est le résultat de plusieurs observations qui nous ont constamment montré certaines causes produisant certains effets. De ces observations, nous tirons un principe de conduite, une règle que nous appliquons ensuite dans les occasions auxquelles elle paroît convenir, pour nous épargner la peine de revenir chaque fois à la réflexion. C'est cette peine qu'il ne faut pas éviter aux enfans, qui ont tant de choses à connoître que toute réflexion est pour eux nouvelle et importante, et qui en connoissent si peu que toute règle de conduite qu'ils voudroient appliquer d'une manière générale ne pourroit que les tromper. Par la même raison, cette règle générale ne peut guère servir de base dans la conduite qu'on tient envers eux. Si vous vous êtes donné pour principe général d'accoutumer vos enfans à réprimer leurs desirs et leurs mouvemens, vous les contraindrez même dans les momens où ces désirs et ces mouvemens n'auroient aucun inconvénient ni pour eux ni pour les autres, et cela sans pouvoir leur donner de raison de cette contrainte, puisque vous n'en aurez d'autre qu'un principe général que l'expérience ne leur aura pas encore fait connoître. Ils n'y verront donc d'autre motif que votre volonté; et, supposé qu'ils ne cherchent pas à s'en délivrer quand ils le pourront sans danger, du moins y manqueront-ils quand ils n'auront pas votre volonté pour les diriger. Mais en les laissant se livrer à tous leurs mouvemens toutes les fois que cela se peut sans inconvénient, montrez-leur cet inconvénient toutes les fois qu'il existera; faites-leur sentir combien il est avantageux que vous les ayez obligés à l'éviter, en les forçant à réprimer un désir ou un mouvement indiscret: alors ils s'accoutumeront à penser qu'un désir, quelque vif qu'il soit, n'est jamais un motif suffisant pour déterminer la conduite, s'il n'a d'abord été soumis à l'examen de la raison et de la réflexion.

Il me semble que c'est ainsi que doivent se former les habitudes; mais beaucoup de gens, pour se donner des idées sur l'éducation, examinent les hommes et non les enfans, raisonnent sur les habitudes toutes formées, telles que les a données l'éducation bonne ou mauvaise; c'est à ces habitudes qu'ils opposent des conseils, ce sont elles qu'ils veulent que l'on corrige dans l'enfant où elles n'existent pas encore. Sans doute il en contient le germe; sans doute les dispositions dont elles se composeront par la suite trouvent déjà leur place dans son caractère, mais cette place n'est point encore fixée. Agitées d'une sorte de mouvement de fermentation, elles ont à passer par différens états, à se combiner de diverses manières, avant de s'arrêter à leur forme définitive, et ne pourront, en attendant, ni présenter les mêmes aspects, ni s'appliquer aux mêmes usages, ni demander les mêmes soins. La situation des hommes et celle des enfans ont d'ailleurs si peu de rapport, la manifestation de leurs sentimens est modifiée d'une manière si différente par les objets qui les environnent, que souvent, des dispositions pareille s'annonceront dans les uns et dans les autres par des effets tout-à-fait dissemblables, tandis que des effets semblables annonceront des dispositions absolument contraires. Ainsi, par exemple, l'entêtement, dans un homme, tient ordinairement à un esprit borné, incapable, ou par foiblesse, ou par paresse, de sortir du cercle d'idées qu'il a reçues d'abord. L'entêtement est presque toujours, chez les enfans, le signe d'un esprit vif, déterminé à ne se point assujettir aux idées auxquelles vous voulez le soumettre dans le moment. Le premier ne se rend pas à la raison parce qu'il ne le peut pas, l'autre parce qu'il n'en veut pas. Si un homme entêté se fâche, c'est parce qu'on veut obliger sa foiblesse à agir, c'est-à-dire à raisonner. Si l'enfant entêté s'irrite, c'est parce qu'on veut obliger sa fantaisie à plier. Il sait déjà avoir une volonté, quoiqu'il ne sache pas encore en faire un usage utile. Ce sont des forces mal employées, des forces même perdues ; mais enfin ce sont des forces. Un enfant borné ne dispute et ne résiste guère ; il ne comprend pas ce que vous lui dites, il ne voit pas l'usage de ce que vous lui ordonnez, mais il ne voit rien au-delà ; il n'a rien à vous opposer, et cède plutôt que de combattre, quand il n'a rien à défendre. Tant qu'il est en situation d'obéir, il obéit plutôt que de faire un effort : sa soumission est de l'inertie ; cette inertie pourra devenir résistance lorsqu'il aura à agir par lui-même : il demeurera fixe sur le même point, non par fermeté, mais par impossibilité de se mouvoir, et rien n'est moins rare que de voir des enfans faciles à conduire, devenir des hommes entêtés, du moins dans leurs idées qu'ils ne savent pas manier et soumettre à des combinaisons nouvelles. Rien n'empêchera en même temps qu'ils ne soient foibles dans leur conduite. Ils se laisseront gouverner par les circonstances ou le caprice ; mais ils demeureront invincibles à la raison. Leur vocation étoit de rester dans l'état où l'on s'en passe, parce qu'on a celle des autres pour vous diriger. La vocation, au contraire, d'un enfant vif est pour l'état où il se conduira par lui-même : il tend à devenir homme, il se débat contre la situation d'enfant ; mais vous le verrez se débattre moins violemment chaque jour à mesure que ses forces augmenteront ; que, plus en état d'agir par lui-même, il sera moins obligé de soumettre ses idées à la raison des autres. Quant à présent, ce n'est pas d'après la sienne qu'il agit, car il ne vous résiste que sur les points qu'on n'a point éclairés; il ne prétend pas que ses idées soient plus raisonnables que les vôtres, car il n'a point songé à les raisonner; mais il les préfère, parce qu'elles sont les siennes, tant que la raison ne lui a pas rendu les vôtres propres à lui-même. Ainsi un enfant à qui, en lui apprenant à lire, vous direz *b, a, u, bau*, pourra bien s'obstiner, deux heures de suite, à vous répéter *b, a, u, bu*. Vous voulez que ce soit *bau*, il veut que ce soit *bu*, et ne voit pas de raison pour soumettre sur ce point sa volonté à la vôtre; car rien encore n'a pu lui apprendre que ce n'est pas votre volonté pure à laquelle vous l'assujettissez, et que vous n'êtes pas seul à vouloir que *b, a, u*, se prononce *bau*. Mais, lorsqu'après un certain temps de leçons il voit les mêmes combinaisons de lettres se représenter toujours à lui-même comme formant le même son, il perd cette idée d'une volonté arbitraire à laquelle il faut qu'il se soumette, pour y substituer celle d'une règle générale qu'il apprend à connoître. Alors, il voit bien que ce n'est pas parce que vous le voulez que *b, a, u*, fait *bau*; mais parce que cela se passe toujours ainsi. En disant *bau*, il ne fait plus, comme Nicole, *ce que vous lui dites*; il dit ce qu'il sait, et applique volontiers sa raison là où il refusoit de se servir de la vôtre. Aussi, ne voyez vous plus à un enfant un peu avancé dans ses leçons de lecture, ces entêtemens bizarres qui vous désoloient au commencement, et qui cependant ne tenoient pas à l'ignorance.

Il y a plus; vous ne les retrouverez pas dans les autres parties de ses études. Un enfant qui commence à apprendre le latin ne vous soutiendra pas, de pur entêtement, que *pater* veut dire *mère*, et *frater*, *sœur*, comme il vous a soutenu, en commençant à apprendre à lire, que *b*, *a*, *u*, faisoit *bu*. Depuis ce temps-là, il a acquis cette idée générale que les règles dont vous l'instruisez ne sont point des règles auxquelles il puisse s'opposer, que sa volonté n'y changera rien; il peut ne se pas soucier de les connoître, mais il ne perdra plus sa peine et son temps à y contrevenir de gaîté de cœur. Ses entêtemens porteront sur d'autres objets, et deviendront toujours moins fréquens, à mesure qu'il se trouvera moins d'objets sur lesquels il lui semble que votre volonté veuille imposer à la sienne. Je vois les entêtemens de Sophie devenir beaucoup moins fréquens, non qu'elle tienne moins à ses idées, mais ses idées lui présentent plus souvent la confirmation des miennes: tous les jours diminue pour elle le nombre des choses qu'elle ne connoit pas, et sur lesquelles elle peut avoir la fantaisie d'opposer sa volonté irréfléchie à ma raison, qui deviendra la sienne dès qu'elle la comprendra.

Quel sera donc le moyen à employer pour arrêter les entêtemens d'un enfant? de le distraire des idées et des fantaisies qu'il attache de l'importance à soutenir comme siennes, jusqu'à ce que sa propre raison y substitue la propriété d'une idée plus sage. Qui pourra, d'un autre côté, préserver un homme de l'entêtement ? l'habitude de s'arrêter sur ses idées, de les retourner de tous côtés, de n'en adopter ou de n'en rejeter aucune sur parole, et de laisser ainsi le chemin toujours ouvert à la raison. Supposons actuellement qu'à force de tenter toutes les routes de la vérité, vous en ayez une fois trouvé une qui ait pu vous faire pénétrer jusqu'à l'esprit d'un homme entêté, et qu'ensuite vous vouliez employer la même influence avec un enfant, vous verrez son entêtement s'accroître à mesure que vous l'arrêterez par vos raisonnemens sur l'idée que vous voulez lui faire abandonner, et sur laquelle il pensera beaucoup plus à défendre sa liberté qu'à écouter vos raisons.

Mon ami, c'est faute de remarquer assez ces différences, que souvent d'observations justes on a tiré des préceptes faux : je vous en donnerai la première fois un exemple dans la manière dont mistriss More veut que l'on forme les femmes à la conversation.   P. M.

V.ᵉ LETTRE AU RÉDACTEUR.

INFLUENCE DU CLIMAT, DU SOL, DES SAISONS, DES LOCALITÉS, SUR LA CONSTITUTION DE L'ENFANT; ET MOYENS DE SE GARANTIR DE LEURS MAUVAIS EFFETS PAR LES HABITATIONS, LA PROPRETÉ, LES VÊTEMENS, ET AUTRES MESURES DE PRÉCAUTION.

(*Continuation.*)

EN commençant à traiter des parties spéciales du corps, nous n'avons pas besoin d'insister beaucoup sur ce qu'on a dit souvent, qu'il est bon d'habituer l'enfant à se laver avec de l'eau froide, la tête, la poitrine et les pieds; mais il ne faut lui donner cette habitude que peu à peu, dans une saison convenable, et non lorsqu'il est exposé aux éruptions, aux gourmes, qui exigent plutôt l'ablution avec de l'eau tiède, et des frictions sèches, ni lorsqu'il est enrhumé, ou sujet à la toux et aux coliques. Dans les éruptions, il ne sera pas inutile d'ajouter sur une demi-pinte d'eau tiède une cuillerée à bouche d'eau sulfureuse, telle qu'on la prépare à Tivoli, ou un peu d'acide sulfurique.

Les filles ne paroissent pas avoir besoin d'autres ménagemens que les garçons, jusqu'à l'âge de sept ans. Depuis cette époque, leur constitution, leur destination particulière peuvent exiger plus de soins et d'attention, et le développement du sein, amené par la puberté, ainsi que la souplesse du tissu cellulaire, doivent faire songer davantage à la peau. Mais toutes les ressources de l'art n'égalent point les avantages d'un développement naturel. Lorsqu'on passe en revue cette foule de cosmétiques étalés dans les boutiques, on y découvre un mélange de mucilages, d'huiles, de spiritueux, avec des acides, des baumes, des odeurs, et en général une mixtion des choses les plus opposées et les plus suspectes. C'est une espèce de loterie où les femmes voudroient gagner des agrémens, et où elles perdent bien davantage. L'eau fraîche de la fontaine est le seul ingrédient qui puisse préparer aux enfans une beauté et une jeunesse durables, parce qu'elle les rend capables de résister à toutes les saisons. Toutes les eaux de mille fleurs ne font que rendre les nerfs plus susceptibles, et gâter le teint pour toujours.

Cependant la société, à mesure qu'elle s'agrandit, doit naturellement chercher à perfectionner les moyens de propreté. C'est l'aisance qu'elle procure qui nous engage, plus encore que la nécessité, à raffiner en fait de toilette, afin de compenser par là les avantages de cet air de la campagne si pur et sans cesse renouvelé. C'est un instinct qui résulte de la civilisation, état non moins naturel pour l'homme que celui qu'on appelle exclusivement de ce nom.

En fouillant dans les antiquités de la Grèce, en examinant la manière de vivre des Romains, on s'aperçoit qu'ici, comme ailleurs, le genre humain suit presque toujours les mêmes routes; et nous serons moins étonnés de nous y retrouver, si nous songeons que ce sont les mêmes causes qui amènent les mêmes résultats : on ne peut donc rien dire de bien nouveau à cet égard. Cependant, pour compléter un peu ce qui concerne la propreté, j'entrerai encore dans quelques détails sur les soins qu'exigent les *dents* et les *cheveux*.

Dès que l'enfant commence à manger des substances plus dures, et surtout plus animalisées, les soins de la bouche consistent à la lui faire rincer après le dîner et à son lever, afin que le mucus et les restes d'alimens ne puissent pas y séjourner et s'y corrompre. En l'y habituant de bonne heure, on remédie à des inconvéniens toujours plus graves à mesure qu'il avancera en âge. Les dents et les gencives font naître diverses considérations. Les dents de lait, à la fin de l'époque dont nous parlons, sont foiblement implantées dans les mâchoires; elles sont destinées à tomber par le développement et la croissance des dents de sept ans, dont les germes se trouvent au-dessous dès la naissance. Les premières dents s'éloignent alors l'une de l'autre; et si c'est un avantage pour la propreté, ce n'en est pas un pour la solidité. Il n'est pourtant pas utile de les perdre avant le terme, car les dents de remplacement ne trouvent pas alors la même résistance à vaincre, et c'est probablement ce qui les rend quelquefois irrégulières. Il n'y a que vingt dents de lait qui se remplacent depuis sept ans jusqu'à douze par vingt-quatre autres plus grandes; de douze à quatorze, par quatre de plus; et de dix-huit à trente, ordinairement, par quatre autres encore. Il faut que toutes ces dents trouvent leur place; et quand on fait attention à la différence des mâchoires, on est conduit à lui attribuer divers inconvéniens qui en résultent pour les dents. Les incisives tombent naturellement les premières; ensuite les canines avant les molaires. Les dents de remplacement ne se font pas toujours place à temps; et alors elles viennent de côté, en avant ou en arrière, ou bien la mâchoire n'offre pas toujours assez de place. L'art du dentiste est parfois nécessaire pour faire sauter à propos la dent de lait, ou pour sacrifier une des secondes dents, afin que les autres puissent prendre une direction convenable, et former une arcade régulière. C'est un désagrément, sans doute, pour la jeunesse, que de perdre une dent qui ne se remplace pas; mais c'en est un autre bien plus grand encore, que d'en avoir une qui écorche la langue ou les gencives, ou de les avoir tellement serrées, qu'elles se gênent, se carient, s'infectent mutuellement. Les dents trop serrées sont plus difficiles à nettoyer, et peuvent, par les substances qu'elles retiennent, altérer la douceur de l'haleine. Il n'est pas aisé de trouver des matières pour faire des cure-dents qui ne nuisent ni aux dents ni aux gencives, et qui soient assez minces pour s'introduire dans les interstices. Quelques dentistes portent la lime dans ces petits intervalles; c'est une opération très délicate, à laquelle on ne devroit recourir, comme à tout autre remède, qu'en cas de nécessité; car l'émail est mince, il ne se rétablit pas, et la dent qui en est dépouillée se gâte bientôt. La nature reste pourtant assez flexible dans le premier âge, et la croissance seule remédie trop souvent à de petits inconvéniens, pour qu'il ne faille pas recommander avant tout un peu de patience. En rappelant tout cela, j'ai voulu seulement mettre les parens à portée de juger eux-mêmes les avantages et les dangers, et de voir quand il devient nécessaire de consulter un dentiste expérimenté.

Il ne faut pas oublier non plus que les enfans aiment assez à exercer leurs forces de toutes manières, à casser avec leurs dents des choses dures, à en déchirer d'autres; et une fracture ou une luxation de dent donne lieu à des suites désagréables. On aura soin de surveiller ces sortes de jeux.

Les gencives mènent à d'autres considérations. Souvent elles recouvrent le tartre que dépose la salive, et en favorisent le séjour. Dans d'autres cas, elles déchaussent la dent, et en mettent les racines à découvert, ce qui la rend moins solide et plus susceptible. Pour ménager les gencives, qu'on ait soin de les frotter dans la direction de la racine des dents à la couronne. Un simple linge, avec lequel on essuie surtout les interstices après s'être rincé la bouche, suffira pour tenir les dents propres, si on le fait assez fréquemment. Une brosse ordinaire est souvent trop dure; les racines de réglisse préparées offrent l'avantage de nettoyer la dent suivant la meilleure direction. Les éponges seroient plus faciles à rapproprier si elles n'étoient pas attachées. Il est bon d'habituer peu à peu les dents à l'eau froide pour leur faire supporter un air vif; et dans certaines occasions, l'eau tiède ou chaude opérera alors comme un véritable calmant. On les rendra susceptibles si on les rince toujours avec de l'eau tiède.

Il existe, au surplus, une aussi grande différence entre les individus, quant aux dents, aux gencives et aux os maxillaires, que pour toute autre partie. Il est des personnes qui s'exposent à tout impunément. Certaines dispositions morbifiques peuvent exiger un régime particulier, ou être difficiles à corriger. Chez ceux qui ont la poitrine serrée et foible, par exemple, les os maxillaires sont assez souvent étroits et pointus, et les dents longues et dégarnies; mais, dans les enfans, les formes sont en général arrondies. Les personnes qui sont sujettes à la bile ou à l'acidité, ont quelquefois les dents jaunes ou grises et affectées. D'autres inconvéniens proviennent de l'état particulier des glandes salivaires ou des altérations de la membrane muqueuse. A comparer les substances alimentaires entr'elles, on seroit tenté de croire que la nourriture animale est nuisible aux dents. Un célèbre vétérinaire m'a dit qu'il étoit rare de trouver des dents cariées aux chevaux, animaux herbivores; mais il reste à savoir si leur composition chimique ne diffère pas autant de celle des carnivores que leur structure anatomique. Les acides sont, au reste, ce qu'il paroît y avoir de plus dangereux pour l'émail. Une dent peut être presque dissoute dans les acides; et j'ai vu l'usage immodéré des raisins et des fruits aigres, qu'on avoit recommandés comme remède pour d'autres maladies, produire de mauvais effets sur de très belles dents. Il est pourtant des cas d'un extrême relâchement dans les gencives où les acides font du bien, surtout contre la disposition aux aphtes. Les spiritueux sont généralement ce qui convient le mieux pour les raffermir, et c'est peut-être à eux que sont redevables de leur mérite la plupart des teintures que l'on prépare; elles doivent être délayées suivant le degré de sensibilité des gencives. Dans certains états d'inflammation et d'irritabilité, on ne peut user que des choses les plus douces, les plus mucilagineuses, ou du lait. Quelques personnes ont une salive de nature à déposer beaucoup de tartre, ce qui corrode la dent, y produit des taches noires ou jaunes, ou même y occasionne la carie. Dès que ce tartre s'est manifesté, on se sert ordinairement de moyens mécaniques pour l'enlever. Sans parler de la lime et du grattoir, il y a pour les dents des poudres qui contiennent communément des substances dures; mais elles sont sujettes à attaquer l'émail. On se sert de corail, de pierre-ponce très fine, de grès, de brique même, comme de toute autre substance dure et pulvérisée qui ne se décompose pas. On conçoit que la poudre doit être fine et d'un grain égal pour ne pas blesser les gencives ou gratter l'émail. Lorsque ce sont des acides qui ont attaqué la dent, la cendre et toutes les terres absorbantes et alcalines y font du bien, en neutralisant le corrosif. C'est sous ce rapport aussi que le pain brûlé peut être utile. Le tabac, qui contient également des sels de cette nature, a en même temps une huile âcre, et doit se trouver à la longue trop irritant pour les gencives. On se sert aussi de crême de tartre. Le charbon a la propriété d'ôter la mauvaise odeur des substances animales corrompues, et d'attirer les matières gluantes, en sorte que l'on s'en est servi avec avantage. Il seroit bon que quelqu'un examinât avec exactitude si la blancheur apparente des dents des charbonniers est due au seul contraste ou à l'action du charbon. Les personnes dont les gencives sont relâchées, blanches, tuméfiées, se trouvent souvent fort bien de l'usage du quinquina en poudre, des teintures spiritueuses de myrrhe, de cochléaria, ou de celle de gayac, et parfois des huiles essentielles qui échauffent et qui calment les douleurs en les émoussant. Il est des gencives qui saignent si souvent, qu'on est obligé de recourir à l'alun et à d'autres astringens de cette nature. Les différens états habituels ou accidentels des dents et des gencives; ceux des glandes salivaires et la nature des vapeurs qui s'élèvent de la poitrine et de l'estomac; les divers états de l'air qui disposent à des maladies catarrhales, aux inflammations, et aux sécrétions altérées de la membrane muqueuse qui tapisse l'intérieur de la bouche; la différence seule des alimens, comme l'usage des viandes salées pour les marins qui sont privés d'une nourriture végétale fraîche, et plusieurs autres considérations, rendent impossible d'assigner un moyen universel et identique de nettoyer les dents. Sur ce point, comme en toute autre chose, après de longs détours, on revient à l'expédient le plus simple, celui de se rincer la bouche avec de l'eau plus ou moins froide, suivant la saison, en se frottant avec le doigt les gencives et les dents, et les essuyant avec un linge un peu fin. Je crois en avoir assez dit d'ailleurs pour diriger les essais dans les cas particuliers.

Les soins de la tête ne sont pas moins importans dans le jeune âge : la nature paroît l'avoir destinée à être couverte par les cheveux, et nous avons cru devoir recommander l'usage des petits bonnets jusqu'à ce qu'ils aient poussé. Des exhalaisons d'une nature particulière y déposent la gourme ou croûte de lait, assez commune chez les enfans, pour ne pas être regardée comme une maladie. Il ne faut que des frictions légères, des ablutions fréquentes avec de l'eau tiède, une température douce et des mesures de propreté, pour que cette croûte n'offre rien de dégoûtant. Il est prudent de ne rien faire pour la faire passer: elle disparoît à mesure que les cheveux viennent. Une disposition particulière à l'inflammation peut rendre utile quelquefois l'usage des feuilles de choux ou de poirée, de beurre ou d'huile, quelquefois d'une eau sulfureuse. Certains enfans sont singulièrement disposés à la vermine; la poudre de staphisaigre qu'on emploie quelquefois, et les onguents mercuriels, exigent des précautions, et ne doivent pas être mis souvent en usage. Il n'y a qu'une propreté assidue qui puisse remédier à ce petit inconvénient; et un peu de pommade ou d'huile, fait qu'on peut peigner sans peine. Les cheveux, comme les ongles, sont composés des mêmes substances que les cornes des animaux, et leur croissance a lieu à peu près de la même manière: l'eau les ramollit momentanément; l'huile les conserve en les empêchant de se dessécher; l'eau-de-vie ou l'esprit de vin en retire une huile rouge ou verdâtre, selon la couleur qu'ils ont de leur nature, et les fait blanchir. Les substances alcalines, telles qu'en renferme le savon, les divisent. Ils contiennent aussi du soufre qui paroît se combiner intimement avec le métal des peignes de plomb qu'on emploie pour les noircir : telles sont les propriétés que les chimistes y ont découvertes, et qui expliquent en partie les phénomènes que nous présente l'expérience des parfumeurs. Il n'est guère permis peut-être de révoquer en doute l'idée généralement reçue qu'ils grandissent quand on en coupe le bout, quoiqu'il soit difficile de s'expliquer cet effet d'après les simples lois de la physiologie. Ce qu'il y a de certain, c'est que ce moyen peut les faire épaissir, et qu'en les coupant souvent, ils deviennent même fourchus vers l'extrémité. On se gardera de choisir pour les couper, un moment où l'enfant se trouve incommodé : la poudre ne peut leur faire aucun mal; l'huile et la pommade ne paroissent pas leur nuire non plus, à moins qu'elles ne soient spiritueuses, et qu'il n'y entre des odeurs fortes.

Voilà ce qui concerne les moyens de propreté si nécessaires dans les lieux où se trouvent réunis un grand nombre d'hommes. Il me reste à vous parler des vêtemens qui sont un autre moyen de se garantir des influences nuisibles de l'atmosphère.

Beaucoup d'animaux portent avec eux une coquille qui leur sert de demeure et de vêtement, d'autres ont reçu des fourrures; l'homme n'a que les cheveux qui couvrent sa tête. La Providence a voulu que son industrie pourvût à ses besoins : les peuples sauvages du Paraguay et de la Nouvelle-Hollande se couvrent avec de la graisse et de la terre; cette espèce de peinture doit nécessairement arrêter le passage de la chaleur et la transpiration. Les gladiateurs de l'antiquité se graissoient aussi le corps, non-seulement pour être moins faciles à saisir, mais encore pour ne pas trop s'affoiblir par les sueurs. Chez nous, les gens du peuple qui travaillent en plein air, ont un épiderme plus dur qui les garantit également de l'influence des saisons et de la trop forte transpiration. C'est l'homme que tiennent enfermé ses loisirs ou son industrie particulière, qui sent surtout le besoin de vêtemens, lorsqu'il est obligé de sortir ; et combien n'a-t-il pas fallu de découvertes pour que la tannerie pût donner de la souplesse à la peau des animaux, et la garantît de l'humidité et de la pourriture ! Le Nord pouvoit et devoit plus facilement se vêtir de laine et de substances animales ; le Sud a cultivé le coton, le chanvre et le lin : la soie n'est venue qu'après ; mais aux deux extrémités de la température atmosphérique, où il n'y a proprement que deux saisons, ces substances devoient suffire. Les zones tempérées ont perfectionné l'usage de quatre de ces matières, d'après les quatre saisons. La laine peut nous servir en hiver, le coton au printemps, le lin en été, la soie en automne ; et chacun de ces vêtemens a des avantages analogues au besoin qui fait préférer l'un ou l'autre.

La laine, dont les fils sont assez durs et élastiques, appliquée à la peau, y occasionne un frottement, et probablement aussi un dégagement d'électricité. Ceux qui en mettent pour la première fois éprouvent une démangeaison semblable à celle que cause l'approche d'une machine électrique. Par son élasticité, qui laisse toujours de l'air entre ses fils, la laine fait plus que retenir la chaleur, elle absorbe encore l'humidité, et anime par le frottement les petits vaisseaux capillaires. D'un autre côté, en retenant les matières absorbées qui se corrompent, elle devient un foyer de contagion, et a besoin d'être lavée souvent. Au surplus, les avantages en seront rarement nécessaires pour l'enfant qui avance en âge, et qu'on ne doit ni tenir trop chaudement, ni exciter à la transpiration.

Le coton a un fil plus fin et plus doux : sans grande préparation, il se file mieux pour les tissus très fins, et peut alors offrir des avantages en se collant à la peau. Les perkales dont on se sert pour les chemises absorbent aussi la matière évaporée, et se blanchissent plus facilement. Le coton partage d'ailleurs le défaut de retenir les matières contagieuses, et a souvent apporté la peste en Europe.

Le lin et le chanvre retiennent moins la chaleur : ils durent plus et supportent mieux le lavage; mais le fil n'en est pas aussi élastique. Tout le monde connoît, au reste, les avantages de la toile dont nous faisons nos chemises.

La soie n'est guère applicable à la peau; elle s'altère trop facilement par les sueurs, et participe à l'inconvénient des toiles imperméables, qui, en garantissant de l'humidité, renferment aussi les émanations du corps. On sait que d'ailleurs elle supporte peu d'être lavée. Toutes ces matières présentent diverses modifications, d'après leur différence de forme et de tissu (1). Il paroît que la première forme qu'on ait su donner à la laine est le feutrage : les vêtemens des habitans d'Otahiti étoient en partie des feutres. Chez nous, on ne s'en sert que pour les chapeaux ; et c'est certainement une meilleure substance pour garantir la tête des accidens que les casques des soldats, qui, plus durs, en garantissant du coup, occasionnent aussi plus de commotions à la tête (2). Il seroit utile de ne faire porter aux enfans, dans l'été, que des chapeaux blancs ou verts, lorsqu'ils ont la tête grosse et forte.

---

(1) M. de Rumford a fait des expériences très intéressantes pour déterminer combien il faut de temps au thermomètre pour se refroidir de 70 degrés à 10, lorsqu'on entoure la boule des différentes substances qui servent à nous vêtir. Voici les résultats : il fallut,

A l'air, 576″ secondes	Sous la soie crue, 1284.	Sous la laine, 1118.	Sous le coton, 1046.	Sous la toile fine, 1032.	Fourrure de castor, 1296.	Du lapin, 1315.	Sous l'édredon, 1305.

La contexture et le tissu influent beaucoup sur la faculté de conserver la chaleur, comme on peut le voir par la table suivante. Seize-grains employés à former l'enveloppe de la boule du thermomètre l'ont laissé refroidir de 70 degrés jusqu'à 10.

LA SOIE		LA LAINE		LE COTON		LE LIN	
crue, en 1214 secondes.	filée, en 904.	crue, en 1118 secondes.	filée, en 934.	cru, en 1046 secondes.	filé, en 852.	cru, en 1032 secondes.	filé, en 873.

(2) Charles VII, roi de France, avoit un chapeau à son entrée dans Rouen : c'est, à ce qu'il paroît, le premier dont il soit fait mention.

De tous les draps, le casimir est le plus élastique et le plus léger; il se prête en tout sens, ce qui le rend préférable pour les enfans en hiver. C'est depuis 1527 que l'on emploie plus particulièrement le tricot, et depuis 1636 on en fait au métier (1): c'est une époque dans l'histoire des vêtemens; car la bonnetterie, bien élastique, est comme un bandage qui presse également les surfaces, et qui, en se moulant sur le corps, le soutient. L'usage peut en être utile quand une partie se trouve relâchée; et pour les femmes les corsets de tricot sont les seuls que l'on puisse raisonnablement admettre pour soutenir la taille; mais la mode de se serrer le ventre et le sein, au moyen des baleines, commence malheureusement à reprendre.

La manière dont sont teints les vêtemens n'est peut-être pas tout-à-fait indifférente, et nous en ferons mention en parlant du soin des yeux; mais ce qui est encore plus sérieux, c'est que, suivant le rapport de quelques médecins, les couleurs altérées par l'humidité et par la transpiration, paroissent avoir été nuisibles aux soldats, pendant les guerres de la république: un jour, peut-être, ce sera l'objet d'un examen plus particulier. L'usage du blanc, pour les enfants, a certainement été très utile à la propreté.

FRIEDLANDER.

(*La fin au prochain Numéro.*)

---

(1) Cette invention paroît appartenir à *Guillaume* LEE, maître ès-arts à Cambridge.

LETTRES D'UN PÈRE A SA FILLE,

SUR L'ÉTUDE DE L'HISTOIRE NATURELLE.

Première Lettre.

L'ÉTUDE de la botanique vous a fait passer à la campagne des momens très agréables, ma chère Amélie, et vous éprouvez une véritable reconnoissance pour Jean-Jacques, dont les petites lettres vous ont donné ce goût; vos enfans l'ont partagé d'eux-mêmes, ce qui me paroît tout simple; ne vous quittant presque jamais, ils ont voulu voir avec vous ce qui vous intéressoit tant dans ces fleurs dont la récolte amusoit vos promenades; et une fois leur curiosité éveillée, ces enfans, élevés par vous, ont naturellement pris plaisir à observer avec vous les formes, les dispositions si variées des différentes parties des plantes; de là est née entr'eux une vive émulation; c'étoit à qui découvriroit le premier quelque nouveauté: à qui observeroit le mieux quelque particularité dans la conformation d'une fleur, d'un fruit, d'une feuille. Mais bientôt on ne s'en est pas tenu là; on ne peut guère jouer avec les plantes ou les chercher, sans rencontrer des insectes; nouvel objet de curiosité, nouvelle source de questions; d'ailleurs on a vu des cadres de papillons rassemblés par de jeunes voisins, on a voulu aussi s'amuser de la chasse aux papillons; on a été plus loin; Blanche, votre fille, s'est avisée de vouloir peindre des papillons; elle a trouvé qu'elle réussissoit bien plus facilement à peindre les papillons qu'à peindre les fleurs; vous l'avez laissé faire, et vous avez bien fait. La peinture des fleurs, est un art assez difficile; il faut avoir acquis déjà une grande facilité à manier le pinceau ou le crayon, pour rendre avec quelque grâce ces mouvemens ondoyans des pétales d'une fleur, pour les disposer avec goût, pour faire promener la lumière à travers leurs étoffes délicates et transparentes, en leur conservant toute leur légèreté et leur air de vie. Le dessin d'un papillon, au contraire, est absolument symétrique, tellement qu'une moitié étant donnée, on peut plier le dessin par le milieu et calquer la seconde moitié sur la première, et c'est ce qu'on peut faire de mieux; de cette manière, les quatre ailes se trouvent placées dans une symétrie parfaite; il ne reste plus qu'à établir chacune à leur place les différentes couleurs, ce qui peut se faire avec une adresse ordinaire; c'est une sorte de petit travail de marqueterie. Blanche reviendra plus tard aux fleurs; cette petite diversion aura son utilité; car lorsqu'elle dessinera ou peindra une plante d'après nature, elle pourra y placer la chenille qui s'en nourrit, et le papillon qui provient de cette chenille. Pour qu'Edouard, son frère, peigne aussi et plus exactement encore les papillons, quoiqu'il ne dessine pas, il faut lui montrer cet art, si facile, par lequel on les imprime en se servant de leurs propres poussières colorantes, comme vous en avez vu dans le cabinet de Mad. B. On a par ce moyen des collections qui ne craignent pas les ravages des insectes. Le procédé est fort simple: il consiste à étendre sur le papier destiné à recevoir le papillon, de la gomme dissoute en consistance de sirop clair, en figurant grossièrement avec cette gomme le papillon dans la position où on veut l'avoir, c'est-à-dire seulement le dessus; ensuite on prend avec de petites pinces, ces bruxelles qui vous servent pour la botanique, d'abord une grande aile du papillon, si c'est le dessus qu'on veut peindre, et on la place sur la gomme, le dessus de l'aile tourné vers le papier; on fait de même pour l'autre grande aile, en ayant soin de laisser entre deux la place du corps; puis, avec la même attention, on place les ailes inférieures : cela fait, on pose sur le tout un papier un peu fort et lisse; on l'appuie légèrement avec la main; ensuite on roule sur ce papier un cylindre, un gros étui, en pressant fortement; on peut le rouler deux ou trois fois pour être plus sûr de l'opération. Bientôt après, on enlève le papier de dessus; il ne faut pas attendre, parce qu'il faut que ce papier puisse se détacher de celui de dessous, il ne faut donc pas que la gomme soit sèche. Vous concevez que s'il s'agissoit de peindre le dessous du papillon, il faudroit commencer par placer les ailes inférieures, en tournant du côté de la gomme le dessous de ces ailes, etc.... Vous imaginerez facilement ce qu'il faudroit faire, si on vouloit que le papillon fût vu de côté. Maintenant ces ailes appliquées sur le papier ne doivent pas y rester; il faut laisser sécher la gomme, puis avec une lame de canif soulever les ailes en commençant par le côté du corps et saisissant les plus grosses nervures; avec un peu d'exercice, on acquerra l'adresse nécessaire pour les enlever en entier ; de sorte qu'il ne reste sur ce papier que cette poussière colorante qui recouvre les ailes, et qui s'attache aux doigts quand on touche les papillons; si la gomme a été bien appliquée, et la pression du cylindre suffisante, elle aura saisi toute cette poussière, et il en résultera une peinture parfaite des ailes du papillon. Mais le corps, me direz-vous; oh! le corps ne peut s'appliquer comme les ailes; il faut le figurer avec le crayon et un peu de couleur s'il est nécessaire; les corps de la plupart des papillons sont grisâtres, et peuvent se peindre très facilement; les corps même des plus gros, et ceux qui offrent le plus d'accidens, comme les sphinx tête de mort, n'ont rien de difficile à figurer.

Vous regrettez, mon Amélie, que Rousseau ne vous ait pas laissé sur les insectes des lettres comme celles qui vous ont fait aimer la botanique; vous voudriez, je le vois, que j'évoquasse pour vous ce grand homme; que je le fisse revivre avec le goût de cette étude des insectes qui vous attire, et la volonté d'écrire sur ce sujet avec ce charme dont il a emporté le secret : sans figure, vous attendez de moi quelques lettres sur les insectes, et même sur l'histoire naturelle. J'y mets une condition, c'est que vous oublierez, s'il se peut, celles de Jean-Jacques avec lequel toute comparaison me tueroit.

Avant d'aller plus loin, je crois devoir vous entretenir quelques momens d'une opinion assez accréditée, c'est celle qui n'admet point d'interruption dans l'échelle des êtres : c'étoit l'idée favorite de Bonnet qui a contribué, plus qu'aucun autre, à lui donner de la vogue. Ce naturaliste métaphysicien se laissoit parfois dominer par son imagination qui enfantoit des rêves fort séduisans; suivant lui, il y avoit des êtres qui faisoient la nuance entre les minéraux et les végétaux; il les trouvoit parmi les coraux, les corallines, les polypiers, les madrépores, les éponges, productions que nous ne pouvons étudier assez exactement, parce qu'elles croissent au fond des mers, et qu'elles y croissent avec une telle abondance, qu'elles finissent quelquefois par former des massifs capables de servir de base à des îlots. Ces productions ont bien une apparence extérieure commune avec les végétaux; on y voit des rameaux pierreux qui ont pour axes des branchages flexibles et ligneux en apparence; quelques-uns ont la forme de grandes feuilles avec de nombreuses nervures, d'autres figurent assez bien des fleurs, des champignons; mais en brisant, en défaisant ces apparences végétales, on ne trouve rien de réellement végétal; tout cela se réduit à des croûtes calcaires, de la nature à peu près des coquillages marins ou terrestres, ou fluviatiles; et, quant à ces rameaux fibreux qui ont tant de ressemblance avec de véritables végétations, une petite expérience vous convaincra de la différence essentielle qui existe entre ces deux sortes de substances : brûlez un de ces rameaux marins dépouillé de son enveloppe pierreuse, il exhalera une odeur de substance animale brûlée, analogue à celle qui se répand quand on brûle une plume, une partie d'insecte, un fragment de corne, odeur très différente de celle qu'exhale en brûlant une substance végétale. D'ailleurs, un caractère particulier aux minéraux proprement dits, c'est qu'eux seuls, lorsqu'ils se forment librement, affectent des formes géométriques; ils sont constamment terminés par des surfaces planes, et par conséquent par des lignes droites, tandis que rien de pareil ne se trouve dans les productions animales ou végétales, qui sont toujours terminées par des lignes et des surfaces courbes infiniment variées. Je crois donc que, loin de ranger parmi les minéraux ou les végétaux toutes ces productions sous-marines, il faut les regarder comme de véritables productions animales, quoique leur organisation et leur développement présentent bien des mystères qui ne tiennent qu'à la difficulté de les observer long-temps et de suite. Les productions de la nature se partagent en inorganiques, ce sont les vrais minéraux; et organiques, ce sont les végétaux et les animaux. Les productions inorganiques sont privées de la vie ; elles s'accroissent par *juxta-position*, c'est-à-dire par le rapprochement et l'adhérence de molécules similaires; qu'une sorte d'affinité ou d'attraction réunit autour d'un noyau ; différens accidens peuvent amener ensuite la désunion des parties, mais jamais rien d'analogue à la mort ou cessation de la vie qui est la fin de l'existence de tout animal ou végétal. La durée du minéral peut se prolonger indéfiniment à l'abri des causes de destruction ; celle du végétal ou de l'animal est limitée ; la force vitale qui fait résister la combinaison de ses parties aux différentes forces naturelles, tendant à les désunir, doit cesser tôt ou tard pour livrer ces parties aux différens agens de destruction qui les font ensuite entrer dans des combinaisons nouvelles. Le végétal vit par *intus susception*, c'est-à-dire, que les molécules, qui doivent servir à son accroissement, se distribuent par une circulation intérieure dans laquelle elles arrivent par les racines et les pores des feuilles.

On a voulu de même voir le passage des végétaux aux animaux dans quelques plantes douées de mouvemens en apparence spontanés, comme la sensitive, la dionée, et une espèce d'*hedisarum* ou sainfoin, dont les feuilles ont un mouvement oscillatoire. Mais du reste ces végétaux ne diffèrent en rien des autres dans leur manière de vivre ; et de ces mouvemens purement mécaniques on ne peut rien conclure en faveur du système de la chaîne continue des êtres. Peut-être quelques plantes dont les fleurs exhalent une odeur de chair pourrie au point d'attirer les mouches auroient-elles fourni des argumens plus plausibles en faveur du système ; peut-être en auroit-on trouvé encore dans la nature singulière des parties constituantes d'un grand nombre de plantes, dans ces fécules qui ont toutes la propriété du gluten animal et même de la fibrine. Mais la nature, ce me semble, a établi une démarcation assez forte entre les animaux et les végétaux, en donnant à ceux-ci la vie sans sentiment, et en donnant le sentiment aux autres. Ainsi les minéraux ne vivent point, les végétaux vivent, et les animaux vivent et sentent.

Cette manie de lier les êtres dans une échelle non interrompue, faisoit voir à Bonnet le passage des quadrupèdes aux oiseaux dans les chauve-souris, qui ont en effet le vol commun avec eux; et dans les polatouches ou écureuils volans qui ont les pattes et les jambes de devant réunies aux cuisses et aux pattes de derrière par une peau qui leur permet seulement de prolonger le saut d'un arbre à l'autre plus loin que ne le peuvent les écureuils ordinaires, mais sans leur donner aucune faculté qui ressemble au vol: Quant aux chauve-souris, cette faculté de voler ne suffit pas pour en faire des oiseaux, lorsque tous les détails de leur anatomie rangent parmi les quadrupèdes ces animaux qui donnent le jour à des petits vivans, qui les allaitent suspendus à leurs mamelles, etc., pas plus qu'on ne pourroit regarder comme des oiseaux ces *exocets* ou poissons volans, auxquels de très grandes nageoires donnent la faculté de s'élever au-dessus des eaux et de s'y soutenir pendant quelque temps pour éviter la poursuite des dorades, mais souvent pour devenir la proie des albatrosses ou des flamans, grands oiseaux qui rasent la surface des mers. Aussitôt que leurs nageoires sont séchées, ces poissons perdent cette faculté de voler qui demande d'ailleurs de trop grands efforts de leur part pour être continue.

Enfin, ne s'est-il pas trouvé tel philosophe qui, oubliant la dignité de l'homme, n'a pas rougi de chercher son origine parmi les pongos, les babouins et les orang-outangs? qui a prétendu que ces grands singes qu'on a quelquefois vus debout, parce qu'ils s'appuyoient sur un bâton, étoient le type de l'espèce humaine; que la civilisation seule nous avoit donné une peau plus douce et des formes plus agréables, sans vouloir remarquer que ces animaux quadrupèdes ou quadrumanes ont une intelligence bien inférieure à celle de l'éléphant et même du chien. Que ceux qui veulent trouver des animaux qui se rapprochent de l'homme, non pas seulement par une ressemblance grossière dans les formes extérieures, mais par quelques traits d'une intelligence extraordinaire, nous en citent quelques-uns qui en soient venus à fabriquer des armes grossières, des instrumens de chasse, pour ajouter à leur force, et leur donner des moyens d'atteindre plus sûrement et plus promptement leur proie, à confier à la terre quelques grains dans l'espérance d'une récolte, ou enfin à produire du feu par le frottement de quelques morceaux de bois sec. Voilà des arts qu'ont inventés les sauvages les plus stupides, et qui les mettent, pour l'intelligence, infiniment au-dessus des animaux qui en montrent le plus.

Je ne prétends point borner la puissance de l'Auteur de la nature; mais il me paroît que ses productions sont distribuées d'une manière si bien tranchée en minéraux ou corps inorganiques, et en végétaux et animaux, ou corps organisés, que des êtres qui participeroient de l'une et de l'autre nature seroient plutôt une monstruosité qu'une richesse dans la création, et qu'il n'est guère possible même de les concevoir.

Revenons à nos insectes: mais d'abord, pour les étudier, pour les observer commodément, pour en faire des collections, il faudra leur donner la mort. Je sens la pitié de nos enfans s'émouvoir; cet acte de cruauté va leur répugner. Ils arrachent sans scrupule une plante bien vivante, et lui donnent ainsi la mort, parce qu'ils ne se sont pas fait d'idée de cette vie végétale. Il faut donc rassurer leurs ames douces sur ce sentiment bien naturel. D'abord le droit de vie et de mort que l'homme a sur les animaux est un point décidé qu'il est inutile de discuter ici ; mais l'homme devient barbare dès qu'il en abuse. L'intérêt de sa conservation lui permet et lui fait même une loi de détruire les animaux malfaisans, ceux qui nuisent à ses cultures, etc. Il faut bien qu'il donne la mort à ceux qui doivent servir à sa subsistance, puisqu'il est omnivore ; mais donner sans motif raisonnable la mort à un animal, a quelque chose d'inhumain qui ne peut jamais être justifié, pas plus que de le faire souffrir. Un très grand naturaliste, Lionnet, a donné sur l'anatomie de la chenille un admirable ouvrage, et il a eu soin, en le commençant, de prévenir ses lecteurs que ses observations n'avoient coûté la vie qu'à douze individus de la chenille du saule, qu'il avoit choisie comme plus convenable à ses dissections. On ne peut s'empêcher d'être sensible à cette déclaration si simple et si touchante, quoique, dans la vérité, on puisse sans scrupule détruire autant de chenilles qu'on en rencontre, puisqu'elles ne peuvent vivre qu'aux dépens de nos arbres, de nos légumes, ou enfin des plantes que nous cultivons. Il s'agit donc de trouver des moyens de tuer les insectes, en les faisant souffrir le moins possible. Je sais qu'il est assez démontré que la sensibilité dans les insectes, et en général dans les très petits animaux, est infiniment moindre que dans les grands ; mais encore sont-ils sensibles : il faut donc leur épargner la douleur. Pour les papillons, c'est chose assez facile que de leur donner promptement la mort. Quand ils sont enveloppés dans les plis du léger filet de gaze où ils se sont laissé prendre, avant de les percer de l'épingle qui doit les fixer au fond du petit carton, il faut les pincer en dessous, un peu ferme, par le corcelet; c'est la partie du corps qui est immédiatement au-dessous de la tête; ils meurent sur-le-champ. Quant aux autres insectes, après les avoir percés de l'épingle fatale, il faut la passer à travers une carte, de manière que la moitié environ de l'épingle sorte de l'autre côté; alors, prenant la carte par un coin, on plongera cette partie de l'épingle dans la flamme d'une bougie; elle ne tardera pas à rougir, et la partie qui traverse le corps de l'insecte acquerra bientôt un degré de chaleur capable de le tuer (1). Ce moyen, à la vérité, doit être assez douloureux, mais c'est le plus prompt qu'on puisse employer pour donner la mort à l'insecte sans le déformer. On peut encore l'enfermer sous une cloche de verre de peu de capacité, sous laquelle on fait brûler du soufre; on le suffoque ainsi, mais la mort est beaucoup plus lente.

Cette étude des insectes aura pour vos enfans de bien plus grands avantages encore que celle des plantes; elle offre des sujets d'observation bien autrement variés et d'un bien plus grand intérêt. La plante se retrouve où on l'a laissée; mais dès qu'on s'occupe d'insectes, on s'amuse bientôt à les chercher, et on ne tarde pas à faire de fréquentes découvertes sur leurs mœurs, leur industrie admirable, leurs merveilleux artifices pour assurer la subsistance et la sûreté de leur postérité. Ensuite ils seront garantis de beaucoup d'erreurs adoptées par les gens du monde, même instruits, mais ignorans

---

(1) Il faut avoir soin, en retirant l'épingle de la flamme, de la plonger dans la cire pour qu'elle se retrempe, sans quoi elle demeureroit trop molle pour pouvoir être enfoncée dans le liége.

en histoire naturelle, qui croient, par exemple, que ce petit bruit qu'on entend sur les boiseries l'été, et qui ressemble un peu à celui d'une montre, est une conversation entre deux araignées mâle et femelle, qui se cherchent, finissent par se rapprocher, et s'entendent alors si bien qu'on ne les entend plus; on vous cite, à cette occasion, le père Bougeant, qui a donné en effet ce petit roman dans un joli ouvrage, où il a fait de l'esprit sur l'ame des bêtes. Nos enfans apprendront que ce bruit est occasionné par l'insecte qui perce les vieux bois; c'est lui qui les rend vermoulus: cette espèce de vrillette sonde ainsi le bois en le frappant à coups redoublés, pour juger, par le son qu'il rend, s'il convient à ses desseins, et si sa postérité, qu'elle va y loger, y pourra vivre dans l'aisance. Ils pourront même quelquefois, comme je l'ai fait en y mettant de la patience, surprendre l'insecte dans ce petit exercice; je dis de la patience, parce que l'insecte cesse sa manœuvre aussitôt qu'il entend un bruit voisin, quelque léger qu'il soit, à moins que ce ne soit celui de quelqu'un de son espèce, occupé comme lui. Ils ne partageront pas l'erreur de votre vieux médecin, fort habile d'ailleurs, mais qui a négligé l'histoire naturelle, et qui soutenoit l'autre jour qu'on cherchoit vainement dans le jalap et la rhubarbe un remède contre les vers du corps humain, puisque souvent ces racines sont la proie des vers dans les tiroirs de l'apothicaire; ils sauront que ces prétendus vers, qui rongent les racines de jalap, doivent devenir des insectes de forme très différente; et qu'il y a peut-être plus de différence entre ces vers-là et ceux du corps humain, qu'entre un oiseau et un quadrupède; les vers du corps humain, comme les vers de terre, étant des animaux de forme constante, qui croissent sans changer de figure, tandis que les autres, comme ceux qui vivent dans la viande ou le fromage, changeront encore deux fois de forme pour arriver à leur dernier état. Enfin, votre fille sera préservée d'un petit travers, trop commun parmi les jeunes personnes, et même parmi les femmes. La terreur d'un insecte, d'une araignée les fait fuir avec éclat à l'autre bout de l'appartement, si elles en aperçoivent une sur le lambris; plusieurs prennent de là occasion d'occuper d'elles, ce qui est pitoyable. Vous avez entendu dernièrement madame D... raconter, très pathétiquement, comment elle causa une maladie grave à une bonne tante qui l'avoit élevée, parce qu'à la vue d'une grosse araignée noire sur un marbre blanc, elle jeta un cri d'effroi si perçant, que la pauvre tante en fut toute bouleversée, croyant sa chère nièce au moins à moitié morte. Il se trouva que la grosse araignée noire étoit une araignée de fer, que quelqu'un avoit placée là malicieusement pour lui faire peur. Madame D... débite cette aventure tragique avec tant d'action, d'une manière si touchante, que voilà toute une société intéressée, sauf les gens sensés, qui la prennent en pitié. Vos enfans ne seront pas exposés à ces misères; ils auront joué avec les insectes; ils n'y verront pas partout des poisons; et dans le vrai, il n'y a presque jamais d'inconvénient à manier les insectes. Il faut seulement se garder de ceux qui ont des aiguillons, comme les abeilles, les bourdons, les guêpes, qui font des blessures cuisantes, qu'une goutte d'alkali volatil calme pourtant assez promptement : il y a encore quelques chenilles très velues et chargées de poils très fins qui peuvent causer quelques rougeurs à la peau, parce que quelques-uns de ces poils s'y insinuent ; mais ces rougeurs n'ont rien de bien douloureux, et se guérissent en les frottant d'un peu d'huile. Au reste, tous ces petits dangers sont loin d'être assez graves pour détourner d'une étude charmante.

Des digressions, que je crois utiles, ont donné à cette lettre trop d'étendue pour que je puisse vous entretenir aujourd'hui plus particulièrement de ces insectes, qui vous intéresseront d'autant plus que vous les connoîtrez davantage. Dans peu je reprendrai cette tâche, dont ma tendresse pour vous m'a fait contracter l'engagement.

A.

LA PRINCESSE,

CONTE.

« Cela est bien insupportable », disoit Adèle, en se promenant avec agitation de la fenêtre de la cour au perron qui donnoit sur le jardin.

« Qu'as-tu ? » dit sa mère, qui entroit en ce moment, et l'avoit entendue.

« Mais voyez, maman, dit Adèle, un peu embarrassée, voilà qu'il est dix heures passées (il étoit dix heures cinq minutes), et papa ne revient pas de la chasse. Nous ne déjeunerons jamais. »

« Tu le crois ? Cela seroit très fâcheux, au moins. »

« Papa avoit bien dit qu'il reviendroit à dix heures. »

« Je sens que cinq minutes de plus sont une chose impossible à supporter. »

« Maman, j'ai faim. »

« Eh bien, ma fille, tu n'es pas obligée d'attendre notre déjeuner; le pain est sur la table, prends-en tant que tu voudras: il est certainement moins fâcheux de déjeuner avec du pain sec, que de soutenir plus long-temps une chose *insupportable.* »

Adèle ne répondit rien ; car il auroit fallu convenir qu'elle avoit assez faim pour grogner, mais non pas pour déjeuner avec du pain sec, ce qui auroit prouvé qu'elle grognoit pour bien peu de chose. C'étoit son défaut. La plus petite contrariété lui paroissoit toujours, selon son expression habituelle, une chose insupportable. Au moindre petit mal, elle se lamentoit, en occupoit tout le monde, vouloit qu'on la plaignît ; non pas qu'elle craignît beaucoup la douleur, mais tout ce qui l'incommodoit ou la dérangeoit le moins du monde lui paroissoit la chose la plus fâcheuse et la plus extraordinaire. Il falloit qu'elle fût servie à point nommé, que les choses même qui ne dépendoient de personne arrivassent précisément comme elle le desiroit ; autrement, elle s'en prenoit à tout. Sa bonne avoit coutume de dire, pour se moquer d'elle, que le bon Dieu manquoit à son devoir, lorsqu'il laissoit pleuvoir le jour où elle avoit envie de sortir, tant il sembloit que tout dût être fait pour elle ou pour sa commodité, et arrangé selon ses fantaisies, tant il lui paroissoit impossible de supporter les conséquences de la chose même qu'elle avoit voulue, dès qu'elles l'incommodoient un peu. Ainsi, elle vouloit faire une longue promenade, et, dès qu'elle commençoit à se sentir fatiguée, elle se plaignoit, comme s'il y eût eu de la faute des autres. Elle répétoit trente fois : « Ce maudit château n'arrivera jamais. » Car il lui sembloit presque que c'étoit au château à venir la chercher. Elle trouvoit très mauvais que sa mère ne lui permît pas de se pendre à son bras ou de s'appuyer sur l'épaule de sa sœur; car elle ne pensoit jamais qu'à ce qui la regardoit. Aussi ne concevoit-elle pas qu'on ne se servît pas de la voiture quand les chevaux étoient employés à rentrer le foin, et que sa bonne ne se trouvât pas là pour l'habiller, lorsqu'on l'avoit envoyée faire une commission dans le village. Sa petite sœur Juliette disoit quelquefois :

« Adèle est toujours sûre d'avoir quelqu'un qui l'aimera, car elle s'aime bien. »

Ce que Juliette avoit probablement entendu dire à quelque domestique ; car ceux même qui étoient attachés à Adèle à cause de la bonté de ses parens, étoient si fort impatientés de son exigeance et de son humeur, qu'ils ne perdoient guère une occasion de se moquer d'elle. Sa mère cherchoit à lui en faire sentir le ridicule ; et lorsqu'elle l'entendoit grogner pour quelques petites contrariétés, comme, par exemple, d'être obligée d'aller chercher son chapeau que Juliette avoit, par mégarde, remonté dans leur chambre, elle lui disoit :

« Adèle, est-ce que cela te fera mal au pied de monter dans ta chambre ? »

« Non, maman ; mais..... »

« Ou bien tu as sûrement peur de rencontrer en chemin quelque loup qui te mange. »

Adèle auroit haussé les épaules, si elle l'eût osé.

« Il faut, ma fille, que cela doive te causer quelque grand mal pour te déplaire si fort. »

« Mais, maman, cela me dérange. »

« Et cela te fait donc mal de te déranger ? »

« Je n'aime pas à me déranger. »

« Pourquoi, si cela ne te fait pas de mal ? »

Adèle alors ne trouvoit autre chose à dire, si ce n'est : « Juliette auroit bien pu se passer de le remonter. » Alors Mad. de Vaucourt ne l'écoutoit plus; elle avoit soin seulement d'empêcher que personne ne souffrît de son humeur ou ne s'en occupât. Cependant, il arrivoit souvent que, pour se débarrasser d'elle, les domestiques faisoient tout de suite ce qu'elle vouloit; et la petite Juliette, qui aimoit par-dessus tout à rire, à s'amuser, et haïssoit d'entendre grogner, craignoit extrêmement de faire quelque chose qui déplût à sa sœur.

M. et Mad. de Vaucourt voyoient très peu de monde à la campagne. Cependant, il arriva qu'une princesse polonaise qu'ils avoient connue en émigration étant venue à Paris, leur manda qu'elle viendroit passer huit jours chez eux. Voilà les enfans en grand émoi. Adèle s'imaginoit, comme toutes les petites filles, qu'une princesse est une personne très extraordinaire, et Juliette ne pensoit pas qu'elle pût porter ses robes autrement que brodées en or. Adèle ne doutoit pas que, pour l'arrivée de la princesse, sa mère ne lui fît faire un chapeau neuf, et lui demanda comment il faudroit s'habiller pendant que la princesse y seroit. Elle fut confondue quand sa mère, lui riant au nez, lui dit de s'habiller comme à l'ordinaire. « Quoi, maman, même ma robe de toile, bonne pour le matin ? » Sa mère l'assura qu'elle ne voyoit rien à changer à sa toilette. Ce fut pour le coup qu'Adèle eut une véritable humeur, et même beaucoup de chagrin ; mais cette fois elle n'osa rien dire, parce qu'elle vit bien qu'on se moqueroit d'elle. Seulement, pendant les huit jours qui précédèrent encore l'arrivée de la princesse, elle fut quatre fois plus grognon qu'à l'ordinaire, disant, dès qu'on l'approchoit, qu'on alloit tacher sa robe, jetant les hauts cris dès qu'une goutte de pluie tomboit sur son chapeau ; et Juliette disoit que c'étoit de peur qu'il ne fût pas assez propre pour l'arrivée de la princesse. Juliette remarqua aussi que sa sœur, à qui on ne pouvoit faire porter des souliers tant soit peu éculés, parce qu'elle prétendoit que cela la gênoit pour marcher, ne porta pendant huit jours que de vieux souliers, afin de garder les neufs pour la princesse.

Enfin elle arriva. Les petites filles étoient sur le perron ; elles furent fort étonnées de la voir vêtue à peu près comme leur mère ; mais elle avoit des armes sur sa voiture, des livrées fort galonnées ; tout cela frappa fort Adèle, qui d'ailleurs s'étoit préparée depuis si long-temps à la regarder comme une personne très considérable, qu'elle ne vouloit pas perdre l'idée qu'elle s'en étoit faite. Aussi, lorsqu'en montant le perron, le petit Stanislas, fils de la princesse, lui marcha sur le pied ; Adèle, pour la première fois de sa vie, supporta cet accident sans se plaindre. Elle fit plus, en entrant bien vite dans le salon après la princesse, pour la considérer plus à son aise, sa sœur, sans le faire exprès, lui toucha le coude en passant; Adèle ouvrit la bouche pour se fâcher, mais elle se contint, parce que la princesse se retourna dans ce moment. A peine étoit-on dans le salon que le petit chien de la princesse mit ses pattes dans la corbeille à ouvrage d'Adèle, qui se trouvoit sur son fauteuil, jeta par terre son dez, son étui, ses ciseaux, et se mit à courir autour de la chambre, emportant l'ouvrage dans sa gueule, et le secouant autour de ses oreilles. Juliette jetoit les hauts cris. Dans un temps ordinaire, un pareil malheur auroit été le sujet d'une heure de désespoir et de lamentations. Adèle ne tapa seulement pas du pied; elle ramassa toutes ses affaires, courut après le chien, mais pas trop vite, de peur d'avoir l'air en colère; et quoiqu'elle fût rouge d'impatience quand elle l'attrapa, elle ne dit pas un seul mot à Stanislas, qui avoit ri de tout son cœur de la peine qu'elle avoit eue à reprendre son ouvrage. Stanislas demanda à aller dans le jardin, et quand Mad. de Vaucourt dit à ses filles de l'y accompagner, Adèle ne commença point par dire qu'il pourroit bien y aller tout seul. Dans le jardin, Stanislas, qui étoit fort mal élevé, lui jeta du sable dans ses souliers, sans qu'elle y trouvât à redire; et, en rentrant dans le salon, la première chose qu'il fit fut d'aller s'asseoir sur la chaise que s'étoit appropriée Adèle, sujet éternel de disputes entre elle et sa sœur, à qui elle ne permettoit jamais de s'y asseoir, à moins que Mad. de Vaucourt ne l'ordonnât absolument. Juliette, qui commençoit à être familière avec Stanislas, le tira par le bras, en lui disant : « Ote-toi donc, c'est la chaise de ma sœur. » Et Adèle, toute honteuse, tira de son côté le bras de sa sœur, en lui disant à demi-voix de se mêler de ses affaires.

« Mais il est sur ta chaise », dit Juliette.

« Qu'est-ce que cela te fait ? »

« Eh bien, je m'y assiérai après lui. » Et dès que Stanislas eut quitté la chaise, elle en prit possession, sans que, devant la princesse, Adèle crût pouvoir songer à l'en empêcher. Elle la quitta bientôt pour aller ôter à Stanislas le damier de sa sœur qu'il se préparoit à ouvrir. « Je veux jouer avec les dames », crioit le petit garçon. Et Juliette crioit de son côté : « Ma sœur ne veut pas qu'on y touche. » Et Adèle, toute alarmée de l'idée que la princesse alloit prendre d'elle, courut ôter le damier des mains de Juliette pour le donner à Stanislas.

« Eh bien ! je jouerai aussi avec », dit Juliette ; et Stanislas se mit à faire rouler les dames par terre. Juliette voulut d'abord l'en empêcher, et ensuite se mit à les faire rouler plus fort que lui. Quand il quitta le jeu, elle voulut les lui faire ranger ; mais il l'entraîna dans le jardin, et cria de la porte qu'il falloit laisser les dames où elles étoient, parce qu'il alloit revenir jouer avec. Le lendemain il s'en trouva deux de perdues. Juliette vint le raconter d'un air tout effaré; et comme on ne paroissoit pas l'écouter avec assez d'attention: « Mais, c'est que c'est le damier de ma sœur », dit-elle.

« Qu'est-ce que cela fait », dit précipitamment Adèle.

« Ah! si c'étoit moi, dit Juliette, qui les eusse perdues! » Un signe de la main lui imposa silence.

« Adèle a l'air bien doux et bien raisonnable », dit la princesse. Adèle, en ce moment, les yeux baissés, n'osa regarder ni sa mère, ni sa sœur.

Cela dura ainsi quelques jours. A table, le vieux domestique de Mad. de Vaucourt, qui n'étoit pas leste, et qui ayant plus de choses à faire ne pouvoit pas la servir tout de suite, s'étonnoit de ne pas s'entendre dire d'un ton d'humeur: « Chamberri, vous ne voulez donc pas me donner une assiette? » Il lui disoit: « Mon Dieu, mademoiselle Adèle, comme vous voilà raisonnable et posée depuis quelques jours. » « C'est qu'elle a peur de la princesse », répondoit en riant la maligne Juliette. Adèle, que cela commençoit à impatienter, étoit quelquefois prête à s'oublier; mais Juliette s'enfuyoit en riant dans le salon, où elle savoit bien qu'Adèle n'oseroit la gronder. Stanislas, dont elle avoit fait son ami intime, rioit aussi en la voyant rire, sans savoir pourquoi. Adèle, quoiqu'elle étouffât d'impatience, tâchoit de sourire, de peur qu'une indiscrétion de Juliette n'apprît aux autres la cause de son humeur. Cependant son caractère l'auroit emporté à la fin; elle commençoit même à traiter quelquefois assez rudement Stanislas et le petit chien, lorsque heureusement la princesse partit. Les premiers jours après son départ se ressentirent encore de l'habitude qu'avoit eue Adèle de contenir son humeur; mais, comme d'un autre côté Juliette avoit pris l'habitude de la moins craindre et de se moquer d'elle, les disputes ne tardèrent pas à recommencer. Ce fut d'abord au sujet de la chaise que Juliette prenoit sans façon, ôtant même l'ouvrage de sa sœur lorsqu'elle l'avoit mis dessus, comme pour la garder en son absence. Adèle se fâcha : « Je croyois cette fantaisie passée, » dit Mad. de Vaucourt.

« Oh! maman, reprit Juliette, c'étoit à cause de la princesse. »

Mad. de Vaucourt observa qu'il falloit qu'elle eût trouvé à cet enfantillage quelque chose de bien ridicule, puisqu'elle n'avoit osé le montrer à la princesse; ainsi qu'elle espéroit qu'il n'en seroit plus question. La raison étoit sans réplique, et d'ailleurs le ton de Mad. de Vaucourt n'en permettoit guère. Adèle se contenta donc de s'en aller, en jetant la porte de toutes ses forces. Sa mère la rappela.

« Ma fille, lui dit-elle, quand la princesse étoit ici, vous fermiez doucement les portes; comme cela me prouve que vous pouvez le faire sans vous incommoder absolument, je vous prie d'y prendre garde. »

Adèle, obligée de tirer la porte avec précaution, s'en alla passer dans le jardin une humeur à laquelle elle voyoit bien qu'on étoit déterminé à ne plus laisser d'excuse. Le soir, à la promenade, on se trouva obligé de suivre un chemin bourbeux. Adèle disoit que cela étoit insupportable.

« Bon ! dit sa mère, cela ne te fait plus rien. L'autre jour, avec la princesse, nous nous sommes trouvées dix fois plus embourbées, et tu n'as pas dit un mot. »

« Cela ne m'empêchoit pas de le trouver fort désagréable. »

« Pourquoi donc n'en disois-tu rien ? »

« Mais cela n'étoit pas nécessaire. »

« Apparemment que cela est nécessaire aujourd'hui. »

« On ne peut donc jamais dire ce qui déplaît », reprit Adèle du ton le plus impatient.

« C'est à toi que je le demande, ma fille : c'est toi qui sais les raisons que tu as eues pour n'en pas parler devant la princesse. »

Après avoir réfléchi, Adèle imagina de dire que sa mère lui avoit recommandé d'avoir un bon maintien devant les étrangers. Madame de Vaucourt lui observa qu'elle lui avoit recommandé d'avoir toujours un bon maintien. « Mais, ajouta-t-elle, puisque tu penses que pour avoir un bon maintien devant les étrangers, il ne faut pas se plaindre, pourquoi l'autre jour devant la princesse, lorsque tu t'es coupée, as-tu dit que cela te faisoit mal, as-tu mis ton doigt dans l'eau, et l'as-tu tenu ensuite enveloppé une heure dans un mouchoir ? »

« Mais, maman, cela me faisoit bien du mal. »

« Tu crois donc qu'il est permis de se plaindre devant les étrangers, des choses qui font vraiment du mal. Suppose aussi que l'on t'eût écrit de la pension que ton frère étoit malade, est-ce que tu n'aurois pas cru pouvoir t'en affliger devant la princesse ? »

« Si fait, en vérité, maman », reprit vivement Adèle.

« Tu vois donc bien que toutes les fois que les choses en valent la peine, on peut s'en plaindre devant les étrangers ; il n'y a que celles qui n'en valent pas la peine dont il est ridicule de se plaindre devant eux ; et puisqu'elles n'en valent pas la peine, il est tout aussi ridicule de s'en plaindre quand ils n'y sont pas. »

Ce raisonnement n'auroit peut-être pas convaincu Adèle ; mais dès ce moment, toutes les fois qu'elle disoit qu'une chose étoit *insupportable* ; sa mère lui disoit : « Elle ne l'étoit pas du temps de la princesse. » Juliette ne se laissoit plus brusquer sans parler de la princesse, et Chamberri, si Adèle le grognoit, lui disoit : « Ah, je vois bien, mademoiselle Adèle, que Mad. la princesse auroit besoin de revenir. » Elle commença par s'impatienter horriblement de cette mauvaise plaisanterie ; ensuite il lui prit une grande frayeur, qu'à force d'être répétée, elle ne parvînt aux oreilles de la princesse ; en sorte que pour éviter qu'on lui en parlât, elle tâcha de s'impatienter moins. Lorsqu'elle eut commencé à croire qu'il étoit possible de réprimer les mouvemens de son humeur, elle trouva que cela étoit fort aisé, elle s'aperçut que les trois quarts des choses pour lesquelles elle se fâchoit, ne lui faisoient au fond rien du tout, et que le seul mal réel qu'elle en ressentît, c'étoit elle qui se le donnoit en prenant de l'humeur. Elle revit la princesse quelques années après, et rougit un peu en songeant à tout ce que sa première visite lui avoit attiré; mais les autres n'y pensèrent pas, car Adèle ne grognoit plus.   P. M.

NOUVELLES
CONCERNANT L'ÉDUCATION.
ANGLETERRE.

Londres, 1811.

Il y a en Angleterre un grand nombre d'Ecoles de Charité où l'on élève, habille et souvent nourrit les enfans pauvres. On en compte cent quarante à Londres, et plus de cinq mille enfans y sont élevés *gratis*. Dans l'Ecole royale de Lancastre, située *in the Borough-Road*, un seul maître élève mille enfans : dans *Garden-Row* et dans *Dorset-Street* une société particulière fait élever à ses frais les enfans des débiteurs insolvables. La Société de marine entretient, dans *Bishopsgate-Street*, un nombre considérable de pauvres enfans qu'on forme pour le service maritime. De grands établissemens fondés, soit par le roi, soit par de simples particuliers, viennent aussi au secours de l'enfance indigente et délaissée, qui, sans de telles ressources, seroit presque toujours suivie d'une vie malheureuse et coupable. Quelques détails sur les principaux de ces établissemens ne sauroient manquer d'intéresser nos lecteurs.

L'Hôpital de Christ.

C'est une fondation royale consacrée à l'entretien et à l'éducation des orphelins pauvres : elle est située un peu au nord de *Newgate-Street*, sur un emplacement où s'élevoit autrefois un couvent de moines mendians de l'ordre de Saint-François. C'est un grand bâtiment composé de parties fort irrégulières, et contenant un grand nombre de salles destinées aux repas, à l'école d'écriture, à celle de grammaire, etc. Henri VIII fonda cet hôpital peu avant sa mort; mais le plan resta d'abord sans exécution : Edouard VI dota l'établissement ; et, au mois de novembre 1552, on y reçut quatre cents enfans.

Charles II y créa une école de mathématiques pour quarante enfans, et la dota de mille livres sterl. de revenu; on en tiroit tous les ans dix enfans pour le service maritime, et dix autres prenoient leur place. M. Travers fonda une nouvelle école de ce genre pour trente-sept enfans; mais ils ne sont pas obligés d'entrer dans la marine.

L'hôpital de Christ contient à présent douze cents enfans. Leur costume est très antique; ils portent un habit étroit de drap bleu, des gilets jaunes, des bas de laine jaunes, un bonnet de laine, rond, écrasé et noir, et les cheveux courts. Ils couchent dans des chambres surveillées par un inspecteur, et sont bien tenus. On leur apprend à lire, à écrire et à compter : on les rend propres surtout à être employés dans des boutiques de marchands. Tous les ans on en envoie un à l'Université de Cambridge pour en faire un ecclésiastique, et tous les sept ans un autre à celle d'Oxford.

Les gouverneurs ont établi une école à Hertford, où ils envoient les enfans les plus jeunes, au nombre de cinq cents en général : là sont élevées toutes les petites filles.

Les revenus de cet hôpital sont fort considérables : ce sont des donations royales et particulières; mais, sans les souscriptions volontaires, ils ne seroient pas suffisans. Les dépenses s'élèvent à près de trente mille l. st. par an. Les gouverneurs sont en général des hommes considérables, associés au Lord-Maire : ils ont été nommés surveillans de plusieurs autres établissemens de charité par les fondateurs, entr'autres de celui qui assigne 10 l. st. par an à quatre cents aveugles. Une donation de quatre cents l. st. donne le droit d'être gouverneur.

La plus grande partie des bâtimens de cet hôpital étant fort dégradée, on a ouvert une souscription pour le rebâtir, et elle a déjà reçu des sommes considérables.

L'Asile des Orphelines.

Cette maison est située dans S. George's-fields, vis-à-vis la route qui conduit du pont de Westminster au Vauxhall : elle est consacrée aux orphelines qu'on ne peut placer; on les prend à neuf ans et au-dessus; à quatorze ans, on les met en apprentissage, et l'on en fait en général des domestiques. Cet établissement se soutient par des souscriptions volontaires.

(*La suite à un prochain Numéro.*)

ANNALES DE L'ÉDUCATION.

DE L'ÉDUCATION

QU'ON SE DONNE SOI-MÊME,

Et d'un ouvrage nouveau intitulé : EUDOXE, *ou* ENTRETIENS SUR L'ÉTUDE DES SCIENCES, DES LETTRES ET DE LA PHILOSOPHIE; par M. *Deleuze.*

Deux vol. in-8°. Prix : 12 fr., et 15 fr. par la poste. — A Paris, chez Schœll, rue des Fossés Saint-Germain-l'Auxerrois, n°. 29; et chez le Normant.

(Deuxième Article.)

EUDOXE, après avoir terminé les études préliminaires dont nous avons parlé dans l'article précédent, se trouve arrivé à ce point où toutes les sciences s'offrent aux yeux de l'homme dans toute leur étendue : les sciences naturelles, d'une part, les sciences historiques de l'autre, appellent son attention. Ariste lui conseille avec raison de la porter d'abord sur les sciences naturelles. « L'histoire naturelle et la physique, lui dit-il,
» s'apprennent fort bien sans le secours de l'his-
» toire, tandis qu'elles offrent des lumières pour
» l'intelligence de celle-ci. La connoissance des
» lois de la nature est indispensable pour dé-

» mêler les circonstances fabuleuses qui accom-
» pagnent la narration d'un grand nombre de faits,
» et l'ignorance de ces lois est la cause du mer-
» veilleux et des absurdités qu'on rencontre sou-
» vent chez les historiens.... J'ajoute que l'étude
» de l'histoire, pour être faite avec fruit, exige
» une connoissance des hommes, une solidité de
» jugement et un esprit de critique qui s'ac-
» croissent à mesure qu'on avance en âge : je vous
» ferai observer enfin que l'histoire s'oublie si
» l'on cesse de s'en occuper, tandis que les scien-
» ces naturelles ne s'oublient jamais, parce que
» nous y sommes continuellement ramenés par les
» objets qui frappent nos sens. »

Ce conseil, d'autant plus sage que les sciences naturelles, cultivées de nos jours avec tant de succès, et devenues déjà l'objet d'une curiosité générale, bien que superficielle, sont fort loin encore d'être partout celui d'une étude solide et raisonnée, détermine Eudoxe à s'en occuper d'abord : il entre donc dans le vaste sanctuaire de la nature, non-seulement pour en observer et pour en décrire les objets, mais pour en sentir la majesté et l'harmonie; pour puiser dans la contemplation de ce monde régulier et tranquille, ce calme hors duquel les agitations de la vie humaine jettent souvent les plus grandes ames ; il y porte cet esprit vraiment philosophique qui, en faisant tout examiner et discuter, n'éteint point dans les hommes réellement supérieurs, les sentimens profonds les idées élevées, et ajoute au contraire aux

jouissances que donne la sublimité d'un pareil spectacle, tout le charme de la science et de la vérité. Ariste commence par faire observer à son jeune ami la source des erreurs qui, en arrêtant si long-temps nos progrès dans cette branche de nos connoissances, n'ont été cependant que la marche naturelle et inévitable de l'esprit humain. « Dès que les hommes ont été réunis en société,
» lui dit-il, ils ont observé les phénomènes et
» cherché à connoître les lois de la nature. Mais
» l'imagination ayant sur eux beaucoup d'empire,
» et la marche de l'observation leur paroissant
» trop lente, ils ont inventé des systèmes, et c'est
» seulement pour appuyer ces systèmes qu'ils ont
» recueilli des faits. Cependant, ces faits ont été
» recueillis : pour les expliquer, on a créé succes-
» sivement de nouvelles théories que d'autres faits
» ont renversées; peu à peu la collection des faits
» a formé une chaîne de vérités dont les bons
» esprits ont séparé les erreurs; enfin, en liant et
» rapprochant les observations, on est parvenu à
» quelques conséquences par lesquelles on s'est
» élevé à des vérités nouvelles : ainsi la masse des
» connoissances exactes s'est accrue progressive-
» ment, et les hommes ont été d'autant plus
» éclairés qu'ils se sont trouvés plus éloignés de
» l'origine de la civilisation. »

Ce sera donc la connoissance des faits, de leurs rapports et des lois qui les unissent, qu'Eudoxe cherchera à acquérir. Il commencera par l'étude de l'*histoire naturelle*; de là il passera à la *phy-*

sique, puis à la *chimie*, et il finira par s'occuper des *arts*. « La raison de cette méthode est bien
» simple : il faut d'abord connoître les corps par
» leurs caractères extérieurs; étudier après l'action
» qu'ils ont les uns sur les autres par leurs masses;
» chercher ensuite, à l'aide de l'expérience, leur
» composition et leurs propriétés intimes, et
» s'instruire enfin de l'usage qu'on en peut
» faire. »

L'histoire naturelle comprend la *minéralogie*, la *botanique* et la *zoologie*. Ariste indique à son ami comment on peut étudier séparément chacune de ces sciences, bien qu'elles aient ensemble des rapports importans et nombreux. Pour la *minéralogie*, il lui recommande de s'appliquer d'abord à reconnoître à l'aspect les principaux minéraux, à l'aide, tant de la méthode de M. Werner, qui s'attache de préférence à leurs caractères extérieurs, que de celle de M. Haüy, qui les a classés d'après leur structure géométrique et leur constitution chimique; Eudoxe étudiera aussi leurs agrégations, leurs situations respectives sur le globe; mais il renverra plus tard l'étude de la *géologie*, parce qu'elle suppose d'autres connoissances, et exige une méthode différente.

La *botanique* ne l'occupera pas très long-temps. Il ne consacrera pas plusieurs années à apprendre ou à faire des nomenclatures : son but n'est pas de devenir botaniste. Il examinera parfaitement, et dans tous leurs rapports, huit à neuf cents plantes; consultera les bons ouvrages, comme le

Systema vegetabilium, de Linné; la *Flore Française*, etc.; et cherchera surtout à connoître les bases, les divisions et l'ensemble de la science, pour acquérir des notions exactes sur les principaux phénomènes de la physique végétale.

A la *zoologie* se rattache nécessairement l'*anatomie*. M. Deleuze insiste ici sur les progrès qu'a faits de nos jours l'anatomie comparée, et sur la nécessité de s'en instruire; il fait sentir avec autant de sagacité que de justesse, et son importance et tout l'avantage que les sciences naturelles en ont déjà tiré: il passe ensuite en revue l'étude des quadrupèdes, des oiseaux, des poissons, des insectes; recommande à son élève de ne jamais négliger leur industrie, leurs mœurs, leur histoire, et prouve, par quelques exemples, non moins certains que curieux, l'intérêt dont est susceptible ce genre de recherches.

A l'*histoire naturelle* succédera la *physique*. Depuis qu'elle ne marche qu'appuyée sur l'observation, l'expérience et le calcul, elle est devenue une science régulière et positive dont les résultats peuvent et doivent inspirer la plus grande confiance. L'auteur montre fort bien comment les hypothèses dont on s'y sert quelquefois pour lier les faits sont maintenant sans inconvénient, puisqu'elles ne sont plus admises que de manière à pouvoir être abandonnées, au moment où leur fausseté sera mise en évidence, sans que la certitude des faits et de leurs rapports en soit ébranlée. Ariste engage Eudoxe à se borner à bien connoître en général l'état actuel de la science, sans prétendre à y faire des découvertes.

La *chimie*, quoique bien moins avancée que la physique, a déjà cependant assez d'ensemble dans ses principes et de simplicité dans ses méthodes pour que l'étude n'en soit pas excessivement compliquée, tant qu'on ne se propose pas de devenir surtout chimiste. M. Deleuze veut que son élève travaille quelque temps dans un laboratoire, se familiarise avec les opérations qui s'y font journellement, et arrive ainsi à pouvoir tout comprendre là où il ne pourroit tout savoir.

La *technologie* ou l'étude des *arts mécaniques*, n'est pas une des moins intéressantes. Eudoxe visitera les ateliers, les manufactures, y acquerra des connoissances pratiques, comparera ce qu'il aura vu avec la description des différens arts, donnée dans les Cahiers de l'Académie des Sciences, et, à l'aide de tout ce qu'il sait déjà sur les sciences dont la technologie tire ses moyens, il saisira et retiendra facilement ce que sans cela il seroit difficile et cependant nécessaire de connoître.

C'est ici que M. Deleuze a placé, je ne sais trop pourquoi, l'étude de l'*astronomie*; elle se fût liée plus naturellement, ce me semble, à celle des mathématiques, et son importance ne permet guère de la différer si long-temps. J'ai été surpris aussi de ne pas voir dans les livres indiqués à ce sujet les *Elémens d'Astronomie* de M. Biot, ouvrage beaucoup plus complet et beaucoup mieux rédigé que celui de Lalande.

La *géologie* termine ce cours de sciences naturelles. « Vous aurez besoin alors, dit Ariste à
» Eudoxe, de faire un voyage dont le but soit
» de vous perfectionner dans l'histoire naturelle....
» Il faut voir les montagnes principales du Viva-
» rais et de l'Auvergne, les Alpes, les Pyrénées,
» et les deux mers. Pendant ce voyage, vous
» apprendrez particulièrement la géologie ; vous
» observerez les différentes espèces de montagnes,
» leur nature, leur aspect, leur position respec-
» tive, la direction de leurs chaînes, les roches
» dont elles sont composées.... Vous examinerez
» d'abord les masses, pour observer ensuite les
» divers minéraux dont elles sont formées, le
» gisement, le mélange et l'agrégation de ces
» minéraux, la disposition des roches, celle des
» couches de pierre ou de terre, et enfin les élé-
» mens qui les composent. Vous chercherez à
» connoître les fossiles qu'on rencontre dans la
» terre, à déterminer la nature des terrains où ils
» se trouvent, et à les comparer avec les corps
» organisés actuellement existans. Mais gardez-
» vous de négliger les détails pour vous égarer
» dans des conjectures sur la formation du globe,
» sur l'origine des minéraux et des fossiles. Obser-
» vez les faits, distinguez et classez exactement
» les diverses substances, et ne prononcez rien
» sur les causes, ne tenant pour vrai que ce qui
» est démontré tel. »

Peut-être cette extrême réserve sera-t-elle bien difficile à un jeune homme qui, voulant embrasser

les sciences dans leur ensemble, et les étudier pour leurs résultats, doit être sans cesse porté à tirer de ses connoissances et de ses observations des conséquences générales; peut-être même, puisque la géologie n'est pas assez avancée pour fournir des conséquences pareilles, M. Deleuze a-t-il donné à cette étude trop de place et trop d'étendue : quand une science est encore dans l'enfance, ceux qui s'y vouent exclusivement ont seuls besoin d'entrer dans de minutieux détails. Quoi qu'il en soit, Ariste montre fort bien comment Eudoxe pourra mener de front plusieurs de ces différens travaux : « En vous traçant le plan des études
» préliminaires, lui dit-il, je vous ai recommandé
» de ne point étudier plusieurs choses à la fois. Il
» falloit alors graver nettement dans votre esprit
» les principes des sciences; mais au point où vous
» êtes parvenu, les divers objets doivent se classer
» d'eux-mêmes. Ce que vous apprenez se lie à
» ce que vous savez déjà, et vous n'avez point à
» craindre qu'une chose vous en fasse oublier une
» autre. Vous gagnerez même du temps en vous
» occupant à la fois de plusieurs objets. L'étude
» des sciences naturelles et des arts ne peut se
» faire sans interruption, comme celle des mathé-
» matiques ou de la géographie : on remplit les
» intervalles par des travaux variés. Il faut choisir
» les jours et les heures pour visiter telle ou telle
» manufacture, pour faire certaines observations
» de physique, de météorologie, d'histoire na-
» turelle, etc. etc. »

C'est ainsi que l'auteur, soigneux de tout expliquer, de tout prévoir, indique à son élève comment il pourra suivre ses conseils et placer dans l'espace de temps qu'il veut consacrer à ses études toutes celles qui lui sont nécessaires. Cette tâche est grande, mais c'est pour faire de grandes choses qu'il faut la remplir. Je ne la crois point au-dessus des forces de l'homme, et le fût-elle, il n'en seroit pas moins utile de la lui prescrire. Nous n'en avons encore parcouru que la moitié; des sciences naturelles, M. Deleuze passe aux sciences historiques.

Cette partie de son livre, quoique plus longue que la précédente, est nécessairement plus incomplète : il a voulu jeter un coup d'œil sur l'histoire de tous les peuples qui se sont succédés sur la terre, depuis les temps les plus anciens jusqu'à nos jours, et indiquer, pour chaque époque, les principaux ouvrages à lire, à consulter, les principales réflexions à faire. L'histoire est un champ trop vaste, trop fécond, trop embarrassé encore de landes et de régions presque ignorées, pour qu'on puisse ainsi l'éclairer et en marquer rapidement les limites : peu de gens savent à quel point elle nous est mal connue, combien nous sommes mal instruits de la marche réelle des événemens, de leurs véritables causes et du vrai caractère des acteurs : il n'est presque aucun livre historique dans lequel un examen attentif ne fasse découvrir une foule d'erreurs, de jugemens faux, de conjectures hasardées, et peut-être que la plupart de nos idées, sur ce sujet, ne résisteroient pas à un pareil examen. Du reste, M. Deleuze indique fort bien les meilleurs moyens d'arriver à une connoissance exacte et solide des faits et des hommes : il distingue deux genres d'époques qui doivent servir de base aux divisions des études historiques : les premières sont destinées à mettre de l'ordre dans la chronologie et dans l'histoire proprement dite ; elles sont marquées par quelque grand événement, comme le siége de Troie, la guerre Médique, la mort d'Alexandre : les secondes sont les points de repos où il faut s'arrêter, lorsqu'on connoît bien les faits antérieurs, pour revenir en arrière, étudier l'esprit national, les mœurs, les usages, la philosophie, la littérature, auxquels ces faits se rattachent, et dont la connoissance peut seule apprendre à les voir sous leur véritable jour. Ainsi, Ariste conseille à Eudoxe de suspendre, à la mort d'Alexandre, la lecture des historiens anciens, et de lire alors les tragédies, les comédies, les traités philosophiques et moraux des Grecs, enfin tout ce qui peut servir à faire connoître l'état intérieur d'une nation dont on connoît déjà, si je puis m'exprimer ainsi, la vie extérieure. Cette méthode me paroît excellente, très aisée à pratiquer, et ces époques sont indiquées tout naturellement par les grandes révolutions, rapprochées ou éloignées, qui ont bouleversé les idées des hommes, l'ordre social et les mœurs. La fondation du christianisme, la translation du siége de l'Empire à Constantinople, l'hégyre, le règne de Charlemagne, les croisades, etc. en sont des exemples.

En revenant ainsi sur ses pas pour étudier les hommes mêmes dont il sait déjà l'histoire, Eudoxe s'efforcera de pénétrer aussi avant qu'il sera possible dans leurs idées, leur état, leurs erreurs; il s'oubliera lui-même en quelque sorte pour devenir Grec ou Romain, et ne fera usage de ses lumières supérieures, que pour juger ensuite ce qu'il aura approfondi avec la plus entière impartialité. « Il y a » dans chaque siècle, dans chaque pays, dit l'auteur, une masse de préjugés dont tout le monde se » nourrit dès sa naissance, qui se mêle à tout, qui » modifie tout, et dont personne ne s'aperçoit. Si » l'air que nous respirons avoit une odeur particu- » lière, cette odeur s'insinueroit dans tous les » corps; et quoique nous en fussions continuelle- » ment affectés, nous ne nous en douterions pas; » elle ne seroit sensible que pour un étranger arri- » vant d'un pays où l'air auroit une odeur diffé- » rente: quelques physiciens, tout au plus, ayant » proposé le fait comme une conjecture, pour- » roient le vérifier par des expériences. Il en est » ainsi de plusieurs opinions générales: elles nous » étonnent chez les anciens ou chez les peuples » avec lesquels nous n'avons eu aucune relation; » quelquefois elles sont si étranges, qu'à moins » qu'elles ne soient énoncées positivement, nous » ne songeons point à leur existence, et moins » encore à y chercher l'explication de beau- » coup de faits dont elles sont la véritable cause. » Il faut démêler ces opinions dans l'histoire des » peuples, car les écrivains contemporains, imbus

» du préjugé universel, ont rarement songé à en
» remarquer la singularité. Un auteur d'un autre
» pays, d'un autre siècle, écrit-il l'histoire de ces
» temps reculés ? il rappelle les idées extraordi-
» naires, mais il ne s'occupe nullement de l'in-
» fluence qu'elles avoient. Il suppose que les hommes
» éclairés ont toujours eu sa manière de juger, et
» au lieu de se mettre à leur place, il les met à la
» sienne, etc. etc. »

C'est là sans doute la source de la plupart des erreurs commises par ceux qui écrivent ou qui étudient l'histoire; et M. Deleuze, en faisant parcourir à son élève l'antiquité, le moyen âge et les temps plus modernes, a grande raison de chercher constamment à le prémunir contre cet écueil.

A l'exposé de la marche à suivre dans les études historiques et des réflexions qui en découlent, succède un entretien sur la lecture des voyages et sur la meilleure manière de voyager. Ariste engage Eudoxe à visiter les principaux pays de l'Europe, pour apprendre à en connoître la constitution, l'état et les mœurs. Je suis loin de croire avec lui que deux ans suffisent à cette entreprise; les voyageurs éclairés savent le temps qu'il faut pour bien observer les plus petits objets. Que sera-ce lorsqu'il s'agira d'étudier la situation politique, économique et morale d'un peuple? que sera-ce, enfin, lorsqu'on y voudra joindre des observations d'histoire naturelle? Mais je ne veux pas disputer du temps avec M. Deleuze; je pense, comme lui, qu'on ne sait pas ce que peut faire un homme, et que les hommes ne font presque jamais tout ce qu'ils peuvent. Je ne vois donc aucun inconvénient à étendre la tâche qu'on présente à leur activité; leur indolence naturelle, les distractions de la vie leur en feront toujours assez rabattre, et peut-être qu'à la vue des grands résultats que peut amener une constance opiniâtre, quelques-uns d'entr'eux s'enflammeront de ce courage que n'effraient, ni les obstacles, ni le temps nécessaire pour les surmonter.

Les deux derniers Entretiens sont consacrés à des idées purement morales ou littéraires; ils renferment le tableau des principes qui doivent diriger l'homme de lettres dans sa conduite et dans la composition de ses ouvrages : l'auteur y examine quels sont les moyens de conserver la rectitude des principes de morale et la pureté du goût; il y traite des ouvrages de philosophie, des diverses méthodes qui peuvent être employées à l'exposition de la vérité; de la poésie, de ses caractères, de son influence. Il y trace enfin le plan d'un traité de philosophie morale, qui semble être le but qu'il propose à son élève, et vers lequel tendent les études par lesquelles il l'a fait passer auparavant. Ces deux morceaux sont pleins, comme les précédens, d'idées saines et intéressantes; mais peut-être regrettera-t-on de n'y pas trouver toute l'étendue, toute la profondeur qui deviennent indispensables, dès qu'on veut creuser la nature de l'homme pour y établir la base de sa conduite et de ses opinions. Ariste s'étoit contenté, jusqu'ici, de diriger Eudoxe dans ses études; maintenant il semble vouloir le diriger dans ses idées, et on ne dirige point les idées d'un homme distingué qui doit tout examiner, tout juger et ne penser que par lui-même. Ce n'est pas en lui interdisant la lecture de certains livres dangereux, soit par les principes qu'ils ébranlent, soit par les passions qu'ils mettent en mouvement, qu'on lui formera un esprit libre et un jugement sûr. Si le développement de ses facultés a été indépendant et ferme, s'il a appris à ne croire que la raison et à n'aimer que la vertu, ces livres si redoutés seront pour lui sans inconvénient grave; il verra, de lui-même, ce qu'ils ont de mauvais ou de faux, tandis que s'il ne les connoissoit point, il resteroit, à cet égard, dans une sorte d'enfance qui ne convient pas à l'âge mûr : la vraie sagesse sait toutes les folies de l'esprit humain, et ne s'y laisse point entraîner; comme la vraie vertu repousse les vices qu'elle n'ignore pas : sans ces lumières, l'homme n'auroit jamais pour guide que cette innocence ignorante qui fait le charme de la jeunesse, mais qui doit disparoître devant une raison et une morale plus sûres, parce qu'elles sont plus éclairées. Il faut donner à l'homme une boussole et des ancres, et non lui interdire de visiter les mers semées d'écueils. Faites-le fort et laissez-le libre, c'est le seul moyen de le rendre supérieur.

Ceci me conduit à une observation qui frappera sans doute les lecteurs de l'ouvrage de M. Deleuze: en supposant dans Eudoxe une excellente éducation et des facultés peu communes, il lui suppose en même temps, quelquefois, une ignorance et une enfance de jugement incompatibles avec ces premières données. Ainsi ce jeune homme, qui a été élevé à Gœttingue, qui doit avoir besoin d'un ami, mais non d'un précepteur, demande à Ariste: « N'est-ce pas sous Trajan, qu'ont écrit Tacite » et Pline le jeune ? » comme s'il pouvoit l'ignorer (1). Tantôt il développe lui-même des idées qui annoncent un homme déjà très éclairé; tantôt il s'étonne de réflexions très simples qu'Ariste lui propose; ici il explique fort bien, à lui tout seul, les raisons de ce que lui dit son ami, et là, il lui demande des explications qu'un esprit médiocre trouveroit sans peine. De là résulte par fois, dans leur conversation, un défaut de vérité et de naturel qui, en la rendant invraisemblable, en diminue l'effet : on voit qu'Eudoxe fait souvent des questions dont il ne doit point avoir besoin, et que l'auteur ne place dans sa bouche que pour en prendre occasion d'y répondre : quelquefois les idées d'Ariste ne sont pas assez fortes pour celui à qui elles s'adressent; d'autres fois, celles d'Eudoxe sont trop naïves pour celui qui les exprime : dans plus d'un endroit, il n'y a pas assez d'inégalité entre les deux interlocuteurs; dans tel autre, il y en a une beaucoup trop grande. Cet inconvénient étoit peut-être inséparable du plan de M. Deleuze; cependant je crois qu'il eût pu y tomber moins souvent et conserver mieux la vérité de la situation, de la conversation et des caractères supposés.

---

(1) Tom. 1, pag. 429.

Je ne me permets cette observation sur un excellent ouvrage, que pour montrer, en finissant, que j'en ai dit tout ce que j'en pensois : un écrivain comme M. Deleuze, doit vouloir des critiques sincères. Nous n'avons, sans doute, l'un et l'autre, d'autre but que la vérité, et je puis répéter, sans craindre d'y manquer, que tout homme qui, dans le dessein de devenir un homme vraiment éclairé, voudra revenir sur ses études, agrandir ses connoissances, asseoir ses idées, trouvera dans ce livre un guide sûr, sage, habile, en état de le conduire et de le diriger partout, parce que l'auteur est lui-même ce que son Eudoxe cherche à devenir.

F. G.

JOURNAL

ADRESSÉ PAR UNE FEMME A SON MARI, SUR L'ÉDUCATION DE SES DEUX FILLES.

Numéro XI.

« On ne doit pas contenir le babil des filles comme celui des garçons, dit Rousseau, par cette interrogation dure : *A quoi cela est-il bon ?* mais par cette autre, à laquelle il n'est pas plus aisé de répondre : *Quel effet cela fera-t-il ?* » Mon ami, il me semble que je ferois cette question à des garçons comme à des filles, et pas plus aux unes qu'aux autres. Je ne permettrois pas plus à ceux-ci un discours désobligeant que je ne prescrirois à celles-là une réponse agréable; je leur parlerois également des effets qu'il faut éviter, jamais de ceux qu'il faut chercher à produire. Si Rousseau a, sur ce point, séparé les uns des autres, c'est qu'en écrivant sur l'éducation de sa Sophie, il a vu la femme et non pas l'enfant : c'est sa maîtresse qu'il élève, et dès lors le désintéressement du coup-d'œil paternel a disparu. Toujours occupé de cette image qu'il a destinée à lui plaire, il ne veut pas qu'elle ait un moment de sa vie employé à autre chose, et il retranche de ses mouvemens tout ce qui ne tendroit pas directement au but dont il ne peut un instant écarter sa vue.

Ainsi son attention à ce but lui faisant quelquefois manquer la route, il oublie ce qu'il a dit lui-même ailleurs, que, dans le premier âge de l'éducation, semblables presqu'en tout, un garçon est un enfant, une fille est un enfant; c'est-à-dire un être, par sa foiblesse, inutile aux autres, placé, sous l'égide paternelle, hors de leur dépendance, et qui, ne contribuant en rien au mouvement de la société, n'a, tant qu'il est enfant, d'autre but que son propre individu; dont le travail ne sert qu'à l'instruire lui-même, la raison qu'à le perfectionner; dont les actions n'offrent quelqu'avantage que comme signe de ce perfectionnement; qui, enfin n'est bon ou mauvais que selon qu'il se fait du bien ou du mal à lui-même, à son être moral, dont on ne demande à sa volonté que de seconder le développement. Sans doute on peut tourner plus ou moins ce développement vers un objet particulier; mais en demander l'application avant qu'il ne soit accompli, c'est contrevenir, ce me semble, à la marche de la nature, qui n'emploie une faculté que lorsqu'elle est formée; et une petite fille instruite à tâcher de plaire avant d'en trouver les moyens dans son esprit et son caractère, me semble le pendant parfait, et parfaitement ridicule, d'un petit garçon élevé à disserter avant que sa raison et son instruction puissent lui fournir des argumens.

Une femme doit être aimable par ce qu'elle est, et non par ce qu'elle paroît : il faut donc l'instruire à être et non à paroître. Quand une petite fille se sera imposé, comme le veut Rousseau, *la loi de ne rien dire que d'agréable à ceux à qui elle parle*, cette loi fût-elle subordonnée, comme il le veut aussi, à celle *de ne jamais mentir*; elle s'occupera nécessairement davantage de l'agrément de ses paroles que de l'examen de ses sentimens; sans mentir, elle exagérera; elle croira aimer la personne à qui il lui sera agréable de plaire; et comme plaire aux autres et non pas exprimer ce qu'elle sent, sera le but de ses discours, et qu'elle n'aura pas la mesure des autres et de ce qui leur plaît, elle tombera d'inconvenance en inconvenance, et se formera cet insupportable babil qu'un petit être inutile a la ridicule vanité de prendre pour de l'obligeance. Au lieu de cela, rendez-la bonne, douce, attentive, disposée à s'oublier elle-même, et vous verrez s'il sortira de sa bouche autre chose que des paroles aimables.

Cultivez son esprit, et vous n'aurez pas besoin

de lui recommander, comme mistriss More, de rendre sa conservation un peu plus solide. Mon ami, je voudrois qu'on ne fît jamais des moyens de réussir en conversation le but des préceptes que l'on donne à une jeune fille; de telles leçons pourroient devenir si importantes qu'elles absorberoient toutes les autres. On accuse les femmes de beaucoup parler; Rousseau veut presque qu'on les en loue; mais moi je demande tout simplement : que veut-on qu'elles fassent? Peuvent-elles agir? ont-elles d'autres moyens de faire connoître leurs sentimens, leur caractère; d'autres ressources pour occuper d'elles que la parole; d'autre théâtre que la société, d'autre succès que ceux qu'on y obtient? C'est donc là que se doit porter non-seulement leur amour-propre, mais toute l'activité de leur vie. Cette propension se fait remarquer dès l'enfance dans les petites filles, à moins qu'élevées à la campagne, et jouissant d'une grande liberté, elles ne puissent se livrer à un certain point, aux amusemens des petits garçons, amusemens qu'elles préféreront longtemps, si on les laisse faire. Mais le genre de leur éducation les forme en général à une vie plus sédentaire : dans les pensions même, où elles ont plus de jeux d'exercice que dans l'éducation particulière, elles sont occupées une partie de leur temps à des travaux, qui, tenant le corps tranquille, n'employant que les doigts et laissant l'esprit oisif, leur fait prendre l'habitude du babil, qui amuse si facilement cette oisiveté. Ce qu'elles ont dit ou entendu, ce qu'elles doivent dire ou entendre, occupe une grande partie de leur vie, et devient naturellement le but de leurs idées et bientôt de leurs actions. J'ai connu autrefois une petite fille qui disoit souvent qu'elle avoit bien envie de voir la reine : on lui demanda pourquoi. — *C'est que je lui parlerois.* — A quoi cela vous serviroit-il ? — *Elle me répondroit.* — Et quel avantage en tireriez-vous ? — *Je le dirois.* Elle sentoit déjà qu'il y a des choses qu'on ne fait, qu'on ne desire que pour les dire ; et ces choses avoient pour elle une grande importance.

Mon ami, si nous n'y prenons garde, que de dispositions dans l'esprit, dans le caractère, dans le cœur même des femmes pourront se tourner en paroles, prendre la parole pour principal objet ! Que de femmes pensent avoir tout fait quand elles ont parlé ! « Dans un temps comme celui-ci, nous dit
» mistriss More, il n'est pas jusqu'aux nouvelles du
» jour, d'où une femme qui a des principes ne puisse
» tirer l'occasion de déclarer, sans étalage, sa foi en
» un Dieu qui gouverne le monde, sa confiance
» dans une Providence spéciale, etc. etc. ; de
» faire entendre qu'elle ne rougit pas de se décla-
» rer soumise à la foi des Chrétiens ; enfin qu'elle
» est fermement attachée à un principe inalté-
» rable, qu'aucune autorité quelqu'élevée qu'elle
» soit, ne pourra l'engager à désavouer, et qu'elle
» ne négligera aucune occasion d'exercer, quel-
» que petite qu'elle puisse être. » Mon ami, je ne vois pas de meilleure réponse à faire au pré-

cepte de mistriss More, qu'une lettre que m'écrivit ma grand'mère deux ans après notre mariage, sur le goût que j'avois alors d'exprimer mes bons sentimens à qui les vouloit entendre. Vous pourriez l'avoir oubliée. Je vous la transcris ici.

Comment, ma chère enfant, vous avez parlé raison à Mad. de B**, et vous vous étonnez qu'elle ne vous aime pas ? Mais ce n'étoit point à elle que vous parliez, c'étoit seulement devant elle, sans que ce que vous disiez pût la regarder en aucune manière. Eh voilà précisément ce que je vous reproche ! Il ne faut parler devant les gens que de ce qui les regarde, ou du moins faut-il qu'ils puissent prendre part à la conversation. Trouveriez-vous poli de parler anglais devant des gens qui n'entendent que le français, et seroit-il de bon goût de s'entretenir des intrigues de la cour devant des bourgeois ? Non ; mais sans doute vous éviteriez encore plus de parler de votre fortune et de votre jolie maison devant votre cousine, qui est ruinée et qui loge au quatrième étage. Eh bien, voilà l'espèce de tort que vous avez eu avec Mad. de B**. Ce n'est pas qu'elle vous envie votre raison ; non, assurément ; mais d'autres en peuvent faire cas. Quand Mad. de B** n'aimeroit pas les diamans, il suffira du prix qu'y attachent les autres pour qu'elle soit fâchée de vous en voir si elle n'en a pas ; mais elle s'en consolera en disant qu'elle seroit bien fâchée d'avoir des diamans. Elle n'en peut dire autant de la raison. Comment voulez-vous qu'elle se dédommage ?

Encore si vous lui laissiez une ressource ; si, pour faire passer votre raison vous aviez mes lunettes et mon rhumatisme, vous pourriez dire: *Mon âge exige, ma position rend nécessaire*, etc.; et les autres, à cause de votre position, pourroient approuver vos sentimens sans désapprouver les leurs. Mais vous êtes aussi jeune que Mad. de B**; ainsi, quand vous expliquez si raisonnablement devant elle ce qui vous empêchera d'aller à cette fête, où la société un peu mêlée vous fait penser qu'une jeune femme ne pourroit être vue sans inconvénient, Mad. de B**, qui a intrigué pour s'en faire prier, ne peut penser comme vous, sans être obligée de penser assez mal d'elle-même. Vous n'en saviez rien, car vous n'auriez pas parlé ainsi; mais, ma chère enfant, un précepte d'honnêteté ou de raison qu'on énonce hautement dans le monde, est une pierre qu'on jette en l'air au milieu d'une foule, et qui doit nécessairement retomber sur quelqu'un : quand elle ne les blesseroit qu'en contrariant leurs opinions, c'en est assez pour leur donner de l'humeur.

Ce qu'on cherche dans l'opinion d'autrui, c'est un moyen d'affermir la sienne. L'avantage des sots et des gens supérieurs, c'est d'être si sûrs de ce qu'ils pensent qu'ils n'ont pas besoin de ce que pensent les autres; mais la classe mitoyenne, le commun des hommes va partout leur demandant la certitude que chacun ne sauroit trouver en soi-même. On veut non-seulement qu'ils approuvent notre conduite, nos idées, nos goûts; on veut qu'ils les partagent; on voudroit ne se décider même sur ce qu'on aime qu'à la pluralité des voix, tant on est peu sûr du mérite de ce qui plaît. Je vis hier une femme qui vient de se loger de préférence au Marais, et qui dîne à trois heures; elle étoit tout-à-fait contrariée d'avoir entendu dire à deux ou trois personnes qu'il leur étoit plus commode de loger au faubourg Saint-Germain, et dîner à cinq. On ne peut pas disputer des goûts, et c'est ce qui donne de l'humeur contre celui des autres; car c'est ce qui ôte la possibilité de prouver qu'on en a un meilleur; mais on peut encore moins disputer le mérite de certains sentimens, de certains préceptes, qui ne sont pourtant pas à l'usage de tout le monde; et le tort de celui qui les énonce envers ceux qui l'écoutent, c'est de les réduire à l'écouter; car il ne leur laisse ni la possibilité de le contredire, ni aucun mérite à l'approuver.

Aussi ceux même qui seront de son avis pourront-ils bien lui savoir mauvais gré de l'avantage qu'il aura pris sur eux sans qu'il lui en ait rien coûté; ils trouveront qu'il n'a pas plus de droit qu'eux de se servir de l'autorité des maximes de raison et de vertu, pour s'attirer une sorte de respect et de déférence momentanée, qu'il ne devra qu'à elles; car les préceptes sont à tout le monde pour les suivre, mais il n'est permis de les professer qu'à celui qui peut les faire valoir, qui peut ajouter quelque chose par ses talens aux richesses de la raison, de la vérité et de la morale; qui peut les affermir par son exemple ou les commander par son autorité. Le zèle des bons sentimens vous transporte, ma chère enfant, je le sais bien; mais vous avez long-temps à faire le bien avant de pouvoir l'inspirer aux autres: on n'influe sur eux que de leur consentement, par un droit qu'ils vous donnent, et qu'à votre âge on ne peut avoir encore. Pour parler au nom de la religion, il faut qu'elle vous en ait chargé; pour exercer l'autorité des lois, il faut qu'elles vous en aient revêtu: il ne suffit pas d'être bon chrétien ou bon citoyen, il faut être prêtre ou magistrat. Pour obtenir quelqu'empire au nom de la raison et de la vertu, il ne suffit pas d'être vertueuse et raisonnable, il faut être généralement reconnue pour telle : il faut donc que vous l'ayez été long-temps, et que le caractère d'autorité que vous voulez prendre soit avoué par un si grand nombre de personnes, que vous ne courriez risque de compromettre auprès d'aucune la cause que vous voulez défendre, en attirant sur elle l'humeur qu'on pourroit prendre contre vous.

Je sais, ma chère enfant, qu'en vous laissant aller à exprimer les idées et les jugemens que vous inspirent des sentimens naturellement droits et honnêtes, vous ne prétendez prêcher personne ; mais que prétendez-vous donc ? leur apprendre ce que vous pensez ? S'ils le pensent comme vous, vous ne leur apprendrez rien, si ce n'est que vous le pensez, et ils ne vous le demandent pas ; et s'ils pensent moins bien, voulez-vous donc leur apprendre que vous pensez mieux qu'eux ? ou bien espéreriez-vous leur donner des idées neuves sur leurs devoirs en leur communiquant les vôtres ? Mon enfant, ce qu'une femme de vingt ans sait de ses devoirs est encore bien peu de chose ; elle connoît si peu de ses foiblesses ! on lui a montré toutes les vertus bien rangées, symétriquement en ordre, comme les pièces de son nécessaire ; mais que de temps avant qu'elle connoisse l'usage de chacune, et comment pourra-t-elle connoître toutes les précautions qu'on doit apporter à leur emploi, avant que sa maladresse ou son étourderie ait au moins risqué d'en briser quelqu'une ? Si vous voyez tant de gens ne s'en pas servir, croyez-vous que ce soit parce qu'ils en ignorent l'utilité ou l'existence ? et de ce qu'un homme ira contre un principe de morale, en conclurez-vous qu'il a besoin qu'on le lui rappelle ? Mon enfant, presque tous les hommes savent en morale beaucoup plus que bien souvent ils n'en voudroient savoir ; mais ils savent autre chose, et voilà ce qui leur nuit. Vous ne connoissez que cela, et ne concevez pas qu'on puisse aimer autre chose. La raison et la vertu paroissent si belles tant qu'on les a aimées sans mélange et sans combat, qu'on imagine que, pour s'en éloigner, il faut ne les pas connoître. C'est un jeune homme à sa première maîtresse; il croit qu'il lui suffit de la présenter pour tout subjuguer; il s'imagine qu'il n'a qu'à la peindre pour intéresser; il semble, au détail qu'il fait aux autres de ses perfections, qu'elle ne soit connue que de lui, et à l'intérêt qu'il pense leur inspirer, qu'il les croie tous amoureux d'elle: reparlez-lui en dans quelques années, il pourra lui être resté fidèle, mais ce ne sera pas sans avoir entrevu les momens où il auroit pu cesser de l'être, et il comptera moins sur la force d'une autorité à laquelle il aura senti la possibilité de se soustraire; il ne l'en aimera que mieux, car il ajoutera à son prix celui des sacrifices qu'il lui aura faits: il en parlera mieux, mais il en parlera moins. Vous conserverez votre morale, mon enfant; mais si vous m'en croyez, vous n'en parlerez que quand vous connoîtrez assez les hommes pour être en état de la leur rendre utile, pourvu qu'alors vous n'en perdiez pas l'espérance.

Je garde cette lettre à Sophie, mon ami, pour le temps où il pourra lui arriver d'aimer la vertu comme je l'aimois alors, pour moi et pour les autres. Ce passage de l'insouciance de l'enfance au désintéressement de la raison est difficile à éviter. Il est un âge où l'on connoît ce que vaut le mérite, sans être encore instruit de la modicité du prix que vous en offre le monde: l'éducation ne peut nous en instruire sous peine de nous décourager; mais elle doit travailler à nous détourner de l'idée de le mettre en étalage. Il ne faut donc pas exciter les jeunes filles à s'instruire pour soutenir la conversation d'une manière plus raisonnable, leur donner de bons sentimens en les avertissant de la manière dont elles pourront les manifester; mais au contraire, leur faire trouver dans leurs bons sentimens, dans leur instruction, dans leurs talens même assez de plaisir pour détourner le plus long-temps qu'il sera possible l'idée de celui qu'elles pourroient avoir à les faire connoître. Louise, en apprenant une chanson à douze ans, s'en amusera assez, si je puis, pour ne pas songer qu'elle peut lui fournir une occasion de faire entendre sa jolie voix; à quinze, je n'en répondrois pas.

P. M.

IVᵉ LETTRE AU RÉDACTEUR.

INFLUENCE DU CLIMAT, DU SOL, DES SAISONS, DES LOCALITÉS, SUR LA CONSTITUTION DE L'ENFANT; ET MOYENS DE SE GARANTIR DE LEURS MAUVAIS EFFETS PAR LES HABITATIONS, LA PROPRETÉ, LES VÊTEMENS, ET AUTRES MESURES DE PRÉCAUTION.

(*Conclusion.*)

LA chose la plus importante, à l'égard des enfans, qui croissent toujours, c'est de leur donner des vêtemens qui ne mettent aucun obstacle à cette croissance; il faut qu'ils soient assez amples pour ne gêner aucun mouvement. La difficulté consiste alors à les attacher convenablement. Les premiers qu'on leur donne sont ordinairement une chemisette et une robe. Ces robes, retenues au moyen d'une coulisse, au-dessous de la poitrine, n'imposent aucune gêne ; et ces coulisses valent bien autant que les ceintures. C'est une mode utile d'attacher les bas de manière que la circulation ne soit pas gênée dans les jambes. On a adopté l'usage de laisser les enfans nu-pieds, au commencement de la seconde époque ; et quoiqu'il soit généralement bien vu d'habituer au froid la tête et les pieds, on a cependant poussé la chose assez loin pour donner lieu à des engelures, qui font cruellement souffrir. Il ne suffit pas d'introduire des usages utiles, il faut encore voir s'ils se trouvent en harmonie avec nos demeures, nos habitudes et notre genre de vie. Etre habillé légèrement en plein air, n'est une bonne chose, qu'autant qu'on ne passe pas une grande partie du temps dans des chambres chauffées outre mesure. Vers l'époque où l'enfant apprend à marcher, on lui donne des souliers et un pantalon ; ce dernier s'attache ordinairement au gilet par quelques boutons, et cela vaut mieux que de le faire tenir par des bretelles, qui le font supporter par les épaules seules (1). Quant aux souliers, il

---

(1) C'est des Germains que l'on paroît avoir reçu l'usage des pantalons. Lorsque les Bulgares furent convertis au christianisme, en 866, le pape Nicolas Ier leur permit d'en continuer l'usage au lieu des culottes, que les moines vouloient absolument leur donner, comme un vêtement commandé par la religion.

est bon de les faire d'un drap élastique, afin que le petit pied, dont plusieurs parties ne sont pas entièrement ossifiées, et restent encore molles comme un cartilage, ne soit pas gêné, et puisse acquérir le développement nécessaire pour bien marcher. Il faut qu'ils soient longs; car le pied s'allonge en marchant. On peut accoutumer les enfans à rester sans cravate et sans bas; alors on leur en met comme remède lorsqu'ils sont enrhumés ou indisposés. Il est des mères qui ont la manie de se faire de leurs fils des poupées, en leur donnant le plus tôt possible des habits. L'habillement turc est, sans contredit, le moins gênant; l'uniforme de hussard, l'habit militaire en général, est moins recommandable; car ce costume serre le corps, et il faut le renouveler souvent si l'on veut qu'il ne nuise pas à la croissance. Depuis peu on donne aux filles des pantalons qui sont serrés par des coulisses au bas de la jambe : cette mode fait couvrir et tenir chaudement des parties qui seront dans la suite exposées à l'air : l'usage en est blâmable sous ce rapport. L'habillement des enfans avoit gagné depuis Locke et Rousseau; il est malheureusement à craindre qu'on ne le soumette aussi à la mode. La niaiserie des oisifs ne songe qu'à se faire remarquer; la vanité fait naître des imitateurs, et à force de vouloir se distinguer, on tombe dans les bizarreries les plus nuisibles. A un certain âge on cherche à faire distinguer les sexes : le garçon doit porter des habits qui secondent la mobilité musculaire; la fille, destinée à une vie plus sédentaire, doit préférer tout ce qui favorise le développement du sein et des hanches ; mais je me réserve de parler du corset et des autres parties de l'habillement, lorsqu'il sera question de la manière de se tenir et d'apprendre à marcher. Il suffit d'observer ici que les habits sont des espèces de cages qui doivent se modifier aussi, d'après la température et les circonstances particulières. Le lit dans lequel on reste tranquille et où l'on dort, doit naturellement être plus chaud que le vêtement dans lequel on agit et fait de l'exercice. Les peuples du Nord se servent de lits de plumes ; et à mesure qu'on approche de la France, l'on trouve l'usage des matelas de laine et de crin. En cela, comme en toute autre chose, on reconnoît clairement l'influence du climat. Mais, abstraction faite des circonstances particulières, il faut toujours avoir devant les yeux le principe que, dans nos pays, il vaut mieux habituer les enfans au froid.

Outre l'influence constante et inévitable du climat et des saisons, il y a encore à considérer celle *des contagions particulières* qui nous atteignent par la respiration ou par l'absorption cutanée ; elles nous viennent quelquefois de loin, amenées par les vents, apportées par les corps qui en ont été pénétrés par le contact, ou elles nous sont communiquées par les personnes qui nous entourent, et qui ont été frappées de quelque épidémie. Ces contagions rendent souvent nécessaire un isolement plus complet. Venise, lorsqu'elle étoit presque seule en possession du commerce du Levant, dut songer dès-lors à établir la quarantaine, pour que le coton qu'elle recevoit ne lui transmît pas la peste. Dans le dix-septième siècle, Paris éprouva ce fléau; et l'on isoloit également les malades dans des maisons éloignées de la ville. Lorsque l'Europe, il y a quelques années, fut menacée de la fièvre jaune, on sut en empêcher la propagation par des cordons de troupes. On a toujours été plus indulgent pour la petite-vérole, qui cependant faisoit périr autrefois à Londres un individu sur sept; plus tard, un sur dix ou sur treize; et tout le monde devoit l'avoir. Au commencement du siècle dernier, quand on apprit des Turcs à inoculer les enfans, et qu'on vit que l'on pouvoit choisir pour cette opération le moment le plus favorable, il ne mouroit des inoculés qu'un sur quatre ou cinq cents, suivant les circonstances; un sur quatre cents, par exemple, dans les hôpitaux. Mais la mortalité générale ne diminuoit pas; comme on négligeoit d'isoler les enfans inoculés, le venin se répandoit constamment et ravageoit sans interruption. L'Angleterre perdoit au moins 21,000 individus par an, sur une population d'un peu plus de 9,000,000; et l'on supposoit, d'après un calcul un peu vague, que l'Europe en perdoit 400,000 chaque année. Après l'introduction de la vaccine, la cour de Copenhague obligea les habitans d'y recourir, et d'isoler les enfans qui, par hasard, avoient pris la petite-vérole; il n'en mourut plus un seul. Cette police a été adoptée depuis dans plusieurs États de l'Allemagne, entr'autres, dernièrement, en

Prusse; mais les malheurs de la guerre ont souvent interrompu des mesures si salutaires à la population. Il est assez singulier que l'Asie et les peuplades demi-civilisées des frontières de l'Amérique aient été plus empressées, ou tout au moins plus dociles, à adopter la vaccine. En 1806, on comptoit plus de 880,000 individus vaccinés en Asie, tandis qu'en 1807, il n'y en avoit que 320,000 en Russie; en 1810, environ 600,000 en Prusse; et à peu près autant en France en 1807. Les tables de mortalité de Besançon, composées par M. Duvillard, démontrent, suivant son calcul, que sur 495 enfans qui mouroient autrefois d'un an à huit, il n'en meurt plus à présent que 374, quoique la vaccination ne soit pas générale, et que l'isolement n'ait point lieu. D'après tout ce que je viens de dire, il faut encore admettre comme principe d'éducation physique, le soin d'éloigner les enfans des maisons où règnent quelques maladies réputées contagieuses, et de ne pas négliger la vaccine, dont l'expérience confirme de jour en jour les heureux résultats.

Entouré de tant d'agens divers, et fier des obstacles qu'il avoit su vaincre, l'homme d'autrefois, surpris par le malheur, jeta souvent les yeux sur les astres, et demanda sous quelle constellation il étoit né. Cette prétention de découvrir si haut les puissances qui nous gouvernent, n'a jamais produit que des rêves et des chimères. Le livre de l'histoire à la main, et en prenant l'expérience pour guide, nous venons de parcourir le monde pour comparer les zones, les saisons, les montagnes, les plaines, les gorges, les villes, et pour examiner les moyens de nous garantir de leurs inconvéniens; mais où sont les tables statistiques des siècles faites sur le même plan, pour nous servir de base ? Et qu'est-ce que l'expérience de quelques individus, fussent-ils même le plus avantageusement placés ! Lorsque l'on consulte les écrits des philosophes, on trouve les idées d'une république créée dans le cabinet, comme celle de Platon, ou calquée sur le modèle de la Grèce et de Rome; et ailleurs, l'idéal rétréci d'un état de nature qui n'offre qu'un développement partiel. En fouillant dans les ouvrages des médecins, on s'aperçoit qu'ils nous parlent plus des maladies et des remèdes que des moyens de nous en préserver. Les mesures de précaution, touchent cependant d'aussi près à la médecine, que les dispositions morbifiques aux maladies. Mais ces dispositions tiennent au moins aussi souvent aux institutions sociales; et l'examen des usages et de la police d'un pays conduit souvent à découvrir les causes des maux et les principes du traitement. C'est dans la comparaison de l'état demi-sauvage avec celui des divers degrés de civilisation, que nous devons puiser des leçons; c'est dans l'histoire des émigrations et du commerce, de l'architecture et des modes, autant que dans la médecine, que nous trouverons les bases qui doivent servir à remplir les titres du code de l'éducation physique.

D'après cette foule de circonstances que nous

avons dû passer en revue, chaque enfant s'est trouvé avoir besoin, pour ainsi dire, d'une hygiène à lui. Chaque localité apporte ses impressions ; chaque profession exige ses habitudes. La société, en cherchant des remèdes dans les demeures, la propreté, le vêtement et l'isolement, rencontre parfois d'autres inconvéniens dans ces remèdes même. L'éducation physique de l'homme n'est pas, comme celle des animaux, bornée au seul développement de la force ou de l'agilité musculaire, et c'est là ce qui complique le problème.

S'il étoit possible à des parens de régler en tout le sort de l'être qui leur est si cher, il seroit à désirer que, né d'une bonne souche, il eût respiré l'air sur l'une des plaines hautes les plus favorisées de la nature, et qu'il eût fortifié son corps dans une famille vivant avec frugalité des fruits de son travail, et donnant à sa foiblesse de tendres soins sans mignardise. Si la destinée l'appelle alors dans la grande ville, il y trouvera beaucoup de choses préparées pour sa conservation, et les forces, les sentimens qu'il y apportera le garantiront d'une corruption funeste ; mais dans une forêt touffue, il est des arbres qui restent petits et foibles : dans l'Olympe, ingénieux emblême des facultés de l'homme, tout le monde ne sait pas soulever la massue comme Hercule, et manier l'arc avec la grâce d'Apollon. Si le choix des forces, comme celui du rang et de l'état que doit prendre l'enfant, n'est pas absolument libre, l'humanité n'a-t-elle pas déjà trouvé des moyens pour adoucir le sort de l'aveugle, du sourd-muet, de l'estropié même ? C'est au bon esprit des parens à tirer parti avec habileté des ressources les plus convenables ; et la société, en agrandissant sa sphère, a pu créer ainsi mille talens nouveaux, et diviser les travaux en les dirigeant vers un but commun. Au reste, le plus bel apanage de l'homme est de pouvoir à volonté changer de place ; en construisant des routes, en apprivoisant les animaux, les moyens de communication lui sont devenus plus faciles: des villes les plus populeuses, des maisons les plus superbes, il peut se transporter aux champs ; et cette seule variété de rapports volontaires amène nécessairement un système d'équilibre et de compensation au milieu d'une population qui s'augmente et se perfectionne sans cesse. C'est précisément de cette faculté naturelle à l'homme de pouvoir changer de place pour changer d'état ; c'est de l'art de marcher, en un mot, du développement des forces musculaires, et de l'influence salutaire de leur exercice sur l'économie animale, que je vous entretiendrai dans ma prochaine lettre.

St FRIEDLANDER.

LETTRES

SUR LES PRINCIPES ÉLÉMENTAIRES D'ÉDUCATION;

Par *Elisabeth Hamilton*, traduites par M. *Chéron*, et publiées en 1804.

Deux vol. in-8°. Prix : 7 fr. 50 cent., et 10 fr. par la poste. — A Paris, chez Demonville, imprimeur-libraire, rue Christine; et chez le Normant.

(IIIe Article.)

J'AI annoncé que j'indiquerois dans cet article les idées de miss Hamilton sur la forme à donner à l'instruction religieuse. Il faut considérer, dans cette instruction, et le but qu'on se propose, et l'individu auquel on l'applique.

Cet individu est un enfant, c'est-à-dire un être incapable de sentir l'importance des devoirs religieux auxquels vous voulez l'attacher. Comment la lui ferez-vous comprendre? Sera-ce en lui enseignant une religion sévère, et en l'occupant des punitions qui attendent la désobéissance? Mais vous ne pouvez toujours le faire obéir à vos ordres les plus précis par la crainte d'un châtiment actuel: son imagination, emportée par la fantaisie du moment, ne va pas jusqu'à l'idée de la peine qui, s'il y cède, le menace demain, aujourd'hui, dans l'instant même; et vous voulez l'effrayer des peines éternelles! Parvenez-y; ce ne sera qu'en le frappant d'une terreur machinale, irréfléchie, résultat de l'impression qu'aura produite sur lui quelqu'objet effrayant, qui n'agira sur sa conduite qu'en altérant ses facultés, en affoiblissant sa raison, et sans aucun avantage pour sa moralité; car elle le poursuivra dans ses occupations innocentes comme dans ses actions répréhensibles, parce qu'elle se portera sur la peine dont vous l'avez menacé, non sur la faute que vous voulez qu'il évite. J'ai vu un enfant naturellement fier et délicat menacé, pour une faute légère, d'une punition humiliante. Cette idée de l'humiliation qu'il pouvoit être exposé à subir, s'il retomboit dans la même faute, l'avoit si terriblement frappé, que, pendant plusieurs mois, son imagination en fut occupée sans relâche, de manière à le plonger dans un malheur profond et le découragement le plus complet. Rien ne lui étoit si facile que d'éviter la faute, et par conséquent la punition; mais rien ne le rassuroit : il ne comptoit plus sur lui-même, sur sa raison, sur sa volonté; il se voyoit d'avance certainement coupable, pour se voir certainement puni. Un fantôme l'obsédoit, nul raisonnement ne pouvoit l'écarter. C'est ainsi que vous pourrez apprendre aux enfans à redouter les peines éternelles.

Supposons que, dans la religion, vous vouliez montrer aux enfans un appui et une consolation nécessaires. Vous écouteront-ils, eux qu'une caresse, une chanson, l'oiseau qui vole distraient de leurs plus vifs chagrins? eux qui, appuyés sur tout ce qui les entoure, sont incapables, dans leur foiblesse, de mesurer la force qui les protége, et de concevoir que la volonté qui les maîtrise ne maîtrise pas tout ce qui les concerne? Vous ne leur parlerez pas des preuves de la religion; leur intelligence ne peut les saisir; leur cœur n'en a pas encore besoin; mais leur imagination est à vous, elle sera long-temps à vous : si au lieu d'images faites pour l'ébranler, vous lui présentiez des faits capables de la fixer, de donner de la vie et, pour ainsi dire, un sens à des préceptes qui, appris comme leçon, ne seroient pour eux que des mots confiés à la mémoire? « Je » crois, dit miss Hamilton, que la plupart de » ceux qui ont été élevés par des parens pieux, » peuvent se rappeler de nombreux exemples » de l'inutilité de charger de trop bonne heure la » mémoire de symboles et de catéchismes, qui » sont entièrement au-dessus de l'intelligence.... » J'avoue de bonne foi que ma mémoire ne me » fournit pas un seul exemple de perfectionne-» ment produit en moi par aucun des ouvrages » didactiques que j'ai été obligée d'apprendre par » cœur.... Cependant, ajoute-t-elle, ils étoient » tous très judicieusement choisis.... Souvent ma » chère et aimable institutrice, continue-t-elle » encore avec un sentiment de reconnoissance, » m'écoutoit, avec une sollicitude mêlée de » plaisir, réciter des leçons qui excitoient dans » son esprit une suite d'idées très différentes de » celles qui s'élevoient dans le mien. » D'où vient pour nous l'importance de ces préceptes, de ces vérités de la religion que nos catéchismes les mieux faits mettent, non pas dans la tête, mais dans la bouche des enfans ? De ce qui nous rend la religion chère et respectable, des vertus qu'elle a fait naître, de ce que nous savons, de ce que les enfans ignorent, de ce qu'il faut donc commencer par leur apprendre. Je suppose qu'on voulût instruire dans la religion un homme fait, en qui aucune opinion ne s'opposeroit à l'introduction des vérités qu'on voudroit lui enseigner; libre de prévention sur ce point comme les enfans, mais de qui simplement on eût à craindre cette réponse, *je ne crois pas*, ou *je ne comprends pas*, que les enfans dissimulent pour éviter l'ennui des explications; sans doute on ne commenceroit pas par lui apprendre son catéchisme pour lui enseigner des devoirs dont il ne connoîtroit pas les bases, des vérités dont on ne lui montreroit pas les preuves; on lui apprendroit d'abord ce que Dieu a fait pour les hommes, tous les moyens que nous avons eus de le connoître, toutes les raisons que nous avons pour lui obéir et l'aimer. L'histoire à laquelle il nous est ordonné de croire précéderoit sans doute le précepte de la foi, et cette histoire bien sue, on auroit ensuite peu de choses à lui apprendre. « Il faut ignorer profondément l'essentiel de la » religion, dit Fénélon, pour ne pas voir qu'elle » est toute historique. » Et c'est, de même que lui, dans la connoissance de l'histoire sainte que miss Hamilton voit, du moins dans le commencement, presque toute l'éducation religieuse; tant relativement au dogme que relativement à l'ins-

truction morale qu'on en peut tirer. « Une jeune
» fille de sept ans, instruite, dit-elle, comme je
» viens de le recommander, vouloit apprendre
» quelque chose de Salomon, dont elle avoit
» entendu vanter la sagesse. On lui indiqua cette
» partie de son histoire où on rapporte la préfé-
» rence qu'il donne à la sagesse sur les richesses
» et les honneurs. Elle lut le passage avec beau-
» coup de plaisir; il fit sur son esprit une im-
» pression si profonde que, pendant long-temps,
» elle ne fit jamais ses prières sans demander à
» Dieu de lui donner la sagesse pour profiter des
» instructions qu'elle recevoit. Une autre petite
» fille, élevée d'après des principes contraires, au
» milieu d'une harangue ennuyeuse et incom-
» préhensible, sur la divinité de notre Sauveur,
» arrêta son institutrice pour lui demander s'il
» étoit réellement Dieu? La réponse ayant été
» affirmative: *O combien j'aurois désiré*, reprit
» l'enfant, *être dans le ciel pendant qu'il étoit sur
» la terre; ce devoit être un jour de fête pour tous
» les anges; ils devoient être si joyeux!* » Cette
choquante idée ne seroit sûrement pas entrée dans
sa tête, si une connoissance réfléchie et sentie de
l'histoire de Jésus-Christ eût précédé celle des
devoirs, sans doute pénibles, qu'on lui imposoit
au nom de Dieu; et l'on concevroit difficilement
un enfant que cette histoire, enseignée comme elle
le doit être, ne pénétrât d'amour et de respect.

Miss Hamilton pense que : « Dès que l'enfant
» peut lire assez bien pour être en état d'entendre

» quelque chose de ce qu'il lit, on doit exciter
» son imagination et sa curiosité en citant quel-
» ques passages de l'Ancien-Testament qui puis-
» sent l'amuser ou lui plaire ; on lui permettra
» ensuite, comme une faveur, de les lire. En répé-
» tant cela aussi souvent que l'occasion s'en pré-
» sentera, il acquerra une connoissance très
» exacte de l'Ancien-Testament. » Fénélon, avec
les mêmes principes, prescrit une méthode encore
plus appropriée à l'enfance, plus empreinte de ce
caractère de bonté paternelle qui s'occupe de tous
les détails : il veut qu'on raconte au lieu de faire
lire. « Animez, dit-il, ces récits de tons vifs et
» familiers ; faites parler tous vos personnages.
» Les enfans, qui ont l'imagination vive, croiront
» les voir et les entendre. Par exemple, si ra-
» contez l'histoire de Joseph ; faites parler ses
» frères comme des brutaux, Jacob comme un
» père tendre et affligé. Que Joseph parle lui-
» même ; qu'il prenne plaisir, étant maître en
» Egypte, à se cacher à ses frères, à leur faire
» peur, puis à se découvrir, etc. » Qui ne croit
entendre une mère descendant à la portée de l'âge
le plus tendre ? La méthode de Fénélon me
paroît préférable à celle de miss Hamilton, d'abord
en ce qu'elle rend ce genre d'instruction plus
propre à la première enfance : les enfans ne sont
pas aussi promptement qu'on le croit *en état
d'entendre quelque chose de ce qu'ils lisent.*
Occupés d'abord du mécanisme de la lecture, ils
y donnent toute leur attention, et l'on prend long-

DE L'EDUCATION. 297

temps pour un goût de lecture et d'étude le plaisir qu'ils trouvent à faire usage d'un nouveau talent et à exercer leur facilité dans un art qui leur a été long-temps si difficile. Il n'est pas rare de voir ce goût très ardent chez des enfans qui commencent à lire, s'éteindre ou du moins se suspendre lorsqu'ils se blasent sur la nouveauté de cet exercice. Il est donc intéressant de leur dire long-temps, plutôt que de leur laisser lire, ce qu'on veut qu'ils comprennent bien.

Il faut d'ailleurs éviter, je crois, dans la formation du sentiment religieux, de laisser leur imagination à elle-même, à ses erreurs, à ses légèretés. Il faut veiller soigneusement sur l'application qu'ils pourront faire des idées qu'on leur donne à cet égard. L'instruction religieuse, considérée comme un objet d'étude, deviendra un objet d'éloignement; mais si on faisoit pour eux de la lecture de l'Histoire Sainte un délassement qu'ils pussent quitter et reprendre à leur gré, il seroit fort à craindre qu'elle ne perdît à leurs yeux de son importance. Il faut qu'ils s'y intéressent; mais il faut les forcer, pour ainsi dire, à s'y intéresser au moment où il vous plaît et non à celui que choisit leur fantaisie; il ne faut pas qu'ils se croient libres de disposer de cette occupation qu'ils pourroient bien mêler alors à leurs occupations les plus puériles; mais que leurs parens s'y mêlent toujours, pour y donner une sorte de gravité proportionnée à leur âge, et qui n'en exclura pas l'intérêt. Cet intérêt en deviendra même plus grand; les

enfans aiment tout ce qui occupe d'eux et avec eux. Ainsi, lorsqu'ils seroient en état de lire par eux-mêmes, je voudrois que ce qu'on croiroit devoir leur faire lire de l'Histoire Sainte ne fût jamais lu que tout haut. Ne voit-on pas quelle impression produiroit sur eux une instruction que leurs parens se plairoient à partager, et qui ne mettroit aucune différence entre eux et de grandes personnes? « La première chose à faire, dit miss
» Hamilton, pour inspirer à nos enfans la véné-
» ration pour les Écritures, et le desir de savoir
» ce qu'elles renferment, c'est de les lire souvent
» nous-mêmes. » Que sera-ce si, les lisant avec eux, et nous appliquant comme eux les préceptes de morale qu'on en doit tirer, nous les accoutumons ainsi à les regarder comme la règle et le modèle de toute la vie? « Il faut, dit Féné-
» lon, accoutumer les enfans à regarder la vie de
» Jésus-Christ comme notre exemple, et sa pa-
» role comme notre loi. Choisissez parmi ses dis-
» cours et parmi ses actions ce qui est le plus pro-
» portionné à l'enfant. S'il s'impatiente de souffrir
» quelqu'incommodité, rappelez-lui le souvenir
» de Jésus-Christ sur la croix; s'il ne peut se
» résoudre à quelque travail rebutant, montrez-
» lui Jésus-Christ travaillant jusqu'à trente ans
» dans une boutique.... Enfin, faites qu'il se re-
» présente souvent ce que Jésus-Christ penseroit
» et ce qu'il diroit de nos conversations, de nos
» amusemens et de nos occupations les plus sé-
» rieuses, s'il étoit encore visible au milieu de

» nous. » Un enfant parvenu à cette habitude de société tireroit sans doute de la religion plus de sentimens moraux capables de diriger sa conduite, qu'il n'en pourroit recevoir de l'ensemble de préceptes le mieux ordonné ; et on peut l'y faire parvenir sans exalter son imagination, que l'Histoire Sainte a l'avantage de porter sur des faits, sur des personnages qui ont existé sur la terre, et non sur des êtres purement spirituels que nous défigurons en leur donnant des figures sensibles. J'avoue que je ne penserois pas comme Fénélon, qu'il fallût représenter Dieu aux enfans, « assis sur un trône avec des yeux plus brillans » que les rayons du soleil, et plus perçans que » les éclairs. Faites-le parler, dit-il, donnez-lui » des oreilles qui écoutent tout, des mains qui » portent l'univers, des bras toujours levés pour » punir les méchans! » De pareilles peintures, en donnant à l'imagination une part trop active dans nos sentimens religieux, disposent le cœur à une sorte de mysticisme, nécessairement échauffé par cette espèce de vue qu'il nous procure des objets ainsi revêtus de formes matérielles, et peuvent produire une exaltation dangereuse. Si Dieu a une voix, notre imagination échauffée ne peut-elle pas aller jusqu'à l'entendre ? S'il a un bras, ne pouvons-nous pas le voir qui nous menace ? Miss Hamilton parle d'un enfant qui, probablement instruit de cette manière, mais de plus exalté par les idées effrayantes qu'on lui avoit données de la Divinité, mis un soir en pénitence pour une faute, sortit de la chambre où on l'avoit enfermé, persuadé que Dieu lui avoit pardonné; car, disoit-il, *il m'a souri entre les nuages*. Ce malheureux enfant l'avoit vu, et nous serons moins éloignés de le voir que nous ne pensons quand nous nous serons accoutumés à nous le représenter. Les formes que nous aurons attachées à son idée ne pourront plus s'en séparer ; pour les lui donner, il aura fallu nous tromper nous-mêmes. L'habitude une fois prise, qui sait où elle s'arrêtera ? Mais Jésus-Christ a été un homme ; il ne faut pas à notre imagination, pour se le représenter sous des traits humains, plus d'effort que n'en demande tout autre personnage historique. Une personne absente, et la présence que nous lui donnons de temps en temps au milieu de nous, entièrement hypothétique, ne fait que nous rappeler d'une manière plus vive à ce degré d'attention sur nous-mêmes qu'exigeroit un témoin si respecté.

Un jour, l'ame accoutumée à sentir la présence de Dieu sans avoir besoin d'aucune image matérielle, ne demandera plus à l'imagination, pour s'en rapprocher, ces souvenirs historiques qui semblent faire sentir une sorte d'éloignement. Dieu sera toujours là pour elle; elle lui parlera sans lui supposer des oreilles, l'entendra sans lui demander des paroles; sa vie sera, pour ainsi dire, un entretien perpétuel avec ce Dieu, dont l'idée se mêlera à toutes ses actions, et qu'elle n'aura pas besoin d'aller chercher hors de ses occupations et de ses devoirs, parce qu'elle ne s'en écartera jamais. « Il

» s'agit, dit Fénélon, de parler simplement à
» Dieu à toute heure, pour lui avouer nos fautes,
» pour lui représenter nos besoins, et pour prendre
» avec lui les mesures nécessaires à la correction
» de nos défauts.... Il s'agit de prendre l'heureuse
» habitude d'agir en sa présence, et de faire gaie-
» ment toutes choses, grandes et petites, pour son
» amour. » Cet amour, cette familiarité, fruits
d'une longue fréquentation, ne se formeront point
dans le cœur des enfans par des préceptes encore
incompréhensibles pour eux, de gênantes pratiques,
des prières contraintes « où l'on est avec Dieu,
» dit encore Fénélon, comme avec les personnes
» qu'on respecte, qu'on voit rarement, par pure for-
» malité, sans les aimer, et sans être aimé d'elles ;
» tout s'y passe en cérémonie et en complimens;
» on s'y gêne, on s'y ennuie, on s'impatiente d'en
» sortir. » Si, pour se faire connoître et se faire
aimer, Dieu a daigné parler aux hommes, par ses
lois et par ses œuvres, que ce soit encore lui qui
parle aux enfans.

P. M.

CONVERSATIONS SUR LA CHIMIE,

DANS LESQUELLES LES ÉLÉMENS DE CETTE SCIENCE SONT EXPOSÉS D'UNE MANIÈRE SIMPLE, ET ÉCLAIRCIS PAR DES EXPÉRIENCES. — Traduit de l'anglais, sur la dernière édition; avec des notes et des gravures.

Trois vol. in-12. Prix : 9 fr., et 12 fr. par la poste. —A Genève, chez Manget et Cherbuliez, libraires ; et à Paris, chez le Normant.

D'APRÈS le titre de cet ouvrage, on s'attendra peut-être à rencontrer ici quelqu'une de ces productions superficielles, aujourd'hui si communes ; quelqu'un de ces abrégés à l'usage de la jeunesse, dans lesquels, en effet, l'instruction se trouve fort en abrégé, et qui sont réellement d'un excellent usage pour développer dans les jeunes gens la vanité et les prétentions. Mais malgré l'extrême probabilité de ces conjectures, elles se trouveroient déçues. Les *Conversations sur la Chimie* offrent une lecture très-instructive, quoique très facile et très attachante. La clarté et la simplicité ne s'y trouvent pas seulement dans l'annonce et sur le titre, comme dans beaucoup d'autres livres prétendus élémentaires ; ces qualités brillent et se soutiennent dans toute l'étendue de l'ouvrage ; et elles ne sont pas dues, comme cela arrive trop souvent, au soin d'éviter ou de déguiser les difficultés, mais au talent de les développer et de les éclaircir par un art d'exposition très remarquable, uni à une intelligence parfaite du sujet.

Enfin, pour augmenter notre surprise, cet ouvrage qui annonce un esprit si juste, si méthodique, des connoissances si positives, si variées, cet ouvrage qui a eu deux éditions en Angleterre.... est d'une femme, et d'une femme qui, malgré le succès, n'a pas voulu se nommer.

Il faut espérer que ce trait de modestie lui fera trouver grâce même près des gens qui pensent que l'on doit interdire aux femmes toutes les études sérieuses. Sans doute la pédanterie, déjà très ridicule dans un homme, seroit insupportable dans une femme ; sans doute il est mille choses qu'une femme a bonne grâce d'ignorer ; il est plusieurs études auxquelles il seroit dangereux de la livrer, parce qu'elles pourroient ternir la pureté de son imagination, sans aucune utilité bien réelle ; mais aussi il existe une infinité de connoissances positives qu'elle peut acquérir, qui contribueront à fortifier sa raison, son jugement, et qui développeront son intelligence sans aucun danger. Par exemple, il seroit certainement inutile qu'une femme allât passer ses journées dans un laboratoire de chimie ; mais s'il est possible, et il l'est, comme on le verra tout à l'heure, de lui présenter les principaux phénomènes chimiques d'une manière simple, courte, et cependant exacte : elle en retirera le très grand avantage de bien voir et de comprendre une multitude de phénomènes de la nature, ou de procédés des arts qui s'offrent partout à nos yeux ; elle pourra même avoir plus d'une fois l'occasion d'employer utilement ces connoissances positives pour elle-même et pour les autres, soit en les faisant servir à des applications usuelles, soit en y trouvant des secours ou des préservatifs dans une infinité de circonstances inattendues. Et pourvu qu'elle ne fasse point parade de ce qu'elle sait, il semble bien difficile que quelques idées justes et exactes sur les phénomènes de la nature puissent lui faire un si grand tort. Car enfin, on ne voit pas comment une femme seroit moins aimable pour savoir que le principe qui entretient la flamme, entretient aussi la vie; ou moins vertueuse, pour avoir appris comment le sang se forme dans ses veines, et le lait dans son sein; ou moins bonne mère de famille, pour connoître les caractères et les propriétés des sels qu'elle devra peut-être présenter un jour comme médicamens à ses fils.

L'auteur des *Conversations sur la Chimie* nous apprend elle-même les motifs qui l'ont engagée à écrire cet ouvrage; et je ne puis mieux indiquer l'utilité de son livre qu'en les rappelant. Elle avoit, comme beaucoup d'autres personnes, assisté à des expériences de chimie et de physique. Mais, dépourvue de connoissances préliminaires, elle n'avoit pu en retirer aucune instruction claire et satisfaisante. Ayant eu depuis des occasions fréquentes de converser avec un ami sur ces objets, qui avoient attiré sa curiosité sans contenter son esprit, elle vit qu'ils étoient liés par des rapports généraux qui permettoient de les suivre avec facilité, souvent même de prévoir les phénomènes secondaires ; et dès-lors cette étude eut pour elle cette espèce d'attrait qu'a toujours pour un esprit juste la découverte imprévue et certaine de la vérité. Alors, ayant suivi de nouveau le cours de chimie de M. Davy, à l'Institution royale de Londres , établissement fréquenté par les personnes des deux sexes, elle éprouva tout l'avantage de ses connoissances préliminaires ; elle put fixer avec intérêt son attention sur les détails des expériences, sans perdre de vue leur ensemble, qui seul constitue la science ; et désirant faire partager aux autres une préparation qui lui avoit été si utile, elle essaya de retracer, sous la forme de dialogues, ces mêmes idées qu'elle avoit acquises dans la conversation.

Son plan est celui de presque tous les traités ordinaires de chimie. Elle expose d'abord les propriétés des substances que l'on appelle *simples*, parce que les chimistes n'ont pu jusqu'à présent les résoudre en d'autres plus simples encore ; et après avoir considéré leurs propriétés individuelles, elle passe à l'examen de leurs combinaisons. Ainsi elle considère d'abord la chaleur dans ses divers états, soit cachée dans les corps et comme combinée avec leur substance, soit libre et agissant à distance sur les corps extérieurs. Elle examine ensuite la nature des diverses espèces d'airs désignés en chimie par le nom de *gaz*; et de là passant aux corps solides, elle expose les propriétés du soufre, du charbon, du phosphore, et des métaux, substances que la chimie n'a pas encore pu décomposer.

Il faut maintenant combiner ensemble ces principes simples, pour en faire naître tous les composés que nous présente la nature. L'auteur explique donc en général les lois de ces combinaisons ; ensuite elle forme successivement tous les acides et tous les sels, ces premiers et utiles produits de la chimie et des arts ; elle fait connoître leur nature, leurs caractères, leurs propriétés, leurs usages ; et s'élevant enfin à une chimie plus compliquée, elle suit les combinaisons des substances simples jusque dans les produits les plus remarquables de la végétation et de l'animalisation. Tel est le résumé de l'ouvrage.

On conçoit que cet ensemble de faits ne doit pas, ne peut pas même être présenté d'une manière purement théorique et abstraite ; aussi les théories exposées dans les conversations sur la chimie, sont-elles toujours accompagnées d'expériences intéressantes et faciles à répéter, même pour des femmes. Ceci pourra paroître extraordinaire, car les gens du monde se sont fait autrefois sur les savans et sur les sciences des idées bizarres, qui ne sont pas encore entièrement effacées. Ainsi, il n'y a pas long-temps que l'on ne pouvoit prononcer le mot de chimie sans réveiller l'idée d'un laboratoire obscur, tout rempli de cornues, de soufflets et de fourneaux, parmi lesquels vivoit une espèce de vieux philosophe, pareil aux alchimistes de Rembrandt. Il est bien vrai que ces divers appareils sont nécessaires quand on veut exécuter toutes les expériences chimiques, ou suivre les recherches nouvelles que l'on peut se proposer ; mais pour prendre une idée exacte des principaux phénomènes, pour acquérir des notions de chimie, même très étendues, et telles qu'on les peut désirer quand on ne veut pas faire de cette science son unique étude, il faut beaucoup moins de frais. Quelques cornues de verre ou de porcelaine, quelques tubes de verre, quelques flacons renfermant les principaux réactifs, et une lampe à courant d'air qui sert de fourneau, voilà tout ce qui est nécessaire ; et c'est ainsi que sont faites toutes les expériences rapportées dans les *Conversations sur la Chimie*. Les appareils ou les dispositions qu'elles exigent sont représentés dans une suite de planches dessinées par l'auteur même, d'une manière très agréable, et gravées au simple trait. On a joint à la traduction, des notes courtes et très exactes, où l'on indique les principales découvertes faites en chimie depuis la publication de l'ouvrage. Ces notes sont dues à M. Delarive, professeur de chimie à Genève. Elles sont faites dans un excellent esprit, et annoncent un chimiste très exercé.

C.

LES VOYAGES D'ADOLPHE.

(*Continuation.*)

M. DE VAURÉAL et son fils s'étoient arrêtés, comme nous l'avons dit, devant le portail de *l'Hôtel-Dieu* (1). Deux colonnes simples et peu élevées, quatre pilastres tout aussi simples, une porte assez étroite n'avoient rien de propre à frapper l'imagination d'Adolphe encore pleine de l'immensité et de la hauteur des tours et des voûtes de *Notre-Dame* qu'il voyoit encore à côté de lui : aussi ne paroissoit-il pas y faire grande attention. Cependant son père, convaincu qu'il est fort peu de sentimens et d'idées qu'on ne puisse faire entrer ou du moins faire poindre dans le cœur et dans la tête d'un enfant de treize ans déjà préparé par une bonne éducation ; desireux d'ailleurs de le placer de bonne heure dans la route qui mène à devenir véritablement humain et éclairé, vouloit saisir cette occasion d'arrêter quelques instans ses pensées sur les maux de l'humanité, sur les moyens de les soulager, et sur cette histoire des malades et des pauvres qui se rattache de si près à l'histoire de ceux dont le devoir est de les secourir. —

---

(1) Je dois une grande partie des détails que contient cet article sur les hôpitaux et leur histoire, à un excellent *Essai sur l'Histoire des Etablissemens destinés au soulagement des pauvres*, par M. le docteur Friedlander. Cet Essai a été imprimé en Allemagne dans les *Annales Françaises*. (*Französische Annalen.*)

Adolphe, lui dit-il; sais-tu qu'il y a là dedans près de 1200 malades qui, s'ils n'y avoient pas été reçus, n'auroient su comment se faire guérir ou seulement soigner?

Adolphe. Douze cents, papa! et comment une seule maison peut-elle les contenir?

M. de Vauréal. Cette maison est fort grande; elle se compose de plusieurs bâtimens situés sur les deux bords de la rivière et joints ensemble par un petit pont que je te montrerai tout à l'heure. Il y en avoit bien davantage autrefois.

Adolphe. Pourquoi donc n'y en a-t-il pas autant à présent? Est-ce qu'il y a moins de pauvres malades?

M. de Vauréal. Ce n'est pas cela; c'est qu'autrefois on y en entassoit un plus grand nombre, sans s'inquiéter s'ils étoient bien ou mal. Figure-toi qu'on mettoit jusqu'à cinq ou ou six malades dans un même lit; l'un avoit la fièvre, un autre la lèpre, un troisième n'étoit que blessé; de sorte que ce dernier prenoit souvent la maladie de ceux à côté desquels il étoit couché, et en mouroit, tandis que s'il eût été dans un lit à part, il se seroit peut-être guéri fort vite. On a vu quelquefois un mort que l'on négligeoit d'emporter tout de suite, rester plusieurs heures dans un lit où se trouvoient trois ou quatre autres malheureux encore vivans, souvent même peu dangereusement malades.

Adolphe. On se soucioit donc bien peu de leur guérison?

M. de Vauréal. Non, mon ami; mais on n'y

pensoit pas ; on n'y mettoit pas ce soin, cette importance sans lesquels le bien ne sauroit jamais se bien faire. On manquoit de lumières ; on ne se demandoit pas si ce n'étoient pas là de cruels abus, s'il ne seroit pas possible de les réformer ; ou mille obstacles s'opposoient à la bonne volonté de ceux qui auroient voulu l'entreprendre : les religieuses qui desservoient l'hôpital étoient pleines de dévouement et de zèle ; on les voyoit, au milieu de l'hiver, casser la glace de la rivière, et y entrer jusqu'à la moitié du corps pour laver leurs linges dégoûtans de sang et d'ordures ; mais elles étoient en trop petit nombre ; chacune d'elles avoit quinze ou seize malades à soigner, et ces malades, confondus pêle-mêle, atteints de maladies différentes, exigeoient chacun des soins différens ; tu vois que ces soins devoient être plus difficiles, moins bien appliqués et moins efficaces.

Adolphe. Mais presque tous ceux qui entroient à l'hôpital devoient y mourir ?

M. de Vauréal. C'est précisément là ce qui arrivoit ; il en mouroit d'ordinaire un sur quatre ; tandis qu'à présent, dans les hôpitaux bien administrés, il n'en meurt qu'un sur sept.

Adolphe. Pourquoi donc les hôpitaux n'étoient-ils pas bien administrés alors ?

M. de Vauréal. Je viens de te dire que le défaut de lumières et d'attention en étoit la principale cause. L'Hôtel-Dieu a été, pendant long-temps, à peu-près le seul hôpital de Paris : les maladies de tout genre s'y trouvoient confondues ; et la contagion augmentoit prodigieusement la mortalité. Louis XIV forma le projet de rémédier à cet abus, et de faire construire dans Paris plusieurs hôpitaux destinés chacun à un certain genre de maladie : une commission fut chargée de régler l'exécution de ce plan, mais elle rencontra de nombreuses difficultés : le clergé, à qui l'administration des hôpitaux avoit long-tems appartenu exclusivement, ne vouloit pas perdre son influence ; on faisoit un mystère d'une foule de détails qu'il eût été de l'intérêt public de connoître et de discuter : les administrateurs avoient le droit absolu de traiter et de punir les pauvres comme ils vouloient : aussi les intentions bienfaisantes du roi demeurèrent-elles sans effet ; et en 1773 *l'Hôtel-Dieu* étoit encore dans le même état, lorsque Marmontel publia une épître en vers où il peignit vivement les souffrances des malheureux qui y étoient reçus. *L'Hôtel-Dieu* venoit d'essuyer un affreux incendie, et comme on avoit eu anciennement le tort de placer les cuisines et les celliers pleins de bois, sous les chambres mêmes des malades, une grande partie d'entr'eux avoient péri dans les flammes ; la pitié publique étoit émue, l'attention étoit disposée à se porter sur ce sujet ; des hommes éclairés furent chargés par le roi d'examiner les moyens de prévenir de pareils désastres, et d'améliorer l'administration des hôpitaux. Depuis cette époque on a fait les réformes les plus utiles : le nombre des malades placés dans le même lit a d'abord été réduit à deux ; à présent ils ont chacun un lit à part; on ne reçoit plus ici que les fiévreux; ils sont soignés avec plus de suite et de soin : aussi la mortalité a-t-elle beaucoup diminué. Entrons : tu verras toi-même tout ce que je viens de te dire.

Ils entrèrent et parcoururent plusieurs salles. M. de Vauréal faisoit remarquer à son fils la propreté des lits, l'ordre et l'activité qui régnoient dans le service, devenu plus facile depuis qu'il étoit mieux organisé. — Tu vois, lui disoit-il, comment on peut, avec moins de peine et moins de dépense, adoucir plus réellement et plus utilement le sort des malheureux. L'entretien de chaque malade coûte à présent moins de trente sols par jour; autrefois il en coutoit près de quarante; et j'ai vu des hôpitaux en Italie où il est encore plus cher, quoiqu'on y soit beaucoup moins bien.

Adolphe. Les hôpitaux d'Italie étoient encore plus mauvais ?

M. de Vauréal. Oui, mon ami; à l'époque où j'y ai voyagé, la négligence qui y régnoit étoit inconcevable. Il m'est arrivé, en entrant à Rome dans un hôpital, de trouver les domestiques et tous ceux qui y étoient employés occupés à jouer aux cartes; les chambres d'ailleurs étoient vides: je demandai où se tenoient les malades; on me répondit qu'ils trouvoient mieux leur profit à mendier dans les rues; et effectivement elles étoient pleines de blessés, de fiévreux qu'on laissoit errer et mendier au lieu de les soigner et de les guérir. En Espagne on rencontroit les mêmes abus, ou des abus d'un autre genre : à Barcelonne, par

DE L'EDUCATION.

exemple, les petites filles qui étoient une fois entrées à l'hôpital, n'en sortoient plus de toute leur vie, excepté lorsqu'elles venoient à se marier; mais elles ne pouvoient ni prendre un métier ni se faire servantes; elles étoient retenues là comme dans une prison.

Adolphe. En étoit-il de même dans tout le reste de l'Europe?

M. de Vauréal. Non; en Hollande, par exemple, les hôpitaux étoient fort bien entretenus : on y avoit toujours pour but, non de faire vivre les pauvres dans la pauvreté, mais de les aider à en sortir et à se rendre ainsi indépendans de la charité publique. Ceux qui manquoient d'ouvrage en trouvoient dans des maisons de travail où on ne les privoit pas de leur liberté : personne ne pouvoit mendier sans rapporter un certificat de l'impossibilité où il étoit de se passer d'aumônes. Enfin, les hôpitaux des malades, offroient des modèles de salubrité et de propreté, d'autant plus remarquables, que, pour conserver ces avantages, les Hollandois ont à lutter contre l'humidité du climat, la stagnation des eaux et tous les inconvéniens qui en résultent.

Adolphe. Papa, y a-t-il toujours eu des hôpitaux?

M. de Vauréal. Non, mon ami; chez les anciens, entr'autres chez les Grecs, chacun étoit obligé de justifier des moyens par lesquels il gagnoit sa vie. Tu te rappelles peut-être que le philosophe Cléanthe, qu'on voyoit occupé du matin au soir à suivre les leçons de Zénon, fut mandé par le magistrat pour dire comment il s'entretenoit sans rien faire, et que sur sa réponse: — Je travaille la nuit pour les autres, on lui offrit une récompense qu'il refusa. Il en étoit de même à Rome; et la plupart de ceux qui n'avoient pas de quoi se nourrir faute de travail, étoient abandonnés sans secours. Cependant on trouve déjà sous Néron des médecins publics (1) chargés de soigner les pauvres malades; et Faustine, femme, comme tu sais, de l'empereur Marc-Aurèle, fonda une espèce d'hôpital pour les femmes en couche.

Adolphe. Quand est-ce donc que les hôpitaux ont été établis?

M. de Vauréal. C'est le christianisme qui en a d'abord introduit l'usage. Tu sais que la plupart des premiers chrétiens étoient pauvres et souvent persécutés : l'esprit d'union et d'humanité qui les animoit, la nécessité de se soutenir mutuellement, le nombre des martyrs, et d'autres causes, donnèrent à leur charité beaucoup d'activité et d'étendue. Un chrétien, nommé Samson, fonda un hôpital à Constantinople, et cet hôpital ayant été consumé par un incendie, Justinien le fit rebâtir avec une grande magnificence. Plus tard, quand la Palestine fut tombée au pouvoir des Musulmans, plusieurs hôpitaux s'élevèrent à Jérusalem, pour le soin des pèlerins pauvres ou malades : as-tu ou-

---

(1) *Archiatri.*

blié que les chevaliers de Saint-Jean de Jérusalem, les Templiers, les chevaliers Teutoniques, furent d'abord les gardiens de ces pieux établissemens?

Adolphe. Non, papa, je m'en souviens bien; mais est-ce depuis lors seulement qu'il y a eu des hôpitaux en Europe?

M. de Vauréal. Il en existoit plusieurs en France depuis le huitième, et même le cinquième siècle; mais les croisades en multiplièrent beaucoup le nombre; les croisés revenoient fiévreux, lépreux, blessés; une foule d'hôpitaux s'élevèrent pour les recevoir; on les nommoit des *léproseries* ou des *maladreries;* et l'on prétend qu'il y en avoit deux mille en France, du temps de Philippe-Auguste.

Adolphe. Est-ce alors que *l'Hôtel-Dieu* a été établi?

M. de Vauréal. Non; son origine est beaucoup plus ancienne; on a même été jusqu'à en attribuer la fondation à Saint-Landry, qui mourut, à ce qu'il paroît, vers le milieu du septième siècle; mais rien n'est moins prouvé, et les documens authentiques qui attestent l'existence de cette maison, ne remontent pas au-delà de la fin du règne de Charlemagne : c'étoit même alors une maison d'hospitalité plutôt qu'un hôpital proprement dit : on y recevoit les pélerins, les pauvres voyageurs, et l'on ne voit pas qu'avant le douzième siècle on y ait reçu et soigné des malades. Saint-Louis lui assigna cette destination, le dota richement, et, à son exemple, plusieurs personnes de la cour firent à l'*Hôtel-Dieu* des dons considérables. On cite entr'autres, à cause de sa singularité, celui d'un nommé Adam, clerc du roi, qui légua à l'Hôtel-Dieu deux maisons dans Paris, à condition que chaque année, le jour de son anniversaire, une partie du revenu de ces maisons seroit employé à donner aux malades de l'hôpital, tout ce qu'ils auroient fantaisie de manger, *pourvu*, ajoutoit-il dans son testament, *qu'on puisse en trouver*.

Cette condition fit rire Adolphe; et nos deux voyageurs, après avoir visité, tout en causant, les deux parties de l'Hôtel-Dieu et le petit pont qui les unit, revinrent sur leurs pas pour se retrouver encore sur la place du *Parvis-Notre-Dame*. Ne quittons pas ce quartier, dit M. de Vauréal, sans avoir vu du moins l'*Ile Saint-Louis*. (Ils arrivoient sur le pont qui joint cette île à celle de *la Cité*.) Il s'en faut bien qu'elle ait été habitée aussi anciennement que l'*Ile de la Cité*. Sous Henri IV elle étoit encore en prairies; et ce bon roi, dont nous retrouverons le nom attaché à une foule d'établissemens qui ont eu pour objet l'utilité publique, la fit entrer dans ses projets pour l'agrandissement et l'embellissement de Paris : cependant on ne commença à y bâtir que sous Louis XIII, et l'église de *Saint-Louis*, qui est située à peu près au milieu de l'île, ne fut même achevée que sous Louis XIV.

Adolphe. A quoi servoit donc cette île quand elle n'étoit pas habitée ?

M. de Vauréal. Je t'ai déjà dit qu'il y avoit des

prairies qui appartenoient aux chanoines de *Notre-Dame*. Plus anciennement encore elle servoit quelquefois de théâtre à de grandes fêtes; ainsi lorsque le roi d'Angleterre, Edouard II, vint en France peu après l'avénement de Philippe-le-Bel au trône, ce fut dans l'*Ile Saint-Louis* que se passa une partie des fêtes qu'on lui donna.

Adolphe. Qu'étoit-ce donc que ces fêtes?

M. de Vauréal. Des réjouissances publiques de tout genre, tant à la ville qu'à la cour. Tout le luxe que l'on connoissoit alors y fut étalé: les courtisans changeoient d'habit trois ou quatre fois dans la journée, et le dernier étoit toujours le plus magnifique. Des animaux de toute espèce furent offerts en spectacle au peuple. Ce qu'il devoit y avoir de plus singulier dans cette fête, c'étoit la grossièreté de quelques-uns des divertissemens placés au milieu de ce luxe et de cet étalage. Par exemple, comme on ne connoissoit pas encore le théâtre, on avoit imaginé de dresser deux échafauds aux deux bouts d'une rue, et des baladins représentoient à l'un des bouts le paradis, les anges, le bonheur des élus, tandis qu'à l'autre bout, leurs camarades jouoient l'Enfer, les diables et les tourmens des damnés.

Adolphe. Comment, du temps de Philippe-le-Bel, on n'avoit pas encore de spectacles?

M. de Vauréal. Non, mon ami; ce ne fut que vers la fin du quatorzième siècle, que des pélerins, qui revenoient de Jérusalem, ayant représenté, devant le peuple assemblé, des événemens tirés de l'Histoire-Sainte, de pieux bourgeois, d'après leur exemple, voulurent donner à ces représentations une forme plus régulière, et se réunirent à cet effet à Saint-Maur, près de Vincennes. On joua là, pour la première fois, sur un théâtre et dans un lieu fermé : *les Mystères de la Passion de Notre Seigneur Jésus-Christ*, c'est-à-dire, *toute l'histoire da sa crucifixion et de sa mort*. Ce spectacle eut le plus grand succès, et peu après Charles VI donna aux acteurs la permission de représenter tel mystère qu'ils voudroient prendre dans les *Vies des Saints*, dans l'*Ancien* ou dans *le Nouveau Tesament*. Ils louèrent alors, près de la porte *Saint-Denis*, dans l'hôpital de *la Trinité*, une salle où ils s'établirent, et d'où ce genre de spectacle se répandit bientôt dans toute la France.

Adolphe. Mais, mon Dieu, papa, est-ce qu'on mettoit véritablement un homme sur une croix, pour représenter Jésus-Christ ?

M. de Vauréal. Certainement, seulement tu penses bien qu'on l'y attachoit avec des cordes et non pas avec des clous; mais cette précaution n'empêchoit pas qu'il n'arrivât quelquefois des aventures tragiques. Par exemple, on raconte qu'à Metz, un pauvre curé qui jouoit le rôle du Christ, se trouva si mal sur la croix où on l'avoit fortement lié, qu'on fut obligé de l'emporter presque mort, et de le remplacer par un autre.

Adolphe. Et l'on ne défendit pas de continuer?

M. de Vauréal. Tant s'en faut : on regarda long-temps ces représentations comme un spectacle très pieux et très édifiant pour les chrétiens. Peu à peu cependant, il s'y introduisit des abus, qui en firent un vrai scandale, mais ce ne fut que vers le milieu du seizième siècle que les *Mystères* furent complétement défendus.

Adolphe. Je voudrois bien lire une de ces pièces.

M. de Vauréal. Tu y trouverois les absurdités les plus choquantes. On mettoit souvent en scène le diable qui venoit chercher les ames des damnés: il emportoit les simples particuliers dans une hotte et les grands seigneurs dans une charette. Mahomet étoit placé au nombre des dieux des Payens. C'étoit encore pis quand on vouloit sortir de l'Histoire sainte, pour prendre des sujets dans l'Histoire profane ; ainsi on voit, dans une de ces pièces, *Brethanicus*, empoisonné par sa belle-mère Agrippine, laquelle est ensuite empoisonnée par son fils *Noiron*, dans un repas que celui-ci donne à sa maîtresse *Pompée*. Je ne finirois pas si je voulois te citer tous les exemples d'ignorance et de folie que l'on trouve dans ces *Mystères*. Mais il est déjà tard, et tu dois être fatigué de la longueur de notre promenade ; rentrons. Tu connois bien à présent les deux îles que nous venons de parcourir, et nous irons un de ces jours faire connoissance avec quelque autre quartier de Paris.

Ils reprirent le chemin de leur maison, et Adolphe charmé de tout ce qu'il venoit d'apprendre, sans avoir eu la peine d'ouvrir un livre, ne fut tranquille que lorsque son père lui eut promis qu'ils reprendroient leur voyage le surlendemain.

F. G.

ANNALES DE L'EDUCATION.

NOUVELLES CONCERNANT L'ÉDUCATION.

Londres.

La Chartreuse.

Cet établissement est situé au sommet de l'allée des Chartreux, dans *Smithfield*. C'étoit autrefois un prieuré de Chartreux. En 1611 il fut converti par Thomas Sutton, en un bel hôpital, ayant un directeur, un prédicateur, un maître d'école, un sous-maître, quarante-quatre enfans et quatre-vingt vieillards, marchands ou militaires. On y fait faire aux enfans des études classiques. Le docteur Mathieu Raine en est maintenant l'instituteur. Cette fondation soutient vingt-neuf étudians aux universités.

M. Sutton étoit un grand négociant de Londres, sous le règne d'Élisabeth ; il descendoit d'une bonne famille du comté de Lincoln ; sa générosité égaloit ses richesses ; il arma, comme volontaire, un brick dit *le Sutton*; qu'il commandoit dans la fameuse expédition contre l'*Armada*. Une disette étant survenue, il acheta des grains et les fit vendre à bas prix à ses voisins pauvres. Le comte de Suffolk lui vendit pour 30,000 liv. sterling, le prieuré dont il s'agit ; et M. Sutton, outre les frais de fondation, dota l'hôpital d'un revenu de 4,490 liv. sterlings en fonds de terre. Il mourut en décembre 1611, âgé de soixante-dix-neuf ans ; son corps a été déposé dans la chapelle de son hôpital, et son portrait orne une des salles.

La Société de Marine.

Cette société, qui s'est organisée en 1756, se charge de l'éducation d'enfans pauvres, dont elle fait de petits matelots. Elle a fait construire un vaisseau assez grand pour recevoir cent enfans ; il est ancré entre Deptford et Greenwich ; on leur enseigne la manoeuvre, et on les forme à la vie de la mer.

ERRATA.

N°. IX.

Pag. 130, lig. 26, *énergiques*, lisez : *énergique*.
172, lig. 9, *Nicolorius*, lisez : *Nicolovius* ;
lig. 17, *Rochon*, lisez : *Rochow* ;
lig. 30, *Zirgenbein*, lisez : *Ziegenbein* ;
lig. 31, *Ernst*, lisez : *Ernst*.

N°. X.

Pag. 217, lig. 21, *Ve Lettre*, lisez : *IVe Lettre*.
Table des Matières, lign. 11, *Ve Lettre*, lisez : *IVe Lettre*.

ANNALES DE L'ÉDUCATION.

MM. les souscripteurs sont prévenus que leur abonnement est expiré.

DES IDÉES DE RABELAIS,

EN FAIT D'ÉDUCATION.

(Ier Article.)

ON dit que *la vérité est éternelle*, et l'on dit plus vrai qu'on ne pense peut-être. Je ne parle pas ici de ces vérités physiques pour la découverte desquelles il faut, selon le proverbe espagnol, *donner du tems au tems*, puisque l'expérience et l'observation sont les seuls guides qui y conduisent. Mais les vérités morales, celles qui reposent sur l'essence de la nature humaine, sur son développement, ses droits, les lois de la raison enfin, croit-on qu'elles aient jamais été tout à fait perdues dans le monde? croit-on que, dans les siècles les plus barbares, l'ignorance, la superstition, le despotisme, aient assez égaré ou avili les hommes pour qu'il ne s'en soit trouvé aucun qui ait levé la tête et ouvert les yeux? ce seroit une grande erreur; *la vérité est la langue de Dieu même*, a dit Quevedo, *et la langue de Dieu n'a jamais été muette*. Dans les temps les moins éclairés, quelques hommes supérieurs sont sortis des rangs de cette foule immense qui suit stupidement la route où elle ne doit laisser aucune trace, pour marcher d'un pas ferme, bien qu'isolément, vers les vrais principes de la raison, en éducation, en politique, en religion, en philosophie, et éterniser ainsi la durée de leur nom en l'attachant à ces idées raisonnables en faveur desquels ils ont protesté quand elles étoient méconnues. La vérité ne règne pas toujours, mais elle ne sauroit mourir, et c'est elle seule qui fait vivre : les erreurs se chassent et se succèdent comme les tourbillons de sable dans le désert; mais la vérité, tantôt obscure, tantôt éclatante, marche toujours la même au travers des siècles, portant avec elle les ouvrages de ceux qui, pendant leur courte existence, se sont attachés à ses pas. Il seroit aisé, en parcourant toutes les routes où s'est exercé l'esprit humain, de trouver partout la confirmation de cette consolante idée : nous ne la chercherons que dans l'histoire de l'éducation : notre âge se glorifie à juste titre des progrès qu'il lui a fait faire; Locke, Rousseau, et plus encore l'esprit général du temps, nous ont amenés à en chercher les lois dans celles du développement naturel des facultés de l'homme, et à n'y employer d'autres moyens que ceux qui sont propres à seconder ce développement, et à le diriger sans le détourner et le contraindre. Nos lecteurs prendront, je l'espère, le même plaisir que nous à retrouver cette belle idée, et une partie des conséquences qui en résultent, dans des temps où les institutions, les préjugés, l'état de la civilisation, sembloient devoir l'étouffer entièrement;

mais ils ne m'entendront pas sans étonnement nommer d'abord Rabelais comme un de ceux qui ont le mieux pensé et le mieux parlé en fait d'éducation, avant Locke et Rousseau.

Un écrivain qui a exagéré la licence à une époque où elle étoit déjà excessive, qui n'a presque jamais été gai sans bouffonnerie, et est resté quelquefois bouffon sans gaîté, qui a dépensé en inventions absurdes et bizarres toute la richesse de son imagination, qui semble s'être imposé la loi de ne jamais dire sérieusement que des extravagances, ne paroît pas devoir être un excellent précepteur. Mais par une alliance aussi naturelle que singulière, la raison, toutes les fois qu'elle n'a pu se montrer avec l'empire et la dignité qui lui conviennent, s'est cachée sous le masque de la légèreté et de la folie, comme pour se faire pardonner en amusant les hommes, par ceux qui l'auroient persécutée si elle avoit voulu leur imposer des lois: c'est ainsi qu'Aristophane, en se moquant à la fois des sophistes, des dieux et de Socrate, disoit, sur les sophistes et les dieux, ce que Socrate ne put insinuer sans être condamné à boire la ciguë. La persécution s'est étendue quelquefois jusque sur ceux qui faisoient rire; mais plus souvent ils ont obtenu grâce par la protection de ceux qui avoient ri : quand tout est absurde dans le monde, le seul moyen de rester raisonnable, c'est de consentir à se donner pour fou : la gaîté paroît toujours légère, et ceux qui semblent se jouer de la vérité même obtiennent plus aisément la permission de la dire;

Rabelais après avoir mené une vie fort peu régulière, divertit, par un livre fort peu dévot, un cardinal, un roi qui croyoient devoir persécuter les hérétiques, et le cardinal et le roi le défendirent contre ceux qui l'accusoient d'hérésie. Ne soyons donc pas étonnés de rencontrer souvent la raison au milieu de tant de bouffonneries extravagantes, irréligieuses ou licencieuses, et rendons-lui hommage en dépit du masque, souvent hideux, qu'elle a été obligée d'emprunter.

Ce n'étoit pas une chose facile que de parler raisonnablement d'éducation au moment où écrivoit Rabelais. Nulle idée d'éducation domestique et des moyens de la rendre praticable; quant à l'éducation publique, point d'étendue et de véritable utilité dans l'instruction que les enfans recevoient au collège; point de justice et d'humanité dans le traitement qu'ils y éprouvoient; une vaine étude de mots ridiculement prolongée, à laquelle succédoit une étude non moins vaine de subtilités interminables, et ces vaines sciences inculquées dans l'esprit des enfans à l'aide des châtimens, des coups et de cette sévérité barbare, qui semble regarder le *compelle intrare* comme un des droits de l'enseignement.

Comment s'y prendre pour concevoir, au milieu d'un pareil état de choses, le plan d'une éducation libérale, douce et raisonnable? comment l'exécuter après l'avoir conçu? Rabelais avoit commencé par se soustraire au danger de choquer directement les idées reçues; en se transportant lui et ses héros dans un monde extravagant et imaginaire, il s'étoit donné la liberté de les élever et de les diriger tout autrement qu'on ne faisoit de son temps. Les régens des colléges ne pouvoient prétendre à ce que Pantagruel qui, à peine né, *humoit à chascun de ses repas le laict de quatre mille six cents vasches*, et pour la première chemise duquel on avoit *levé neuf cents aulnes de toile de Chastelleraut*, fût traité comme un des petits garçons qui trembloient devant leur férule : l'éducation d'un tel enfant ne pouvoit ressembler à celle des petits enfans ordinaires. Voilà donc Rabelais, grâces à ses suppositions folles, libre d'élever à son gré Pantagruel. Nous croyons avoir aujourd'hui, en éducation, des idées saines, fondées sur les lois de la raison et de la nature : voyons si Rabelais les auroit soupçonnées, et si l'éducation de son jeune géant seroit encore aujourd'hui une bonne éducation (1).

_____

(1) Rabelais, comme on sait, a écrit deux romans, *l'Histoire du géant Gargantua*, et *celle de son fils Pantagruel*. Il parle dans le premier de l'éducation de Gargantua, et dans le second, de celle de Pantagruel. J'ai cru devoir, pour simplifier le récit, réunir en une seule éducation, ce qu'il dit des deux éducations qu'il raconte, et j'ai choisi celle de Pantagruel, parce qu'il est le héros du principal de ces deux ouvrages. Ainsi, j'ai attribué à l'éducation de Pantagruel, fils de Gargantua, ce qui est dit de l'éducation de Gargantua, fils de Grand-Gousier; comme s'il n'y avoit qu'un roman où Gargantua fût le père, et Pantagruel le fils. Cette simple transposition de noms, en ne changeant absolument rien au

Pantagruel est au berceau; il y est lié et emmaillotté comme tous les enfans d'alors; mais bientôt, Gargantua son père, s'aperçoit que ces liens gênent ses mouvemens, et qu'il fait effort pour les rompre; aussitôt il commande, « qu'il soit
» délié desdictes chaisnes, par le conseil des princes
» et seigneurs assistans : ensemble aussi que les
» médicins de Gargantua disoient que, si l'on le
» tenoit ainsi au berceau, seroit toute sa vie subject
» à la gravelle. » : et voilà Pantagruel à son aise, comme le sont aujourd'hui nos enfans.

Sa première éducation fut toute physique. Nous croyons avec raison devoir consacrer au libre développement du corps ces premières années qu'on ne sauroit employer à autre chose : nous ne voulons pas exercer les facultés intellectuelles avant que les facultés corporelles aient acquis quelque consistance; nous laissons les enfans se traîner, se rouler, déployer en tout sens les mouvemens de leurs jeunes membres. Que faisoit Pantagruel ? « Depuis les troys jusques à cinq ans, il fut nourry
» et institué en toute discipline convenente, par
» le commandement de son père, et celluy tems
» passa comme les petits enfans du pays, c'est
» assavoir, à boyre, manger et dormir; à manger,

---

fond des choses, rend la marche des idées de Rabelais et le récit des événemens plus faciles à exposer et à suivre; il est tout naturel de supposer que, les principes et l'auteur étant les mêmes, ce qui est prescrit pour l'éducation du père, l'est aussi pour celle du fils.

» dormir et boyre; à dormir, boyre et manger.
» Toujours se veautroit par les fanges, se masca-
» roit (1) le nez, se chauffouroit (2) le visage.....
» couroit volentiers après les parpaillons desquels
» son père tenoit l'empire..... les petits chiens de
» son père mangeoient en son escuelle ; lui de
» mesme mangeoit avec eux : il leur mordoit les
» aureilles, ils lui graphinoient le nez, etc. etc. »

Aussi devint-il grand et fort de bonne heure : son père continua à lui faire exercer son corps pour le rendre adroit et agile : « Affin que toute sa
» vie feust bon chevaulcheur, l'on luy feit ung
» beau grand cheval de boys, lequel il faisoit
» penader (3), saulter, voltiger, ruer et dancer
» tout ensemble. » Vint cependant le temps où il falloit commencer à l'instruire; la promptitude et la facilité de son esprit, qui s'étoit développé naturellement et sans contrainte, firent concevoir à Gargantua de grandes espérances. « Je veulx, dit-
» il, le bâiller à quelcque homme sçavant, pour
» l'endoctriner selon sa capacité et n'y veulx rien
» espargner. » Par malheur, le bon Gargantua n'avoit pas encore l'expérience de l'absurdité des méthodes d'enseignement généralement usitées : il remit donc Pantagruel « à ung grand docteur

---

(1) *Se mascaroit*, c'est-à-dire se *noircissoit le nez avec du charbon*. On dit encore, dans les patois méridionaux, *mascarat* pour noirci.

(2) *Se chauffouroit* pour *se barbouilloit*.

(3) *Penader*, donner du pied.

» sophiste, nommé maistre Tubal Holoferne, »
qui commença par l'élever comme on élevoit alors.
Que lui enseigna le docteur?

« Il lui apprint sa charte (1) si bien qu'il la disoit
» par cueur au rebours; et y feut cinq ans et trois
» mois : puis luy leut le Donat, le Facet (2), etc.
» et y feut treize ans, six mois et deux sepmaines;
» puis lui leut *de modis significandi*, avec les
» comments de Hurtebise, de Fasquin et ung tas
» d'autres, et y feut plus de dix huict ans et unze
» mois; et le sceut si bien que, au coupelaud (3),
» il le rendoit par cueur à revers; et prouvoit sus
» ses doigts à sa mère, que *de modis significandi*
» *non erat scientia*. »

Après tant de travaux, d'ennuis et d'années,
que savoit Pantagruel? « Son père aperceut que
» vrayement il estudioit très bien et y mettoit tout
» son temps, toutesfois que en rien ne prouffitoit.
» Et qui pis est, en devenoit fou, niays, tout res-
» veux et rassoté. De quoy se complaignant à
» don Philippe des Marais, entendit que mieulx
» luy vauldroit rien n'apprendre que tels livres
» soubz tels précepteurs apprendre; car leur sçavoir
» n'estoit que besterie, et leur sapience n'estoit que
» moufles (4), abastardissant les bons et nobles
» esperits et corrompant toute fleur de jeunesse. »

---

(1) Son alphabet.
(2) Vieux livres élémentaires pour l'étude du latin.
(3) *Au coupelaud*, c'est-à-dire *à l'examen*.
(4) *Moufle*. « On appelle moufle *à Toulouse*, dit

Gargantua n'étoit pas entêté; il ne fermoit pas les yeux pour ne pas voir, et croyoit ce qu'il voyoit : Pantagruel fut ôté des mains de ses anciens maîtres et remis à Ponocrates, précepteur d'un genre tout différent, qui fut chargé de le conduire à Paris pour y refaire et y achever son éducation.

Ponocrates se garda bien de le placer dans un collége : « Mieulx l'eussé voulu, dit-il, mettre
» entre les guenaulx (1) de Saint-Innocent pour
» l'énorme cruaulté et vilennie que j'y ay con-
» gnëue : car trop mieulx sont traictés les forcés
» entre les Maures et les Tartares; les meurtriers
» en la prison criminelle, voire certes les chiens
» en vostre maison que ne sont ces malautruz au-
» dict colliége. Et si j'étois roy de Paris, le diable
» m'emporte si je ne mettois le feu dedans et
» ferois brûler et principal et régens, qui endurent
» celle inhumanité devant leurs yeulx estre
» exercée. »

_____

» Caseneuve, *une chose qui, pour être remplie, ou*
» *fourrée de plume ou de laine, est tellement molle que*
» *les doigts y enfoncent si on la presse tant soit peu.* »
En ce sens, quand Rabelais dit que la science des maîtres dont il parle n'est que *moufle*, il entend qu'elle n'est rien moins que solide. (Note de Le Duchat, commentateur de Rabelais.) On dit encore, en patois languedocien, *ès moufle* : il est *gras*, *bouffi*.

(1) *Guenaulx* pour *les gueux*, les gens vêtus de guenilles.

Rabelais, à ce qu'il paroît, avoit surtout en aversion le collège de Montaigu, car il dit ailleurs : « Tempeste feut un grand fouetteur d'escholiers » au colliége de Montagu. Si par fouetter paovrets » petits enfans, escholiers innocens, les péda- » gogues sont damnés, il est, sus mon honneur, » en la roue d'Ixion, fouettant le chien courtault » qui l'esbranle.

On devine sans peine, d'après cela, que l'éducation de Pantagruel fut humaine et douce. Ponocrates, « considérant que nature ne endure mu- » tations soubdaines sans grande violence », voulut d'abord le laisser se livrer à ses premières habitudes, « affin d'entendre par quel moyen en si » long-temps ses anticques précepteurs l'avoient » rendu tant fat, niays et ignorant. » Il le toléra ainsi pendant quelques jours, et ne tarda pas à s'apercevoir que l'ennui de ces premières études avoit en outre rendu Pantagruel fainéant et paresseux. Il s'appliqua alors à le réformer, non par la contrainte ; mais en lui faisant prendre peu à peu un autre genre de vie : jamais il ne chercha à asservir la raison de son élève sous le joug de l'autorité ; il vouloit la rendre capable de commander, non la restreindre à obéir ; car il pensoit que « c'est l'usance des tyrants qui veulent leur arbitre » tenir lieu de raison, non des saiges et sçavants » qui par raisons manifestes contentent les lec- » teurs. » Aussi Pantagruel prit-il bientôt goût au travail : « lequel, combien qu'il semblast pour » le commencement difficile, en la continuation

» tant doulx feut, légier et délectable, que mieux
» ressembloit un passe-temps de roy que l'estude
» d'un escholier. » Les connoissances qu'on cherchoit à lui faire acquérir étoient intéressantes et variées ; les méthodes dont on se servoit avec lui excitoient son activité sans fatiguer son attention. Quelles étoient ces connoissances que Rabelais regardoit comme véritablement utiles, ces méthodes qu'il conseilloit d'adopter ?

On ne peut se défendre d'une surprise mêlée d'admiration, quand on songe aux progrès immenses qu'a faits l'esprit humain depuis Rabelais: nous en avons donné indirectement une idée en parcourant naguère, à l'occasion d'*Eudoxe*, le vaste ensemble des études qu'il faut faire aujourd'hui pour être vraiment au niveau de ces progrès. Les lois du calcul et de l'observation expliquant d'une manière certaine, tantôt les grands phénomènes, tantôt les petits secrets de la nature ; toutes les branches des sciences exactes et physiques, distinguées avec exactitude, cultivées avec succès, chacune à part, et rapportées cependant à un même tronc ; l'application de la théorie à la pratique, devenue la source d'une foule de perfectionnemens dans les arts, d'aisances dans la vie ; les élémens de la certitude à laquelle notre intelligence peut arriver, discutés avec soin ; les routes qu'elle a à parcourir tracées nettement et souvent bien éclairées ; tel est aujourd'hui l'état de nos connoissances ; et à mesure qu'elles se sont ainsi développées, nous avons découvert quels sont, pour ceux qui étudient, les meilleurs moyens de les acquérir. Rien de tout cela n'existoit au 16ᵉ siècle; les mathématiques, les sciences naturelles étoient dans l'enfance, ou plutôt, ce qui est pis encore, elles s'étoient changées en astrologie, magie, alchimie ou autres vaines sciences sans utilité comme sans vérité; leur importance réelle étoit méconnue; leurs résultats pratiques étoient négligés, les bonnes méthodes d'enseignement ignorées. N'est-ce pas un phénomène très remarquable, que, dans un pareil état de choses, un homme ait eu assez de sagacité, assez de justesse d'esprit, non seulement pour regarder les sciences naturelles comme un des principaux objets d'étude qui doivent entrer dans l'éducation, mais encore pour faire de l'observation de la nature la base de cette étude, pour arrêter son élève à l'examen des faits, pour lui indiquer la nécessité d'appliquer la science et l'engager à étudier les arts et les métiers, qui profitent de ces applications? N'est-il pas étrange que cet homme se soit placé ainsi non seulement dans la seule route où l'on pût acquérir alors quelques connoissances exactes et utiles dans des sciences qui n'existoient pas, mais encore dans la route par laquelle les savans arrivent aujourd'hui à des résultats grands et certains, à des découvertes fructueuses et solides?

C'est cependant ce qu'a fait Rabelais, probablement par la seule force du bon sens, et sans se douter lui-même de la fécondité de ses idées. Suivons-le dans ce qu'il veut qu'apprenne

son élève, et dans les méthodes dont il se sert. Pantagruel étudie l'astronomie, mais non pour y chercher l'astrologie et deviner l'influence des astres. « Laisse-moy, lui écrit son père, l'astro-
» logie divinatrice et l'art de Lullius, comme
» abus et vanités. » Le soir, Ponocrates et lui
» en pleine heure, devant que soy retirer, alloient
» au lieu de leur logis le plus descouvert, veoir la
» face du ciel, et là notoient les cometes, si au-
» cunes estoient, les figures, situations, aspects et
» configurations des astres. « Le matin, en se
» levant, ils consideroient l'estat du ciel, tel
» estoit-il comme l'avoient noté au soir precedent, et
» quels signes entroit le soleil, aussi la lune pour
» icelle journée. » Cette méthode d'observation
n'étoit-elle pas alors la seule par laquelle on pût
apprendre quelque chose en astronomie? « Pour
» les mathématiques en soit la base, Pantagruel
» est loin de les negliger; et Ponocrates fait servir
» ses amusemens à l'en instruire. On leur apportoit
» des chartes, non pour y jouer, mais pour y ap-
» prendre mille petites gentillesses et inventions
» nouvelles, lesquelles toutes issoient (1) de l'arith-
» métique. En ce moyen entra en affection d'icelle
» science numérale, et non seulement d'icelle,
» mais des aultres sciences mathematiques, comme
» géometrie, astronomie et musicque. Ils faisoient
» mille joyeulx instrumens et figures géometriques,

(1) Issoient, c'est-à-dire sortoient. Yssir sortir, de l'italien Uscire.

» et de même praticquoient les canons astrono-
» micques. Après s'esbaudissoient à chanter musi-
» calement à quatre et cinq parties, ou sus un
» thême à plaisir de gorge. »

Ce n'étoit pas à cela seulement qu'ils *s'esbaudissoient;* Ponocrates savoit que le meilleur moyen de rendre l'étude intéressante et profitable, c'est de la rendre active et d'en chercher l'occasion dans les circonstances ordinaires de la vie. Vouloit-il faire étudier à son élève ce qu'on pouvoit étudier alors des sciences naturelles, c'est-à-dire, lui faire connoître les caractères et les propriétés des principaux objets de la nature? pendant leurs repas, « ils commençoient à deviser joyeu-
» sement ensemble, parlans de la vertu, propriété
» efficace et nature de tout ce qui leur estoit servy
» à table; du pain, du vin, de l'eaüe, du sel, des
» viandes, poissons, fruicts, herbes, racines, et
» de l'apprest d'icelles. Ce que faisant aprint en
» peu de temps tous les passaiges à ce compétens
» en Pline, Dioscoride, Galen, Aristotelès, Elian
» et aultres. Iceux propous tenus, faisoient sou-
» vent, pour plus estre asseurés, apporter les
» livres susdicts, à table. Et si bien et entièrement
» retint en la mémoire les choses dictes, que pour
» lors n'estoit medicin qui en sceust à la moitié
» tant comme il faisoit. » N'est-ce pas ainsi que s'y prendroit encore un père qui voudroit donner à ses enfans des notions d'histoire naturelle et de physique?

Ponocrates et son élève alloient-ils se pro-

mener? la *botanique* les occupoit alors; « passans
» par quelcques prez ou aultres lieux herbus,
» visitoient les arbres et plantes, les conférans avec
» les livres des anciens qui en ont escript.... et en
» emportoient leurs pleines mains au logis : des-
» quelles avoit la charge ung jeune page, nommé
» Rhizotome, ensemble des pioches, bêches,
» tranches et aultres instrumens requis à bien
» arboriser. »

Si le temps pluvieux ne leur permettoit pas
d'aller herboriser, « ils visitoient les boutiques
» des drogueurs, herbiers et apothecaires, et soin-
» gneusement considéroient les fruicts, racines,
» feuilles, gommes, semences pérégrines, ensemble
» aussi comment on les adultéroit. »

Ces visites s'étendoient souvent à toute la science
que nous appelons *technologie* ; car « semblable-
» ment ou alloient veoir comment on tiroit les
» métaulx, ou comment on fondoit l'artillerie ;
» ou alloient veoir les lapidaires, orfebvres et
» tailleurs de pierreries.... les tissutiers, les velou-
» tiers, les horlogers.... imprimeurs, teinturiers et
» aultres telles sortes d'ouvriers, et partout,
» donnans le vin, apprenoient et considéroient
» l'industrie et invention des mestiers. »

Et qu'on ne croie pas qu'en dirigeant ainsi
l'attention de son élève vers l'étude de la nature,
ou des avantages que les hommes en peuvent tirer,
Ponocrates lui laissât négliger les sciences morales;
il lui enseignoit, au contraire, à chercher dans
tout ce qu'il voyoit ou apprenoit quelque bon

précepte de conduite. Lorsque Pantagruel repassoit dans sa mémoire les leçons qu'il avoit reçues, « il y fondoit quelques cas practiques concernans » l'estat humain, lesquels ils estendoient aucunes » fois jusques deux ou trois heures. » D'ailleurs la distribution de sa journée le rappeloit sans cesse aux idées les plus sérieuses: dès qu'il étoit levé, « lui estoit leue quelcque pagine de la divine es- » cripture, haultement et clerement, avecque » pronunciation compétente à la matière... Selon » le propous et argument de cette leçon, sou- » ventes fois se adonnoit à révérer, prier et sup- » plier le bon Dieu; duquel la lecture montroit » la majesté et jugemens merveilleux. » Quand le soir arrivoit, « avec son précepteur récapituloit » briefvement, à la mode des Pythagoriques, » tout ce qu'il avoit leu, veu, sceu, faict et en- » tendu au decours de toute la journée. Si prioient » Dieu le créateur en l'adorant et ratifiant leur » foy envers luy, et le glorifiant de sa bonté im- » mense; et lui rendant grace de tout le temps » passé, se recommandoient à sa divine clémence » pour tout l'advenir. Ce faict, entroient en leur » repos. »

N'étoient-ce pas là des journées vraiment bien employées et une éducation bien conçue ? il n'est pas jusqu'à l'éducation physique, la gymnastique proprement dite, que Rabelais n'ait pris soin d'y faire entrer. Il décrit avec le plus grand détail les exercices de toute espèce auxquels se livroit l'élève de Ponocrates; et ces exercices ne sont pas de

DE L'EDUCATION. 337

vains jeux; leur utilité est toujours clairement indiquée; ils tendent en général à faire de Pantagruel ce que devoient être tous les jeunes gentilshommes d'alors, un homme d'armes fort et adroit. Ainsi, « il luictoit, couroit, saultoit, non à trois
» pas un sault, non à clochepied, non, au sault
» d'alemant; car (disoit Gymnaste, son escuyer),
» tels saults sont inutiles et de nul bien en guerre.
» Mais d'ung sault persoit (1) ung fossé, voloit sus
» une haye, montoit six pas encontre une mu-
» raille, et rampoit en cette façon à une fenestre
» de la haulteur d'une lance. » Du reste, Rabelais ne veut pas non plus que ces exercices deviennent une fatigue ou un travail pénible. « Tout leur jeu
» n'estoit qu'en liberté; car ils laissoient la partie
» quand leur plaisoit, et cessoient ordinairement
» lorsque suoient parmy le corps ou estoient autre-
» ment las. »

Telle étoit la marche que suivoit Ponocrates avec son élève; tel est le plan d'éducation que propose Rabelais : plan vaste, bien entendu, bien ordonné, où tout est bien disposé pour faire de Pantagruel un homme, et un homme éclairé. Ce n'est pas tout encore; on a déjà remarqué, peut-être, que je n'avois pas parlé jusqu'ici des études littéraires proprement dites, en particulier de l'étude des langues, de l'histoire et de tout ce qui s'y rattache. Rabelais ne les a cependant pas négligées : il a développé ses idées sur ce sujet et

(1) *Persoit* pour *passoit*, *traversoit*.

sur plusieurs autres points dans une lettre du Gargantua à son fils ; cette même intention éclate, toute brillante, dans les instructions du père de Pantagruel ; elle se montre parfaitement d'accord avec les méthodes de son précepteur, et quelques pages plus loin avec la colère dont il alloit été transporté, à l'aspect de cette désintéressement de l'amour paternel, quand il parle d'une seconde association à laquelle les travaux des voyages de Panurge et Pantagruel ne leur envoyoient aucun cas, en faisant sans qu'ils en manifestassent par son caractère.

Ces résultats sont la pierre de touche des préceptes des facétés de Louise, et je me contentai de dire qu'elle étoit bien laide dans ces attitudes. « Mais, maman, repart-elle, c'est la petite demoiselle. » Alors, pour me la mieux faire connoître, elles se mirent toutes deux à forcer les grimaces et à bien faire voir ce qu'il y avoit de ridicule ; pour toutes les exagérations, elles disoient que les autres en avoient, et comme elle, surtout une grande demoiselle qui étoit bien drôle quand elle

Les premiers beaux jours nous ont obligés à aller en M..., où M... et son épouse avoient acheté une maison de campagne tout près de la nôtre; et déjà ils s'étoient installés, et paroissoient enchantés de leur nouvelle disposition. J'ai passé encore avec elles toute la matinée à les voir s'amuser; mais mon M. B., qui étoit arrivé, m'a appris avec son air d'autorité qu'il faisoit un jour où l'on pouvoit aller à la messe, et Sophie, ma compagnie d'enfance, prit la parole pour me raconter les plaisirs. Sophie me parloit surtout, avec les plus grands témoignages de gaîté, d'une petite demoiselle bien extraordinaire, qui parloit toujours la tête penchée, en souriant, et avec une petite voix, qui levoit les yeux au ciel, qui balançoit son corps en marchant comme si elle vouloit danser, et qui, lorsqu'elle avoit à remettre son peigne ou bien à ôter son chapeau, mettoit ses bras en rond comme ces statues qui portent des pots de fleurs sur leur tête. Sophie m'assura qu'elle l'avoit bien fait rire, et Louise se mit à la contrefaire. Je ne ris point des facéties de Louise, et je me contentai de lui dire qu'elle étoit bien laide dans ces attitudes. « Mais, maman, reprit-elle, c'étoit la petite demoiselle. » Alors, pour me la mieux faire connoître, elles se mirent toutes deux à forcer les grimaces, si bien que je fus obligée de me fâcher pour arrêter toutes ces singeries. Elles me dirent que les autres en avoient ri comme e●●● surtout une grande demoiselle qui étoit bien drôle quand elle l'imitoit.

Je m'étois bien doutée, en effet, qu'elles n'avoient pas trouvé cela d'elles-mêmes. Les enfans ne sont pas frappés du ridicule; il n'est pour eux qu'une chose nouvelle, une manière d'être qui ne s'étoit pas encore présentée à leurs regards; et tant de nouveautés les frappent tous les jours, sans que rien leur apprenne d'abord si ce qu'ils voient est bien ou mal, commun ou extraordinaire, que leur premier besoin est de savoir ce qu'ils en doivent penser, et que tout objet nouveau sera pour eux

22 *

un objet de curiosité, non de plaisanterie. Louise ne se seroit pas avisée de rire des masques lorsqu'elle en a vu l'année passée pour la première fois, si on ne lui avoit dit souvent que les masques étoient une chose dont on devoit rire ; elle n'y auroit rien vu de plus plaisant que dans la figure d'un Turc ou le bonnet d'une Cauchoise. Elle n'en rit pas encore aussi franchement que sa sœur ; ils l'occupent trop pour exciter en elle beaucoup de gaîté ; nous croirions de ses expressions de désespoir.

Le ridicule, d'ailleurs, ne tient point à ces bizarreries extérieures des objets, mais à l'idée que nous y attachons. Nous ne rions pas d'un chamoiseur du coin, tous crons d'un homme qui nous vient à l'idée qu'il le tienne comme un fusil, qu'il s'en serve pour faire l'exercice, tandis qu'il ne connoîtra encore ni l'usage du fusil ni celui du fusil, pourra bien demander ce qu'il fait, mais n'en rira pas ; aussi est-ce avec un sérieux réel que les enfants, dans leurs jeux, imitent les actions des grandes personnes ; ils n'aperçoivent pas le risible contraste qui existe entre les moyens qu'ils emploient et les effets qu'ils prétendent produire. Sophie, chargée, avec son *ménage*, de préparer un grand dîner, y met toute l'activité et l'importance d'un véritable cuisinier, et se fâche si on renverse sa soupe de papier ; mais elle rira aux larmes si, dans un moment moins occupé, elle imagine de faire chauffer

DE L'ÉDUCATION. 341

un chaudron sur une marmite; car elle sait bien que c'est sur le fourneau qu'il faudroit le placer.

Les ridicules de société n'agissent de même sur nous qu'en nous présentant l'idée d'une chose déplacée. Un homme qui se fâche au jeu, ne nous fait pas rire parce qu'il se fâche, cela n'a rien assurément de plaisant; mais nous rions par le contraste qui se trouve entre le peu d'importance de l'objet et la violente passion où elle le jette; nous rions de ses expressions de désespoir, parce qu'elles viennent du malheur d'avoir perdu quelques fiches; autrement, il y auroit plutôt de quoi en pleurer. Nous ne rions pas d'une femme qui met du rouge, nous rions d'un homme qui en met, fût-il aussi joli qu'une femme. Les positions qui nous ont paru charmantes pour une danseuse de l'Opéra, ne nous présentent plus qu'une idée de ridicule, si nous les voyons adoptées par une femme du monde; et mes filles, qui ne connoissent pas l'Opéra, et qui ne sauroient pas d'ailleurs établir une différence entre le théâtre et le monde, n'auroient probablement vu, si on les eût laissé faire, dans les minauderies de la petite demoiselle des Tuileries, qu'une chose nouvelle et étonnante sur laquelle elles auroient eu besoin d'avoir mon opinion avant de s'en former une.

Je leur aurois dit la vérité, je leur aurois présenté comme un défaut ce qui en est un; la charité n'oblige point à ne pas remarquer les défauts du prochain, mais seulement à ne s'en pas faire un sujet de joie; et cette règle, conforme aux préceptes de la religion, de la morale, de la bonté, est aussi, je crois, la seule au moyen de laquelle on puisse tirer quelque profit de l'observation des défauts des autres. Un ridicule qui a paru plaisant cesse d'être instructif. On ne songe plus qu'à se divertir de ce qu'on auroit pu observer; on s'attache à en remarquer les effets au lieu de remonter aux causes, et l'attention, ainsi transportée sur les autres, se détourne absolument de nous-mêmes. La comédie n'a jamais corrigé directement personne : quelquefois, en fournissant des armes aux moqueurs, elle oblige ceux dont elle peint le ridicule à le reconnoître ; mais ce qui les corrige alors, c'est l'avis positif qu'ils reçoivent de leur propre ridicule, et non la représentation du ridicule d'un autre. Si les précieuses du temps de Molière eussent été seules spectatrices des *Précieuses ridicules*, elles n'en auroient probablement tiré aucun profit; elles ne se seroient pas reconnues là où elles auroient vu le ridicule, et n'auroient point vu le ridicule là où elles se seroient reconnues.

Rien n'est plus commun que de se tromper sur l'effet que l'on produit : aussi est-ce, je crois, une grande erreur en éducation que de vouloir corriger les défauts par l'exposé de leurs inconvéniens, plutôt que par l'examen de leurs causes. On croit, avec un peu d'adresse, pouvoir sauver les inconvéniens; on se les diminue, ou bien on s'y accoutume; mais il n'y a pas à transiger avec la conscience sur un motif bas ou absurde qui nous

DE L'ÉDUCATION. 343

expose à notre propre mépris, que nous ne pouvons espérer d'éviter comme celui des autres. Ainsi, supposons un enfant à qui l'on aura présenté que les inconvéniens du mensonge, la crainte d'être découvert, le malheur de n'être pas cru, le déshonneur qui peut en résulter, à des fautes à couvrir, si le châtiment en seroit certain, les inconvéniens du mensonge ne lui sont pas à espérer bien, n'étant point surpris dans son mensonge visible à être plusieurs fois, et n'inspire plus de confiance, il aura moins de peine à mentir, et qui occultement s'entendre appeler menteur, ne s'en soucie plus guère. Mais si vous l'avez accoutumé à regarder le mensonge comme une action lâche qui ne soit pas supporter les conséquences de ses actions, comme l'aveu lâche, mais positif, d'un tort si grave qu'on aime mieux descendre à une faute honteuse que d'en convenir, il est presque impossible que cette accumulation de bassesses que lui offrira le mensonge ne lui inspire pas un dégoût capable de combattre, au moins long-temps, une tentation plus voisine à mentir, et ensuite un assez long remords pour empêcher ou éloigner beaucoup la rechute.

Cette même observation peut s'appliquer à l'emploi judicieux qui fait connoître quelles sont les ressources de la punition en développer les causes, et par conséquent ne peut tomber en heureuse disposition à la surveillance pour éviter de tomber dans un pareil inconvénient. Ainsi, grâces à la grande demoiselle qui a bien voulu divertir mes filles des ridicules de sa petite camarade, ou plutôt des moqueries qu'elle en faisoit, Louise et Sophie pourroient fort bien, si je n'y mettois ordre, savoir se moquer des minauderies de ce genre toutes les fois qu'elles en rencontreroient, mais sans que cela les empêchât, si la fantaisie leur en prenoit, d'en faire à leur manière de tout aussi ridicules. Si, quand je verrai l'une d'elles, pour attirer l'attention d'un étranger, faire quelque grimace qu'elle prendra pour une gentillesse, je lui dis : « Tu fais comme la petite demoiselle des Tuileries », elle ne manquera pas de me répondre : « Oh non, maman, elle ne faisoit pas du tout comme cela. » Mais j'ajouterai : « Sais-tu pourquoi elle faisoit toutes ces mines ? C'étoit pour se faire regarder ; et toi, puis-tâches aussi qu'on te regarde, tu es tout aussi ridicule qu'elle ». Cette idée, que j'aurai soin de rappeler toutes les fois que l'occasion s'en présentera, attachera, nécessairement pour elles l'idée du ridicule et d'une espèce de honte à toutes ces petites manières indirectes d'attirer l'attention. Si, toutes les fois que j'apercevrai la moindre apparence d'affectation, je dis à celle qui s'y montrera disposée, « Tu as bien envie qu'on te regarde », persuadée enfin que l'affectation ne trompe personne sur son motif, elle sentira que c'est des actions faites par ce motif que résulte le ridicule, et non pas de telle ou telle attitude de tête qu'elle pourroit être tentée de croire beaucoup plus jolie en elle que dans sa compagne.

Cette manière de présenter aux enfans les

défauts des autres, en même temps qu'elle est la seule qui puisse leur en faire tirer une instruction utile, est aussi la seule, je crois, qui puisse les empêcher d'y voir un sujet de moquerie et de sévérité. Je ne concevrois pas que nous pussions vivre avec nos défauts, si nous en connoissions bien les sources, tant elles nous paroîtroient odieuses ou misérables ; mais je ne concevrai pas davantage que celui qui, dans les défauts des autres, aura reconnu les dispositions dont elles sont le résultat, ose se montrer sévère ou moqueur s'il réfléchit que ces dispositions sont celles qu'il a reconnues cent fois en lui-même, auxquelles il a eu tant de peine à échapper, auxquelles il cède peut-être journellement. Quoique d'une manière différente, les effets de nos penchans varient et se multiplient à l'infini ; mais ces penchans sont en si petit nombre, que nous retrouvons presque toujours les mêmes dans leurs effets les plus différens. Cependant celui qui va se vanter partout aujourd'hui d'avoir dîné dans une maison où l'on a mangé des petits pois à cinquante écus le litron, ne se doute guère qu'il est conduit par ce même besoin de se distinguer des autres d'une manière quelconque, qu'il trouve si ridicule dans l'homme vain de sa naissance, de sa fortune, ou d'un petit talent.

C'est à ce retour continuel sur soi-même qu'il faut accoutumer les enfans dans les jugemens qu'ils portent des autres. « Comme il n'est pas pos-
» sible, dit Fénélon, qu'ils ne voient, malgré les

» précautions qu'on prend, beaucoup de choses
» irrégulières, il faut leur faire remarquer de
» bonne heure l'impertinence de certaines per-
» sonnes vicieuses et déraisonnables.... Il faut
» leur démontrer combien on est méprisé et
» digne de l'être, combien on est misérable quand
» on s'abandonne à ses passions, et qu'on ne cultive
» pas sa raison. On peut ainsi, sans les accoutumer
» à la moquerie, leur former le goût et les rendre
» sensibles aux vraies bienséances. » Je ne voudrois
pas qu'on leur fît rien remarquer ; la remarque
n'est bonne que quand elle vient d'eux-mêmes ; car
alors il est sûr que la chose les a frappés, et que
ce n'est pas par complaisance ou par obéissance
pour vous qu'ils feignent d'y prêter leur attention.
Il faut attendre ces remarques, et elles viendront
de reste, surtout de la part des petites filles qui
commencent à grandir. Je crois qu'elles sont
bonnes à encourager comme marque de confiance
des enfans envers leurs parens, auxquels ils disent
tout ce qu'ils pensent, et qu'on doit, autant qu'il
sera possible, empêcher qu'elles ne deviennent un
sujet de conversation avec d'autres. Alors l'idée de
la moquerie viendra rarement, et sera facile à
réprimer : il suffira ordinairement d'une réflexion
sérieuse sur la cause du ridicule dont on a été
frappé. Il n'est pas toujours nécessaire que cette
réflexion soit personnelle à l'enfant, que la crainte
de recevoir une leçon à chaque remarque pourroit empêcher de la communiquer. Il suffira,
pour le moment, d'avoir établi le fait, qui retrou-

vera son application à la première sottise un peu semblable, par l'intention à celle qu'on aura remarquée. Cependant si, comme il arrive souvent aux jeunes filles qui commencent à vouloir être quelque chose, l'humeur moqueuse résistoit aux raisonnemens généraux, il suffiroit d'un rapprochement toujours facile à faire pour ôter toute envie de se moquer d'un défaut dont on se trouve beaucoup plus près qu'on ne croyoit. Une jeune fille accoutumée à considérer ainsi dans les défauts qu'elle aperçoit, leur cause, et non l'effet qu'ils produisent, ne sera point tentée de se moquer d'un tic, d'une mauvaise habitude d'habillement ou de maintien, qui, ne tenant à aucune disposition répréhensible, ne lui représenteront rien dont elle puisse être excessivement choquée. Dans les défauts plus réels, elle verra ou ceux dont elle craint qu'on ne l'accuse, ou ceux qu'elle se sent assez heureuse d'avoir évités pour n'en pas faire un sujet de plaisanterie ; et, connoissant les foiblesses des autres par le moyen des siennes propres, elle saura, comme le dit M. de Condorcet, *pardonner aux hommes sans avoir besoin de les mépriser.*

P. M.

LEÇONS LATINES
DE LITTÉRATURE ET DE MORALE,

Ou Recueil, en prose et en vers, des plus beaux morceaux des auteurs latins anciens; avec des Modèles d'exercice, par Rollin; à l'usage des classes de *troisième* et de *seconde*; ouvrage classique, destiné aux lycées et aux écoles secondaires; par *Fr. Noël*, membre de la Légion-d'Honneur, inspecteur-général de l'Université impériale, et *Fr. Delaplace*, professeur de rhétorique au Lycée Napoléon.

Deux vol. in-8°. Prix : 7 fr. 50 cent., et 10 fr. par la poste. — A Paris, chez le Normant, rue de Seine, et chez H. Nicolle, même rue, n°.

Peu de gens se sont avisés de révoquer en doute l'utilité de ces recueils où l'on rassemble un grand nombre de morceaux, tirés de différens auteurs grecs ou latins, et que l'on met entre les mains des commençans. On obtient ainsi, dit-on, le triple avantage d'exciter plus vivement l'attention des élèves, en jetant dans leurs études plus de variété; de choisir les sujets de leurs lectures, en ne leur offrant que ce qui convient à leur âge, et de leur donner une idée des divers styles. Cela me paroît vrai en partie, mais non en entier. Je crois, par exemple, que ces avantages se nuisent quelquefois l'un à l'autre. Peut-être que le *Selectæ è Profanis* est réellement propre à intéresser davantage les enfans que la lecture prolongée d'un seul auteur: cette multitude de faits, de réflexions, d'anecdotes, les amuse en les instruisant; mais la bigarrure de style, inséparable d'un recueil de ce genre, n'a-t-elle pas des inconvéniens pour cet âge où l'esprit, encore incapable de distinguer nettement les objets, semble avoir besoin de n'en envisager qu'un seul pour arriver à le bien connoître, où la mémoire paissait fatiguée dès qu'elle est surchargée, ne retient rien si on lui donne trop de choses différentes à garder? Je mets en fait que, sur dix enfans, il n'en est pas un qui, après avoir lu le *Selectæ è Profanis*, ait plus de facilité pour lire Cicéron que s'il n'avoit lu que du César; tandis qu'il n'aura pas, à beaucoup près, pour lire César, la facilité qu'il auroit acquise s'il s'étoit borné à l'étude des *Commentaires*. Il n'aura pas eu le temps de s'accoutumer à la manière d'aucun de ces deux auteurs, ni de se familiariser avec leurs tournures, ni de puiser dans l'étude répétée d'une partie de leurs ouvrages, des secours pour l'intelligence du reste. Son attention, naturellement portée à se distraire, y aura eu en quelque sorte été forcée par la méthode même qu'on aura adoptée avec lui, et après avoir ainsi parcouru un grand nombre de pages extraites de divers auteurs, il aura peut-être fait moins de progrès réels, et connoîtra moins bien le caractère de la langue latine, il aura moins de bonnes tournures dans la tête, que si on l'avoit retenu sur un seul auteur choisi avec discernement.

On m'objectera sans doute que, pour obtenir cet avantage, il auroit fallu sacrifier celui de l'intérêt qui résulte de la variété, et que d'ailleurs il n'est aucun ouvrage assez bien adapté à l'âge des enfans pour qu'ils puissent le lire d'un bout à l'autre, ou seulement en grande partie. Je suis déjà convenu que, sous ces deux rapports, des recueils me paroissoient utiles. Cependant je crois qu'il y auroit moyen de s'en passer, et d'éviter ainsi leurs inconvéniens. D'abord je suis porté à penser que l'intérêt de l'étude dépend beaucoup plus de celui qui enseigne que de la nature même de ce qu'on étudie. Pourquoi par exemple, ne parviendroit-on pas en faisant lire à mon enfant la *Guerre des Gaules*, à l'intéresser assez vivement à la suite des événemens, aux récits de César, au sort des personnages, pour que la variété ne fût plus nécessaire? Il ne s'agit que d'amener l'élève à entrer assez avant dans l'histoire, dans la conduite des acteurs, pour qu'il s'y attache de cette affection involontaire que l'on porte aux gens avec lesquels on vit d'habitude. On pourroit, à cet effet, joindre à l'explication du texte un petit commentaire historique, géographique, moral, qui apporteroit dans les leçons cette variété tant desirée, en la rapportant à un centre propre à y mettre plus de fixité et de fruit. En général, en France, on lit trop les auteurs anciens sans commentaire. Il est difficile, quand on ne l'a pas éprouvé, de concevoir toute l'instruction, tout le profit, la quantité de connoissances et d'idées

DE L'ÉDUCATION. 351

qu'on tire de la lecture d'un bon commentaire seulement, comme celui de Mangeart sur Cornélius Nepos, ou de Priscus sur Suétone ; cette lecture n'est ni excessivement longue, ni très embarrassante, et je suis persuadé qu'en sachant s'y borner et choisir, un grand nombre d'instituteurs se donneroient par là des loisirs beaucoup plus agréables et beaucoup plus utiles pour leurs élèves, qu'ils ne le sont par le moyen qu'ils suivent pour s'acquitter de cette tâche, et ceux même qui n'auroient moyen de s'en passer, et d'aulx même bans ce cas.

On pourroit aussi retrancher des matières qui sont dans le texte, ou dans les notes, quelque chose qui n'est pas à la portée, ou qui ne plaît pas à toute espèce de lecteurs. Ces retranchemens ne seroient pas aussi considérables qu'on seroit tenté de le croire d'abord ; il est plusieurs écrivains, comme Cornélius Nepos et Phèdre, que l'on conserveroit presque entier, et qui d'ailleurs, par la nature même de leur sujet, ont répandu une grande variété dans leurs ouvrages. Par là des études deviendroient à la fois intéressantes et solides, qui, ni ne seroient au-dessus de l'intelligence des élèves, et d'on échapperoit aux inconvéniens de cette méthode vagabonde, superficielle et souvent inattachante qu'entraîne l'usage des recueils, des commentaires historiques, géographiques, &c.

Telle est à mon avis, la marche qu'il faudroit suivre jusqu'à ce que l'enfant eût fait d'assez grands progrès dans la connoissance des langues anciennes, des écrivains qui les ont illustrées et de l'antiquité en général. Après cela il arrive une époque où la plupart de ceux qui ont fait des études, n'ont plus qu'un certain temps à y consacrer, et où il importe surtout de leur donner, dans ce genre, des connoissances variées, puisqu'ils ne sont pas destinés à en acquérir de profondes. C'est alors que les recueils me paroissent utiles, indispensables même, et MM. Noël et Delaplace semblent l'avoir indiqué, en consacrant particulièrement le leur aux élèves de la troisième et de la seconde classe des colléges. Celui qui ne veut pas devenir un humaniste ou un homme très instruit, n'a pas besoin de lire en entier Tacite, Pline, Lucrèce, Stace, Manilius, et ne sauroit acheter tous leurs ouvrages. Il est bon, cependant, qu'il en ait une idée, qu'on lui en fasse lire les plus beaux morceaux : parvenu à un âge plus avancé, où les conceptions sont plus faciles et plus rapides, il peut, par ces lectures incomplètes, apprendre à connoître passablement la manière, le mérite, le style de ces divers écrivains, que sans cela il ne connoîtroit pas du tout. Des recueils sont très propres à remplir ce but; ils intéresseront l'élève, promèneront son attention sur une foule de sujets, en graveront des fragmens dans sa mémoire; et, s'ils sont composés avec discernement, enrichiront son esprit de souvenirs et d'idées, que sans eux il auroit été condamné à ignorer.

Bien loin donc de croire que les *Leçons latines de littérature et de morale* soient un ouvrage d'une utilité nulle ou insignifiante, je les regarde comme un livre excellent pour les classes auxquelles il est spécialement destiné; j'ai voulu dire seulement, que pour les classes antérieures et pour les élèves qui veulent pousser très loin leurs études, l'usage des recueils de ce genre ne me paroissoit pas une bonne méthode. Celui-ci est, du reste, infiniment supérieur à tous ceux qui l'ont précédé : en lui donnant plus d'étendue, MM. Noël et Delaplace l'ont rendu beaucoup plus complet; ce qui n'est pas un médiocre avantage. Il n'est aucun auteur latin un peu distingué, dont on n'y trouve plusieurs morceaux; et ces morceaux sont choisis avec beaucoup de goût, classés avec beaucoup d'ordre; tout est bien calculé pour intéresser et instruire à la fois les jeunes lecteurs. L'ouvrage est imprimé avec ce soin, cette élégance que le bon Rollin ne cessoit de recommander, *parce que*, disoit-il, *une belle édition qui frappe les yeux, gagne l'esprit, et par cet attrait innocent, invite à l'étude.* Si MM. Noël et Delaplace ajoutent à ces *Leçons latines* les *Leçons grecques de littérature et de morale* qu'ils ont annoncées, et qui, si je ne me trompe, n'ont pas encore paru; ils auront rendu de grands et véritables services aux instituteurs et aux élèves. Pour ce dernier travail ils ont, dans les *Eclogæ historicæ* de M. Wyttenbach, le guide le plus habile et le meilleur des modèles.

F. G.

ANNALES

LETTRES D'UN PÈRE A SA FILLE,
SUR L'ÉTUDE DE L'HISTOIRE NATURELLE.

Seconde Lettre.

J'ai essayé de vous convaincre, ma chère Amélie, que l'échelle non interrompue des êtres est une chimère; que les êtres organisés sont distingués des êtres non organisés, par des caractères extrêmement tranchés, la vie dans les uns, l'absence de la vie dans les autres; une manière de s'accroître dans les uns par développement et intus-susception, totalement différente de la manière dont les autres s'accroissent par un rapprochement de molécules similaires, qui ne permet pas de concevoir des bornes à cet accroissement, ni de définir ce qui, dans ces sortes d'êtres, compléteroit un individu. Si je parois revenir aujourd'hui sur cette matière, ce n'est qu'en passant, et pour arriver à une question plus importante encore, qui a fait plus de bruit, et dont il faut que vous ayez quelque connoissance. Les êtres organisés se partagent en végétaux qui vivent et n'ont pas de sentiment, et en animaux qui sentent et se meuvent. On a abusé de l'observation d'une sorte de mouvement spontané en apparence dans quelques végétaux, pour imaginer des rapprochemens et tirer des inductions qui n'ont nul fondement. Je vous ai cité la dionée et le sainfoin oscillant, plantes fort rares, surtout la première qui se conserve très difficilement; vous me demandez sur ces plantes quelques détails; je vous les donnerai d'autant plus volontiers, que peut-être n'aurez-vous jamais occasion de les voir vivantes.

Chaque feuille de la dionée est composée de deux lobes, qui forment ensemble une sorte de piége, d'où la plante a reçu le nom d'attrape-mouche. En effet, ces deux lobes d'une consistance assez ferme, bordés de cils et semés de quelques glandes entremêlées d'un petit nombre d'aiguillons, ont la faculté de se rapprocher subitement, si une mouche ou tout autre insecte vient à les toucher; alors les cils de la bordure se croisent, et le petit animal se trouve d'autant plus resserré qu'il fait de plus grands efforts pour se dégager; et il ne peut recouvrer sa liberté que lorsque l'épuisement de ses forces le réduit à l'immobilité; alors les deux valves se rouvrent et lâchent le prisonnier. Ce phénomène est fort curieux sans doute, mais c'est un effet purement mécanique de l'irritabilité de ces feuilles; effet qu'on leur fait produire également en les excitant par un moyen quelconque.

Quant au sainfoin oscillant, le mouvement alternatif des deux folioles, dont l'une se baisse, tandis que l'autre se relève; ce mouvement lent, mais continu, est extrêmement remarquable; mais quoiqu'on ne puisse pas plus l'expliquer, que le mouvement des feuilles de la sensitive, et le mouvement plus ordinaire des feuilles ailées de beaucoup d'espèces de *mimosa*, d'*acacia*, de *gleditzia*, qui se ferment dans l'absence de la lumière du jour, et se rouvrent à son retour, on ne peut pas plus le regarder comme spontané, que celui d'un pendule. En faisant succéder à la lumière du jour celle de lampes assez éclatantes, on est parvenu à tenir les feuilles de ces plantes ouvertes pendant la nuit; de même qu'en les tenant le jour dans une obscurité profonde, elles sont demeurées fermées.

Quant à la sensitive, M. Desfontaines en ayant emporté une en voiture, il observa qu'après que les premières secousses lui eurent fait fermer ses folioles, et abattre les pétioles communs, elle s'accoutuma à la continuité de ces mouvemens brusques; ils ne firent plus d'effet sur elle; ses feuilles se rouvrirent, se relevèrent, et sa sensibilité se trouva extrêmement diminuée et presque détruite; mais le calme la lui rendit insensiblement.

Une goutte d'acide sulfurique, portée sur la tige d'une sensitive, fit abattre et fermer successivement les feuilles des rameaux supérieurs jusqu'au haut de la plante, tandis que les rameaux inférieurs ne s'en ressentirent nullement.

Mais voici quelque chose de plus étrange. Vous trouverez au premier printemps, dans les prairies humides, une plante nommée *prêle*, ses tiges sans feuilles et terminées par la fructification ressemblent beaucoup aux pousses d'asperges que l'on mange. J'ai dit la fructification; j'aurois dû dire ce qu'on soupçonne être la fructification; car parmi les plantes dont la fructification, la fécondation et la génération offrent le plus de mystères, et que le grand Linné a appelées *cryptogames*, ou qui font mystère de leurs amours, comme les champignons, les lichens, les mousses, etc., il n'y en a point qui ait plus déconcerté les botanistes que la prêle. Le sommet de chaque tige en fleur est de forme ovoïde, et semble composé d'une réunion de petits boucliers en forme de tête de clou, arrangés très régulièrement; chacun d'eux recouvre une quantité assez considérable de poussière verte très fine et très légère. Je vous en porterai la première fois que j'irai vous voir; on en garde toujours, parce qu'elle produit également son effet après plusieurs années. Nous en mettrons très peu avec la pointe d'un canif, sur le porte-objet de votre microscope; vous verrez d'abord que chaque grain de cette poussière est

DE L'ÉDUCATION.

un globule armé de quatre bras en croix, partant du même point, et terminés chacun par une petite palette en forme de raquette. Ils vous paroîtront immobiles, mais à ma volonté vous verrez ces bras se resserrer rapidement pour envelopper des petites sphères auxquelles ils appartiennent, puis se rouvrir et se développer plus lentement; et comme tous ces petits grains sont très rapprochés, leurs bras se mêlent, de manière qu'il suit qu'ils se tirent et se repoussent l'un l'autre. De tout ce jeu résulte un mouvement tellement ressemblant au mouvement animal, qu'au premier instant vous croirez voir une armée de petites araignées bien vivantes, d'autant plus que je remuerai cette petite manœuvre tant qu'il me plaira, ou plutôt tant que ça vous plaira. M. M*** qui, comme vous savez, a le défaut de se rendre trop promptement aux premières apparences, fut si bien pris, qu'il s'empressa de me demander si ces petits animaux qui habitent par myriades la tête de la tige de mêle, sont engendrés par la plante ou bien arrivés là pour vivre à ses dépens; et aussitôt, sans attendre ma réponse, il alloit bâtir des systèmes sur l'une ou l'autre hypothèse; mais comme je n'étois pas d'humeur à les entendre, je me hâtai de lui expliquer ce petit phénomène. Il est dû à l'extrême sensibilité hygrométrique des petits bras. Vous voulez savoir ce qu'il faut entendre par là, et me voilà obligé de vous dire en peu de mots ce que c'est qu'hygrométricité, substances hygrométriques, etc. Ces mots sont tirés du grec, et signifient mesure de l'humidité, substances propres à donner cette mesure, ou très sensibles à l'humidité. L'humidité de l'air vient de l'eau vaporisée qui se combine avec lui. Or, il est prodigieux combien l'eau dans ses différens états a de puissance, et combien elle agit fortement sur les substances qui la contiennent, ou avec lesquelles elle est naturellement disposée à s'unir. L'augmentation de volume qu'elle acquiert lorsqu'elle se convertit en glace, est telle, qu'une petite quantité d'eau peut alors rompre des vases très résistans. Dans l'état de vapeur, elle agit comme une très grande puissance, et fait mouvoir d'énormes machines. Veut-on diviser par tranches un cylindre de pierre dure, de plus de six pieds de diamètre? on loge tout autour, de distance en distance, dans son épaisseur, des coins de bois sec; on les mouille: l'augmentation de volume que leur donne l'humidité les oblige à occuper plus de place; il faut que la pierre cède, et la voilà partagée en tranches, qui deviennent des meules de moulin. Ainsi un moyen très simple, fourni par l'observation, produit un effet qu'on n'obtiendroit qu'avec beaucoup d'hommes et de machines réunies. Une corde tendue, autant qu'on a pu le faire par l'emploi des machines, se tend encore davantage si on la mouille. (1). Il faut absolument que cette eau, présentée à un corps

---

(1) Sixte V, voulant faire élever au milieu de la place Saint-Pierre, l'obélisque de granit rouge que Caligula avoit fait apporter d'Égypte à Rome, et qui depuis des siècles étoit presqu'enfoui derrière la basilique, proposa des récompenses aux architectes qui entreprendroient ce travail; mais aussi il déclara que celui qui tromperoit son attente, et lui feroit faire vainement les dépenses considérables que nécessitoit une telle entreprise, payeroit de sa tête sa folle présomption. Le seul Dominique Fontana se présenta, et au bout de quatre mois, l'obélisque fut debout; mais au moment où il alloit prendre son aplomb, les machines ne pouvoient plus tendre davantage les cordes, et l'architecte éprouvoit de l'embarras, lorsque, malgré la défense expresse qui avoit été faite, un homme du peuple éleva la voix et cria: *mouillez les cordes*; cet avis fut suivi sur-le-champ, et eut un plein succès. Cet obélisque pèse trois millions de livres. Le rocher naturel sur lequel est établie la statue équestre de Pierre-le-Grand pèse neuf millions.

DE L'ÉDUCATION.

pour lequel elle a de l'affinité, y trouve sa place, et le volume de la corde s'augmente aux dépens de sa longueur. Voilà des effets hygrométriques; toutes les substances n'ont pas cette propriété; le verre, les résines, les corps gras, n'ont pas d'affinité pour l'eau, et ne sont par conséquent pas susceptibles des effets hygrométriques. Mais les fibres végétales et animales bien séchées, sont très hygrométriques. Les physiciens se servent d'un cheveu bien séché et dégraissé, pour connoître les variations de sécheresse et d'humidité de l'air; il est arrangé de manière que la moindre quantité dont il s'allonge par la sécheresse, et dont il se raccourcit par l'humidité, est rendue sensible. Maintenant supposez une petite baguette de bois léger, très mince et très sèche, mais telle que les pores d'un côté, soient plus disposés que ceux de l'autre côté à admettre l'humidité, vous sentez bien qu'il y aura un côté qui se raccourcira moins que l'autre, et que la baguette sera par conséquent forcée de prendre une courbure : c'est ce qui arrive aux petits bras de la plante en question, et comme ils sont extrêmement déliés, l'effet est subit et très sensible.

Je me tiens assez près du microscope, pour y porter à mon gré mon haleine sur le porte-objet; voilà les contractions qui arrivent; elles cessent bientôt avec la cause qui les produit, et les petits bras se rouvrent. Vous-même, au fait du mystère, pourrez-vous donner ce plaisir, car rien n'empêche qu'en observant on ne laisse tomber soi-même son haleine sur le porte-objet.

J'ai voulu vous faire connoître quelques-uns des mouvemens les plus singuliers qu'offrent les plantes, afin que vous demeurassiez bien assurée qu'il n'y a rien là que de mécanique, tandis que vous serez forcée de reconnoître constamment, dans les mouvemens des animaux, spontanéité, liberté, volonté. Oui, certainement, et vous verrez que toutes leurs actions sont motivées, qu'elles annoncent un dessein. J'en pourrois multiplier les exemples ; mais je me contenterai d'en choisir un petit nombre dans des classes très éloignées. Et d'abord, descendons dans ce monde invisible, qui échappe aux meilleures vues; prenons une gouttelette de cette eau, dans laquelle quelques plantes ont pourri ; plaçons-la sur le porte-objet du microscope ; nous apercevrons une multitude d'animalcules que le pouvoir amplifiant de l'instrument nous fait voir comme autant de poissons, de différentes grandeurs et de formes variées, nageant dans toutes sortes de directions, comme des carpes dans un vaste étang. Le plus grand nombre de ces petits animaux, par leur corps ovale et plat, ressemblent à des soles ; ils vont, viennent, tournent sur eux-mêmes, ralentissent ou accélèrent à leur gré leur marche, suivant qu'ils se portent avec plus ou moins d'empressement vers le but qui les attire. Voilà donc des atomes vivans, animés, dont les mouvemens sont bien libres, bien volontaires.

Observons un animal plus grand, mais dans lequel on ne s'aviseroit pas de chercher quelque trace d'intelligence, l'huître, par exemple. Comment? une volonté, de l'intelligence ! de l'esprit dans une huître ! Qui sait ? cette huître n'a peut-être qu'un sens ; mais avec un seul sens, suivant Condillac, on peut encore faire quelque chemin dans l'empire des idées, et peut-être l'huître va-t-elle nous étonner par la justesse des siennes. L'huître de l'Océan ne diffère en rien de celle de la Méditerranée, du moins dans l'espèce dont il s'agit ici ; mais l'Océan diffère beaucoup de la Méditerranée, en ce que, dans celle-ci, les marées sont très foibles, au lieu que dans l'Océan, lorsque les eaux élevées beaucoup au-dessus de leur niveau, retombent de tout leur poids, les mouvemens périodiques de cette masse énorme doivent agir très sensiblement sur les habitans de cette mer immense, et influer sur leurs mœurs et leurs habitudes: c'est ce qui est arrivé, en effet, aux huîtres océaniques. Celles que le flot porte sur la plage sont exposées à de grands dangers, si elles y restent abandonnées; c'est ce que la plupart d'entr'elles cherchent à éviter. Voici donc le moyen qu'elles emploient pour ne pas être jetées sur le sable: lorsqu'elles se sentent emportées par la vague, elles ouvrent leurs écailles du côté du rivage, puis, donnant tout-à-coup, de toute la force des muscles qui font mouvoir leur charnière, quelques battemens précipités, elles impriment ainsi à leur coquille un mouvement de recul qui les porte assez loin en arrière, et répétant cette manœuvre chaque fois qu'elles se sentent enlevées, elles évitent le malheur d'être laissées sur la grève ou jetées contre les rochers; ou bien, si la marée les a surprises, et qu'elles se soient laissées emporter, elles demeurent sous l'eau jusqu'au reflux, et se sauvent alors par leur manœuvre, qui, cette fois, les porte dans le sens du retour de la vague. Trouvez-vous que ce soit si mal raisonné pour une huître? On n'a rien remarqué de pareil dans les huîtres de la Méditerranée qui n'en avoient pas besoin.

Je pourrois vous dire les ruses d'un cerf poursuivi, quand il veut dépister les chiens; ou celles d'une mère perdrix qui veut les attirer loin de sa nichée, et s'expose pour la sauver; j'aime mieux vous les laisser raconter en vers charmans par notre bon La Fontaine:

Quand au bois
······
N'ont donné buk relâche à la fuite où l'un d'eux,
Qu'en fin, elle a mis ses efforts au-dessus de leur
À confondre et brouiller la voie
L'animal, chargé d'ans, vieux cerf et de dix cors,

On suppose un plus jeune, et l'oblige par force
A présenter aux chiens une nouvelle amorce.
Que de raisonnemens pour conserver ses jours!
Le retour sur ses pas, les ruses, les tours
Se relient, se renouent, enfantent stratagèmes,
Dignes des plus grands chefs, dignes d'un meilleur sort:
On le déchire après sa mort;
Ce sont tous ses honneurs suprêmes.

Un exemple curieux d'activité, c'est celui de cette hirondelle qui se trouva prise par la patte à un bout de ficelle.

En danger, et n'ayant qu'une plume nouvelle
Qui ne peut fuir encor par les airs le trépas,
Elle fait la blessée, et, se traînant de l'aile,
Attirant le chasseur et le chien sur ses pas,
Détourne le danger, sauve ainsi sa famille;
Et puis quand le chasseur croit que son chien la pille,
Elle dit adieu, prend sa volée, et regagne
Des hommes inquiets confus, des yeux en vain le suit.

Liv. X, fable 1re.

Vous ne croyez pas que cette manœuvre, ce dévouement réfléchi s'exécutent sans projets; vous y voyez une conduite inspirée par l'amour maternel, et éclairée par le raisonnement. Mais croyez-vous aussi que les animaux aient quelques idées de calcul? Écoutez les chasseurs; ils nous prouveront que la pie sait compter.

Dans les pays où l'on conserve avec soin le gibier, on fait la guerre aux pies, parce qu'elles enlèvent les œufs, et détruisent l'espoir de la ponte. Pour anéantir d'un seul coup la famille carnacière, on tâche de tuer la mère pendant qu'elle couve. Entre ces mères, il en est de défiantes, qui désertent le nid dès qu'on approche. Alors, on construit un affût bien couvert au pied de l'arbre, et un homme s'y cache; mais si la couveuse a déjà été manquée, elle se tient éloignée; et, quoique la tendresse maternelle l'attire vers son nid, elle n'y rentre pas que la nuit ne puisse assurer son retour. On s'est

DE L'ÉDUCATION. 363

avisé d'envoyer deux hommes, dont l'un passe et l'autre reste à l'affût; mais la pie compte, et ne revient pas; le lendemain, trois y vont; elle voit encore que deux seulement se retirent. Enfin, il est nécessaire que cinq ou six hommes, en allant à l'affût, mettent son arithmétique en défaut; la pie, qui les croit tous passés, revient chercher la mort.

Un exemple curieux d'actions concertées, c'est celui de cette hirondelle qui se trouva prise par la patte à un bout de ficelle, terminé par un nœud coulant, et suspendu à l'extrémité d'une gouttière élevée. La pauvre bête, dans sa détresse, invoque, par ses cris, les secours des hirondelles voisines. Elles accourent, vont, viennent; s'appellent les unes les autres; leur nombre augmente; un ramage bruyant, beaucoup d'agitation semblent annoncer qu'on veut prendre un parti; il est pris en effet, et les hirondelles, passant toutes, l'une après l'autre, d'un vol rapide près de la fatale ficelle, et lui donnant chacune un coup de bec, elle est bientôt coupée, et la malheureuse captive mise en liberté.

Tout le monde sait l'histoire d'une hirondelle qui trouve son nid occupé par un moineau. Il n'en veut pas sortir; el'e appelle les autres à venger cette usurpation; après un peu de caquet, toutes s'éloignent; mais peu d'instants après, elles reviennent ayant chacune au bec un peu de ce mortier dont elles maçonnent leurs nids, et bientôt elles ont claquemuré le moineau qui trouve son tombeau dans la maison dont il s'est emparé.

Je pourrois multiplier à l'infini les faits variés qui prouvent l'intelligence des animaux, qui les font voir capables de raisonnement, de mémoire, d'affection, de ressentiment, de haine, de joie, de colère, etc... Nos insectes même nous en fourniront beaucoup. Et pourquoi la petitesse nous feroit-elle préjuger en eux moins d'intelligence ? une pensée vous est venue, Amélie, et il est ainsi ; mais enfin...

Maintenant, que penseriez-vous, Amélie, d'un homme qui viendroit vous dire et vous soutenir que tous les animaux des pays plus grands que le nôtre, et les chiens, et votre Thisbé y a-t-il donc une grandeur absolue ? et vous conviendrez ordinairement avec moi qu'on pourroit c'est tant de prouver qu'à nous, si petits habitans d'une si petite planète, de concevoir quelque mépris pour ces petits animaux qui... leurs actions ressemblent à celles d'un mécanisme peut-être ont-été, sous le rapport de l'intelligence, plus heureux pour leur vie entière que ces pures machines favorisées par l'Auteur de la nature que les immenses cétacés, ces lourdes masses qui dorment au fond des mers du Nord ?

Si je m'adressois à toute autre que vous, Amélie, je beaux génies qui ont honoré l'humanité : c'est le célèbre ne manquerois pas certainement de citer ici votre chère Thisbé, votre jolie petite chienne, si aimable, si douce, si caressante ; elle pourroit rapporter d'elle mille tours charmans ; mais je vous conterai au lieu de cela l'histoire d'un bon chien, dont l'esprit étoit fort utile à son maître. Vous allez croire que je veux parler de quelque excellent chien de chasse : pas du tout, c'est Descartes qui s'est cru obligé d'imaginer et de soutenir ce système. Il venoit de démontrer que la bonnement du chien d'un petit décroteur qui étoit établi à la porte de l'hôtel de Nevers : c'étoit un grand barbet à dire sans pareil, un être immatériel, l'essence du qui tenoit toujours compagnie à son maître ; lorsqu'il l'âme humaine ainsi établie, il lui répugna d'accorder voyoit que les pratiques n'arrivoient pas à la sellette du aux animaux un principe intelligent, de même nature, jeune artiste, il alloit faire un tour dans le ruisseau, se seroit cru obligé de lui donner aussi l'immortalité, et ses grosses pattes velues étant bien saucées de boue, qui se jetoit dans de prodigieux embarras. Tout son il avoit soin au retour d'en appliquer une sur le soulier ; il me trouva trop de mieux que de regarder les de quelque passant qui se trouvoit obligé de recourir à animaux comme des automates, il ne voyoit pas dit-il, brosse du petit garçon. Vous êtes bien tentée de regarder en admettant en eux un principe intelligent, il faudroit mon histoire comme un conte ; mais je vous déclare qu'elle est suffisamment attestée : d'ailleurs, il me sera bien facile de vous l'expliquer aussi naturellement. Ne peut-on pas supposer que le chose étant arrivée une quinze jours après il étoit de retour auprès de son maître, première fois par hasard, le petit garçon, qui s'en sera bien trouvé, aura caressé son chien, l'aura récompensé de ce bon office, que l'animal aura recommencé et que

DE L'ÉDUCATION.

l'habitude de ce petit manège, se sera ainsi formée (1)?

Maintenant, que penseriez-vous, Amélie, d'un homme qui viendroit vous dire: et ce chien, et votre Thisbé, et tous ces animaux dont on prétend citer tant de preuves d'intelligence, n'ont ni sentiment, ni affection; toutes leurs actions sont forcées, et le résultat d'un mécanisme monté pour leur vie entière; ce sont de pures machines qui nous semblent émues par le plaisir et la douleur, tandis qu'elles n'éprouvent et ne peuvent éprouver rien de pareil. Eh bien! cet homme est pourtant un des plus beaux génies qui aient honoré l'humanité; c'est le célèbre Descartes.

Descartes, ce mortel dont on a fait un dieu

Chez les païens, et qui tient le milieu

Entre l'homme et l'esprit, comme entre l'huître et l'homme

Le tient tel de nos gens, franche bête de somme.

Oui, c'est Descartes qui se crut obligé d'imaginer et de soutenir ce système. Il venoit de démontrer que la pensée ne pouvoit appartenir qu'à un être simple, c'est-à-dire sans parties, un être immatériel. L'essence de l'ame humaine ainsi établie, il lui répugna d'accorder aux animaux un principe intelligent de même nature; il se seroit cru obligé de lui donner aussi l'immortalité, ce qui le jetoit dans de prodigieux embarras. Pour s'en tirer, il ne trouva rien de mieux, que de regarder les animaux comme des automates. Il ne voyoit pas que, même en admettant en eux un principe intelligent, il restoit

(1) On assure qu'un Anglais ayant offert une grosse somme à un maître désolé de le vendre, ne put cependant résister à une offre aussi considérable. Le chien fut emmené à Londres; mais quinze jours après il étoit de retour auprès de son maître. Du reste tous ces faits que nous ne saurions affirmer comme témoins oculaires, nous ont été rapportés par des témoins dignes de foi, et l'on pourroit y en ajouter beaucoup d'autres.

encore entre leur espèce et l'espèce humaine des différences tout-à-fait tranchantes, par exemple, une nature morale et le caractère d'une perfectibilité progressive de l'espèce en général, à l'aide de l'éducation et de la tradition; perfectibilité qui paroît appartenir exclusivement à l'homme, principe intelligent dans les animaux. Bougainville, au nombre des partisans de l'automatisme des animaux, se remarque Pascal, et il ne faut pas s'en étonner: ce grand homme croyoit trop aisément que la religion pouvoit être compromise, si l'on donnoit à la raison trop d'empire. Mais ce qu'on ne peut voir sans étonnement, c'est que le Pline français, un des hommes qui ont eu le plus d'occasions d'observer les animaux, un naturaliste qui a fait de leurs mœurs l'objet des études de sa vie entière, soutienne aussi qu'ils sont incapables de réflexion, qu'ils ne peuvent comparer deux idées, que l'expérience n'existe pas pour eux, parce que la mémoire leur est refusée. Il ne voit en eux que des *effets purement mécaniques et dépendans de l'organisation.* Quoi ! ces oiseaux qu'un épouvantail écarte d'abord de l'espalier qu'ils ravageoient, mais qui, l'ayant observé quelque temps, finissent par se rapprocher et par reconnoître que ses mouvemens ne sont pas plus effrayans que ceux du feuillage que le vent agite, n'ont pas raisonné leur conduite? Comment! ce renard qui, pris dans un piége, a sacrifié une de ses pattes pour sauver sa vie, et qui, instruit par cette terrible leçon, saura si bien reconnoître un piége et ne s'y laissera jamais prendre, ce renard n'a pas de mémoire! il est pénible de voir l'obstination avec laquelle le grand Buffon se refuse à l'évidence, ne lui oppose que des assertions vagues, et semble dédaigner de la combattre avec les armes d'une saine logique, comme s'il ne vouloit convaincre que par la seule autorité de son nom.

DE L'ÉDUCATION.

Il falloit, mon Amélie, que vous eussiez une idée de ce curieux chapitre de l'histoire de l'esprit humain. Je ne veux pas le quitter sans vous dire comment le père Bougeant, dont je vous ai déjà parlé, imagina de concilier ce qu'il regardoit comme des dogmes religieux avec un principe intelligent dans les animaux. Bougeant étoit un homme de beaucoup d'esprit, et qui en a fait preuve dans d'importans ouvrages. Il ne pouvoit se prêter au système de Descartes; d'autre part, il n'osoit accorder hautement une ame aux animaux. Il prétendit donc, dans son petit écrit sur le langage des bêtes, que chacune d'elles étoit la prison d'un démon, d'un de ces anges rebelles que leur orgueil a perdus. Cet emploi humiliant est un commencement de la punition qui leur est réservée. Pour appuyer ce système, il est obligé de trouver dans tous les animaux plus ou moins de malice, ce qui lui fait dire des choses fort plaisantes. Je croirois assez qu'il avoit plutôt le projet de se moquer des cartésiens que celui de faire adopter ses idées.

Pour nous, Amélie, nous reconnoîtrons avec tous les bons esprits un principe intelligent et perfectible dans les animaux, bien entendu que cette perfectibilité est bornée comme la sphère de leurs idées et de leurs besoins, et ne s'étend pas au-delà de l'individu. De quelle nature est ce principe? C'est un mystère que nous croyons impénétrable à l'homme, comme beaucoup d'autres; c'est folie à lui de vouloir les sonder. Au reste, cette prétention a toujours été punie par le ridicule des systèmes qu'elle a fait produire.

A.

LES VOYAGES D'ADOLPHE.

(*Continuation.*)

Nos deux voyageurs sortirent de chez eux le jour fixé pour reprendre leurs promenades. — Est-ce que nous retournons dans *la Cité?* dit Adolphe étonné de voir son père suivre le même chemin que la première fois. — Non, reprit M. de Vauréal, nous allons seulement traverser la première partie du *Pont-Neuf*, longer le *quai de l'Horloge*, et passer le *Pont-au-Change*, pour parcourir ensuite deux quartiers situés de l'autre côté de la rivière, vis-à-vis les deux îles que nous avons visitées ces jours derniers. — Il y a donc là beaucoup de choses à voir? — Oui, sûrement: d'ailleurs ce sont, après *la Cité*, les plus anciens quartiers de Paris; et puisque nous sommes maîtres d'arranger à notre gré notre voyage, nous suivrons l'ordre que nous indique l'histoire. Paris, comme tu sais, n'a pas toujours été tel que nous le voyons à présent; tant s'en faut; il a fallu quatorze siècles pour le porter à ce degré de splendeur et d'étendue; la côte septentrionale de la rivière où nous allons passer, est celle qui a été le plus anciennement habitée; mais elle ne fut occupée long-temps que par de petites maisons éparses, entremêlées de champs cultivés, qu'on appeloit des *cultures*, de terres en friche et de marécages: on ignore à quelle époque fut construite la première enceinte fortifiée qui environna cette ville informe; il paroît probable cependant que ce fut au neuvième siècle, après les irruptions des Normands, et pour la préserver à l'avenir de pareils désastres; on sait seulement que cette enceinte existoit en entier du temps de *Louis-le-Jeune*, et que sous le règne de Saint-Louis, on voyoit encore des débris de ses murailles. Ce sont les quartiers compris dans cette enceinte que nous parcourrons aujourd'hui.

Adolphe. Paris a donc eu plusieurs enceintes?

M. de Vauréal. Oui, mon ami. La première fut celle dont je te parle: la ville s'agrandissant toujours, Philippe-Auguste en fit élever une seconde, beaucoup plus étendue, et qui renfermoit plusieurs quartiers placés sur la rive méridionale de la Seine, qui est celle où nous sommes encore. Sous les règnes de Charles V et de Charles VI, fut construite une nouvelle enceinte plus vaste; Louis XIII en fit bâtir une quatrième, rendue nécessaire par l'accroissement du nombre des maisons et des habitans; mais Louis XIV, jugeant que, d'après sa position, l'état de la France et celui de l'Europe, Paris ne couroit plus le risque d'être attaqué, et n'avoit pas besoin de fortifications, fit abattre tous ces remparts. Louis XV et Louis XVI réunirent à la ville les nouveaux faubourgs, et c'est sous ce dernier roi seulement qu'a été achevée la clôture non fortifiée qui existe aujourd'hui. Doublons le pas; nous arriverons bientôt à l'endroit d'où partoit la première enceinte; je te montrerai où elle finissoit, et tu verras que Paris a commencé, ainsi que Rome, par n'être long-temps qu'une bien misérable petite ville.

Ils ne tardèrent pas en effet à se trouver à l'extrémité du *Pont-au-Change*, sur l'ancienne place du *Châtelet*, à l'entrée de la rue de *la Joaillerie*.

Voici où commençoit l'enceinte, dit M. de Vauréal; elle montoit jusqu'à la rue des *Lombards* par laquelle nous passerons bientôt, et alloit aboutir sur le quai peu éloigné d'ici où se trouve actuellement le *Port-aux-Bleds*. Une partie des deux quartiers que l'on nomme aujourd'hui le quartier *Saint-Jacques-de-la-Boucherie* et le quartier de *la Grève* en remplissoient l'étendue. *La Cité* et ces deux quartiers, voilà de quoi se composoit Paris sous le règne de *Louis-le-Jeune* et au commencement de celui de Philippe-Auguste; encore la ville étoit-elle bien loin, quelques années auparavant, de l'état dans lequel la trouva ce dernier roi.

Adolphe. Comment donc, papa, vous m'avez dit que cette enceinte avoit été construite au neuvième siècle.

M. de Vauréal. Oui, mais les ravages des Normands et les divisions intérieures avoient fait de la ville qu'elle renfermoit, le théâtre de tant de désordres, que personne n'y étoit en sûreté : Elle appartenoit d'ailleurs, à la fin de la seconde race, non au roi lui-même, mais à des comtes perpétuellement en guerre avec leur souverain ; et ce ne fut que lorsque la couronne tomba entre les mains de la famille de ces comtes, dans la personne de

Hugues-Capet, que Paris, devenu véritablement la capitale du royaume, put commencer à s'étendre et à prospérer. Les premiers rois de la troisième race s'en occupèrent peu; ils avoient trop à faire pour résister au dehors aux puissans vassaux qui les attaquoient. Un simple seigneur, qui possédoit un château-fort et des terres, déclaroit la guerre au roi, et le roi la lui faisoit plusieurs années sans parvenir à le dompter. Te rappelles-tu que l'été dernier, quand nous sommes allés voir ta tante près de Corbeil, je t'ai montré de loin une tour qui s'appelle *la tour de Montlhéry?*

Adolphe. Oui, papa.

M. de Vaureal. Eh bien, le seigneur de cette tour donna long-temps beaucoup d'embarras à *Louis-le-Gros*, qui étoit cependant un prince vaillant et habile. Ce monarque vouloit-il aller dans ses domaines d'Étampes? le comte de Montlhéry lui coupoit le passage: se rendoit-il à Melun? le comte de Corbeil en faisoit autant. On rapporte qu'un de ces derniers comtes, *Eudes de Montmorency*, dit à sa femme, en partant pour aller faire la guerre au roi: *Comtesse, donnez-moi mon épée; c'est un comte qui la reçoit de votre main; il sera roi quand il vous la rapportera.* Eudes se trompoit, car il fut tué dans la première action; mais cela suffit pour te montrer combien nos rois d'alors étoient peu puissans, et combien peu ils pouvoient s'occuper de l'embellissement et de la prospérité de Paris. Il fallut trois ans à Louis-le-Gros pour réduire le baron du Puiset.

Adolphe. Qui étoit donc ce baron du Puiset?

M. de Vauréal. C'étoit un seigneur de la Beauce, dont le château consistoit, tout simplement, en une tour et un donjon de bois, placés sur une éminence et défendus par un fossé et un rempart. Le maître de ce donjon avoit exercé impunément, dans les environs, toutes sortes de ravages; il pilloit les caves, enlevoit les récoltes, détroussoit les voyageurs. Malheureusement pour lui, il tourna son brigandage contre la prévôté de Toury, gouvernée alors par le moine Suger qui fut ensuite régent de France, pendant la Croisade de *Louis-le-Jeune*. Suger avoit de la tête et du courage; il s'allia avec l'abbé de Saint-Denis, fit présenter requête au roi, et commanda lui-même un corps de troupes au siège du Puiset. Le fort fut enlevé et le baron fut fait prisonnier; mais à peine eut-il recouvré la liberté qu'il recommença ses courses. Louis-le-Gros lui déclara de nouveau la guerre; elle fut longue et sanglante. Suger s'y distingua encore par sa bravoure; enfin le seigneur du Puiset succomba, et alla périr dans la Palestine. Mais tu vois que, pour venir à bout de ce brigand, il fallut toute la puissance d'un roi et toute l'opiniâtreté d'un grand homme.

Adolphe. Est-ce que Suger étoit un grand homme?

M. de Vauréal. Oui, sans doute; sa vie entière en est la preuve, puisque n'étant rien par sa naissance, il parvint aux premières dignités de l'Etat, et s'y conduisit d'une manière aussi utile pour le peuple qu'honorable pour lui-même.

Adolphe. Comment donc n'étoit-il rien par sa naissance?

M. de Vauréal. Ses parens étoient si pauvres, qu'ils ne purent élever eux-mêmes leur fils; son père, dont on sait seulement qu'il s'appeloit Elimand, le conduisit à l'âge de dix ans dans l'abbaye de Saint-Denis, où il le consacra à la vie monastique. Le jeune Suger se distingua beaucoup dans ses études; peut-être fit-il connoissance alors avec le prince Louis, fils de Philippe Ier, et depuis roi comme tu sais, sous le nom de Louis-le-Gros, car ce prince fut aussi élevé à Saint-Denis. Quoi qu'il en soit, Suger se concilia si bien l'estime de ses supérieurs et entr'autres d'Adam, abbé de Saint-Denis, qu'il occupa successivement plusieurs places importantes dans cette abbaye, jusqu'à ce qu'enfin, à la mort d'Adam, il fut choisi pour le remplacer. Ce choix l'élevoit à un rang fort considérable; les abbés avoient alors presqu'autant de crédit et de pouvoir que les évêques, qui en avoient beaucoup. Celui de Saint-Denis siégeoit toujours dans le conseil du roi; c'étoit même en vertu de ce droit qu'il avoit conservé, jusqu'à notre révolution, celui de prendre séance au parlement. Suger administra habilement son abbaye; il en augmenta les richesses, en étendit les privilèges, fit reconstruire en partie l'église de Saint-Denis. Il étoit d'ailleurs d'un naturel doux et modéré, habitué à vivre près des rois, employé dans plusieurs missions; il avoit moins d'austérité et de roideur que les ecclésiastiques de son temps. Saint Bernard, avec lequel il étoit lié d'amitié, lui en fit quelquefois des reproches; mais ces dispositions en servant à la fortune de Suger, le mirent à même de rendre de grands services à sa patrie. Louis-le-Gros le considéroit tellement, qu'il se levoit, dès qu'il le voyoit paroître, et alloit au-devant de lui pour l'embrasser.

Adolphe. Est-ce que Suger étoit ministre de Louis-le-Gros?

M. de Vauréal. Non, quoique plusieurs personnes l'aient affirmé, cela ne paroît pas probable. Suger a composé lui-même une Vie de Louis-le-Gros; sa propre histoire a été écrite par Guillaume, moine de Saint-Denis, qui avoit été son secrétaire; et nous ne voyons nulle part qu'il ait spécialement occupé, sous le règne de ce prince, quelqu'une des grandes charges connues alors à la cour: mais son titre d'abbé de Saint-Denis, ses talens et la considération dont il jouissoit, lui avoient acquis une grande influence. Il fut envoyé plusieurs fois à Rome pour y traiter des affaires de l'Eglise; et lorsque la guerre éclata entre Louis et l'empereur d'Allemagne, Henri V, Suger présenta, pour la première fois, au roi l'oriflamme que Louis reçut à genoux devant l'autel de Saint-Denis, et le suivit dans cette campagne avec la milice de son abbaye.

Adolphe. Je croyois que l'oriflamme avoit toujours été la bannière de France.

DE L'ÉDUCATION.

M. de Vauréal. Non. Ce fut d'abord celle de l'abbaye de Saint-Denis. Cette bannière n'étoit autre chose qu'une pièce de taffetas rouge, entourée de houppes de soie verte, suspendue au bout d'une lance dorée et fendue en bas par trois différens endroits, ce qui faisoit comme trois queues. Les relations intimes qui s'établirent entre nos rois et l'abbaye de Saint-Denis, firent bientôt de cette enseigne la principale enseigne de France. Le monarque la portoit quelquefois lui-même autour de son cou, sans la déployer, et on ne la confioit jamais qu'aux chevaliers les plus renommés par leur bravoure. Elle flotta long-temps à la tête des armées françaises; mais sous le règne de Charles VII, dans les guerres que ce prince eut à soutenir contre les rois d'Angleterre Henri IV et Henri V, qui s'emparèrent, comme tu sais, d'une partie du royaume, il ne put aller prendre l'oriflamme à Saint-Denis, parce que Saint-Denis étoit au pouvoir des Anglais. On commença ainsi par être forcé de s'en passer, et l'on finit par cesser d'en faire usage. Lorsqu'Henri IV entra dans Paris, en 1594, on trouva, dit-on, l'oriflamme dans le trésor de Saint-Denis, à moitié rongée par les rats et les vers.

Adolphe. Louis-le-Gros vainquit-il les Allemands?

M. de Vauréal. La guerre qui d'abord avoit paru devoir être terrible ne s'engagea point, et Suger revint en France avec le roi. A la mort de ce monarque, survenue peu après, il se trouvoit en

Aquitaine, avec le prince Louis qui étoit allé épouser Éléonore, héritière de ce duché. De retour à Paris, il jouit, auprès du nouveau roi, d'une influence plus grande encore; et lorsque *Louis-le-Jeune* voulut partir pour une nouvelle croisade, Suger fit tout ce qui étoit en son pouvoir, pour le détourner d'une entreprise dont il prévoyoit les funestes conséquences.

Adolphe. Pourquoi donc *Louis-le-Jeune* ne suivit-il pas ses conseils?

M. de Vauréal. L'esprit du temps et les prédications éloquentes de Saint-Bernard l'emportèrent sur la sagesse de Suger; mais Louis, en partant, eut le bon esprit de confier l'administration du royaume à celui qui avoit voulu l'empêcher de s'en éloigner, et Suger fut nommé régent. Ce fut alors que se déployèrent ses grands talens et ses bonnes intentions. Il rétablit l'ordre dans plusieurs parties de l'État, fournit, sans mettre de nouveaux impôts, aux besoins de la France et aux dépenses extraordinaires que faisoit le roi dans la Terre-Sainte; encouragea les citoyens à venir habiter les villes où il maintenoit la sûreté, et fit si bien enfin qu'à son retour Louis trouva son autorité plus respectée qu'elle ne l'étoit lors de son départ; ses places fortifiées, ses maisons réparées, et Paris florissant.

Adolphe. Qu'avoit donc fait Suger dans Paris?

M. de Vauréal. Il n'en étendit pas l'enceinte; et l'on n'y voit aucun monument particulier dont il ait été l'auteur; mais la tranquillité qu'il y maintint, le soin qu'il prit d'assurer et d'encourager l'industrie des habitans, contribuèrent puissamment à tirer la ville de l'état de misère et de désordre où elle languissoit auparavant. Ce qui le prouve, c'est que son administration fut l'époque à laquelle commença pour Paris une longue série de progrès, d'embellissemens et de prospérités. Philippe-Auguste, qui succéda à Louis-le-Jeune, continua à marcher dans la route que Suger lui avoit tracée ; il fit ouvrir plusieurs rues et construire plusieurs édifices, entr'autres l'ancien Louvre : Notre-Dame, comme tu sais, fut bâtie sous son règne. Il éleva autour de la ville la seconde enceinte dont je t'ai déjà parlé, protégea l'*Université*, enfin ne négligea rien pour assurer à sa capitale le rang que depuis lors elle n'a cessé d'occuper parmi les grandes villes du monde. Comme les soins de Suger ont commencé et préparé ces heureux changemens, j'ai voulu te faire connoître l'homme à qui nous en étions en partie redevables. Ce qu'il y eut de singulier à la fin de sa vie, c'est qu'après le retour de Louis-le-Jeune qu'il avoit voulu empêcher de se croiser, il conçut le projet de se croiser lui-même, et d'aller en Palestine avec une armée. Il ne voyoit pas sans doute dans sa propre expédition les inconvéniens qu'il avoit prévus dans celle du roi, et son extrême activité, jointe à son zèle pieux, lui persuadoit que la religion en pourroit tirer quelque avantage, ou que c'étoit pour lui un devoir. Une maladie grave l'empêcha de partir, et il mourut en 1151, âgé de soixante et dix ans. Ses funérailles furent très pompeuses; le roi s'y rendit en personne, et l'on assure que pendant la cérémonie, il pleura amèrement sur la perte de cet excellent ministre qu'il regardoit comme son père.

Tout en causant de la sorte, nos voyageurs avoient continué à marcher. Ils avoient suivi la rue *Saint-Denis*, celle *des Lombards*, et arrivoient à l'entrée de la rue de *la Verrerie*, près de l'église de *Saint-Merri*. Comme M. de Vauréal n'avoit rencontré sur son passage aucune rue, aucun monument qui lui parût propre à intéresser Adolphe, il ne lui en avoit fait remarquer aucun, et avoit mieux aimé l'entretenir de l'époque de notre histoire qui se rattachoit aux lieux où ils se trouvoient. Sûr que par cette liaison réciproque, les faits historiques se graveroient mieux dans la mémoire de son fils, il désiroit de joindre pour lui, à leur souvenir, quelques idées générales, mais justes et précises sur l'état de la nation, et le degré de bonheur et de lumière dont elle avoit joui dans les différens siècles. C'étoit dans ce dessein qu'il lui avoit parlé avec quelques détails de la foiblesse du pouvoir de nos rois au douzième siècle, et de l'administration de Suger. Une nouvelle question d'Adolphe fournit bientôt à son père l'occasion de lui faire connoître, sous un autre rapport, les mœurs et l'esprit de ces temps. — Voilà encore une église, dit Adolphe en montrant *Saint-Merri*. — Oui, reprit M. de Vauréal; et j'aurois pu t'en montrer beaucoup d'autres dans le quartier que nous venons de parcourir; il n'y en a guère moins que dans *la Cité, Saint-Leufroi , Saint-Jacques-de-la-Boucherie, Saint-Josse, Saint-Leu, Saint-Magloire*, et une foule de monastères étoient situés, soit dans l'enceinte où nous sommes, soit aux environs. Quelques-uns de ces édifices ont été détruits; plusieurs subsistent encore. Ce grand nombre d'églises te fait croire, peut-être, qu'elles étoient alors beaucoup plus respectées qu'elles ne le sont à présent. Tu te tromperois; tandis que la superstition, plus encore que la vraie piété, en multiplioit inutilement le nombre, et leur faisoit accorder des priviléges dangereux, comme le droit de servir d'asile inviolable aux malfaiteurs, la barbarie du temps les exposoit à être souvent pillées et profanées. Rien n'est plus commun que de voir, à cette époque de notre histoire, des églises saccagées et détruites par des hommes qui peut-être en avoient fait construire une ailleurs pour l'expiation de leurs péchés. On regardoit bien, et avec raison, de telles profanations comme criminelles; mais l'esprit de désordre, d'ignorance et de brigandage, qui s'allioit à la superstition, l'emportoit souvent sur cette superstition même, et les peines effrayantes, les châtimens miraculeux dont on menaçoit les profanateurs, défendoient moins bien les églises que n'ont fait depuis une civilisation plus avancée, des mœurs plus douces et le progrès des lumières et de l'ordre social. L'histoire d'un comte de Mâcon en offre un singulier exemple.

Adolphe. Qu'est-ce que c'est donc que cette histoire, papa ?

M. de Vauréal. Le comte de Mâcon étoit un brigand qui, sous le règne de Louis-le-Gros, ne cessoit de ravager les campagnes, les villages et les églises. On raconte qu'un jour, qu'il étoit assis dans une salle de son château avec un grand nombre de chevaliers, on vit paroître tout à coup, un grand homme noir, monté sur un cheval noir, qui s'avança *toujours chevauchant* jusque dans la salle, et ordonna au comte de le suivre. Le comte sentit une puissance invisible qui l'empêchoit de résister. Il suivit en tremblant l'inconnu jusqu'à la porte du château où il trouva un second cheval sur lequel il fut obligé de monter. A peine fut-il en selle que les deux chevaux s'élevèrent dans dans les airs. Toute la ville accourut à cet étonnant spectacle. On entendoit le comte crier : *secourez-moi, citoyens, secourez-moi*; mais bientôt on le perdit de vue, et la multitude resta persuadée que c'étoit là le juste châtiment des crimes qu'il avoit commis contre les églises. Cette fable, toute absurde qu'elle est, te montre quelle terrible idée on avoit alors des châtimens réservés aux profanateurs et aux sacriléges; et cependant tu vois que les profanations et les sacriléges étoient fort communs. C'est ce qui doit arriver dans les temps où l'ignorance et la barbarie s'allient avec la superstition; mais continuons notre marche, nous avons plus de monumens à visiter dans la partie de ce quartier qui nous reste à parcourir, que dans celle que nous avons traversée jusqu'à présent. —

Ils suivirent la rue de *la Verrerie*, et nous ne tarderons pas à aller les rejoindre.   F. G.

LANGAGE.

Du Mot ORIGINAL.

PARMI ceux à qui l'habitude du monde n'a pas donné une certaine facilité à contraindre leurs mouvemens, la politesse consiste à mitiger les expressions, à ne pas appeler *un chat un chat et Rolet un fripon*. Quand on dit les choses plus à découvert, on met plus de précaution à ne pas prononcer précisément les mots. Un homme commettra une impolitesse; si c'est une femme du monde qui l'a reçue, elle pourra bien lui cacher ce qu'elle en pense, mais elle dira à d'autres qu'il a été ridicule et impertinent. Si c'est une femme moins formée par l'usage, elle se fâchera, mais sans appeler les choses précisément par leur nom, qui seroit trop dur à dire en face, elle lui dira qu'il est *original*. Il n'aura peut-être fait cependant que copier quelques airs d'un mauvais fat de comédie, et c'est ce que ne remarquent pas les gens qui appliquent si communément et si mal le mot d'*original* à toute manière d'être qui leur paroît singulière ou désagréable.

Ainsi ils diront d'un homme mal élevé, fantasque, colère, chagrin, susceptible, *il est original*, quand le mot le plus poli qu'il pût mériter seroit *c'est un original*, ce qui n'est pas la même chose.

Un homme, comme un livre, peut être bri-

ginal ou être *un original*. Un livre est *un original* quand ce n'est pas une traduction, quand ce n'est pas la copie d'un autre livre, quand l'auteur a tout pris de son fonds. Après cela, ce fond peut être commun, composé d'idées triviales; le livre alors ne sera certainement pas *original*. Il faut, pour qu'il le soit, que les pensées, la manière, les tournures en soient piquantes, neuves, inattendues; que l'originalité de l'esprit de l'auteur s'y fasse sentir à chaque instant; que non seulement il n'ait pas pris le fond de son livre dans un autre livre, mais qu'il n'ait pris ses pensées à personne.

Un homme peut être *un original*, c'est-à-dire, qu'il ne veut point se soumettre aux idées, aux manières reçues; qu'il veut agir d'après sa fantaisie, sans considérer le lieu, le temps, ni la circonstance; qu'il ne se détermine par aucun des motifs qui déterminent les autres : un tel homme pourra être bourru, fantasque, bizarre, et donner à tout le monde le droit de l'appeler un *franc original*; mais on ne pourra pas dire qu'il soit *original* si ses manières grossières, communes ou ridicules n'en sont pas moins celles de beaucoup de gens de la même espèce; si sa manie est de singer tel ou tel caractère, d'affecter telle ou telle fantaisie, empruntée peut-être à d'autres; si, en un mot, rien ne lui appartient en propre, que la disposition à ne pas faire comme les autres, sans qu'on puisse trouver aucune originalité dans les formes par lesquelles il cherche à s'en distinguer.

Être *un original*, ne suppose jamais qu'un défaut d'égard pour les coutumes, les idées, les convenances reçues, qui, lorsqu'il n'est pas fondé sur un motif suffisant, est toujours un tort. On ne traite d'*original* que celui à qui on veut dire une injure ou du moins faire un reproche.

Être *original*, c'est posséder une tournure d'esprit féconde en idées ou du moins en expressions neuves, ce qui, lorsqu'elles sont justes, est toujours un mérite. Celui à qui on accorde d'être *original* est sûr d'avoir un moyen de plaire.

Ainsi quand, par une circonspection dont la bonne compagnie ne fait pas usage dans les termes, parce qu'elle la porte dans les mouvemens, on dit d'un homme dont les manières vous blessent ou vous déplaisent, qu'il est *original*, pour éviter de dire qu'il est *un original*, on ne dit pas ce qu'on veut dire; et, dans le sens où on l'emploie, ce qu'on dit ne veut rien dire.

P. M.

NOUVELLES
CONCERNANT L'ÉDUCATION.
La Société philanthropique.

Cette société s'applique à retirer les enfans de la route du vice. Elle en a en ce moment cent soixante, pris dans les maisons de détention ou dans les mauvais lieux. Pour les faire travailler, on a élevé des bâtimens, où sous l'inspection de maîtres habiles, ils apprennent différens métiers et s'exercent à pratiquer de petits négoces. Cette société a déjà reçu plus de onze cents enfans ; elle a pris sous sa surveillance, une maison à Bermondsey dite *la Maison de Réforme*, et une grande manufacture, dans *Saint-George's-Fields*, où l'on enseigne aux garçons à être cordonniers, tailleurs, relieurs, etc. Les filles apprennent tous les métiers convenables à leur sexe.

L'Asile Militaire royal.

On élève dans cette maison, située à Chelsea, et reconstruite en 1805, cinq cents enfans d'officiers et de soldats, non employés. Le parlement a accordé une somme à cet effet, et chaque régiment y contribue annuellement de sa paie d'un jour.

L'Ecole de Greenwich.

Le bâtiment de cette école a été construit d'après les plans du célèbre architecte, M. Stuart. La salle d'études peut contenir deux cents enfans. Ils couchent dans des hamacs : on a soigné jusqu'à leurs heures d'amusement. Une place couverte, longue de cent quatre-vingts pieds, sur vingt de large et entourée d'une colonnade, leur offre un abri où ils peuvent jouer dans la mauvaise saison.

La Société des Maîtres d'école.

Le but de cette société, créée en 1798, a été d'établir un fonds pour les veuves et les enfans orphelins des maîtres d'école, et pour les maîtres d'école mêmes, ou sous-maîtres devenus vieux ou infirmes. Les fonds de cette société sont séparés en deux portions : le fonds indivis et le fonds de charité. La première partie se compose de la souscription annuelle de cinq guinées qu'on donne en devenant membre de la société, et de la contribution d'une guinée par an. Le fonds de charité est employé à soulager les pauvres maîtres d'école et leurs veuves, à élever leurs enfans orphelins, etc. Les allouances faites sur le fonds indivis à la veuve et aux enfans de chaque membre après sa mort, sont, s'il a été membre trois ans, et a payé sa quatrième souscription, de 120 liv. sterling; s'il l'a été dix ans et a payé sa onzième souscription, de 160 liv. sterling ; s'il l'a été vingt ans et a payé sa vingt-unième souscription, de 200 liv. sterling; s'il l'a été vingt-cinq ans et a payé sa vingt-sixième souscription, de 250 liv. sterling ; s'il l'a été trente ans et a payé sa trente et unième souscription, de 500 liv. sterling.

Un membre de la société, qui ne laisse ni femme ni enfans, peut léguer la moitié des sommes ci-dessus à son père, à sa mère, à ses frères ou sœurs, neveux ou nièces, mais non au-delà.

L'évêque de Glocester est président.

FIN DU TOME SECOND.

TABLE DES MATIÈRES

CONTENUES DANS LE TOME SECOND.

Des Moyens d'Émulation. (F. G.) *Pag.* 3, 65, 129.

Journal adressé par une Femme à son Mari, sur l'Education de ses deux Filles. Numéros VII, VIII, IX, X, XI et XII. (P. M.) 14, 76, 140, 208, 272, 338.

IIIe et IVe Lettres au Rédacteur, sur l'Education physique. (Friedlander.) 23, 152, 217, 282.

Coup d'œil sur l'état de l'Education en Allemagne, dans les dix premières années du 19e siècle. (Traduit de l'allemand.) 38, 88.

Méthode pour exercer les jeunes gens à la composition française, et pour les y préparer graduellement ; par L. Gaultier. [Extrait.] (F. G.) 48.

Un Premier Jour de Collége, conte. (F. G.) 51.

Rudimens de la Traduction ; par J. L. Ferri de Saint-Constans. [Extrait.] (F. G.) 95.

Bibliothèque des Pères de Famille. [Extrait.] (P. M.) 101.

Langage. — Des expressions *Faire excuse, demander excuse.* — Du mot *Original*. (P. M.) 105, 381.

La Générosité, conte. (P. M.) 110.

Principes de Dessin ; par G. Reverdin. (F. G.) 172.

Les Voyages d'Adolphe. (F. G.) 176, 308, 368.

De l'Education qu'on se donne soi-même, et d'un ouvrage nouveau, intitulé : *Eudoxe*, etc. ; par M. Deleuze. (F. G.) 193, 257.

Lettres d'un Père à sa Fille, sur l'Etude de l'Histoire naturelle. Première et seconde Lettres. (A.) 232, 354.

La Princesse, conte. (P. M.) 244.

TABLE DES MATIÈRES.

Lettres sur les Principes élémentaires d'Education; par miss Hamilton. [1er Extrait.] (P. M.) 291.

Conversations sur la Chimie, ouvrage traduit de l'anglais. [Extrait.] (G.) 321.

Des Idées de Rabelais, en fait d'Education. (Ier Article.) (F. G.) 321.

Leçons latines de Littérature et de Morale; par MM. Noël et Delaplace. [Extrait.] (F. G.) 348.

Nouvelles concernant l'Education, 63, 123, 183, 255, 320, 383.

FIN DE LA TABLE DU TOME SECOND.

Faute essentielle à corriger au Tome second, n°. X, pag. 237, lig. 9; supprimez la première virgule, et lisez : *Tendantes à*.

1599

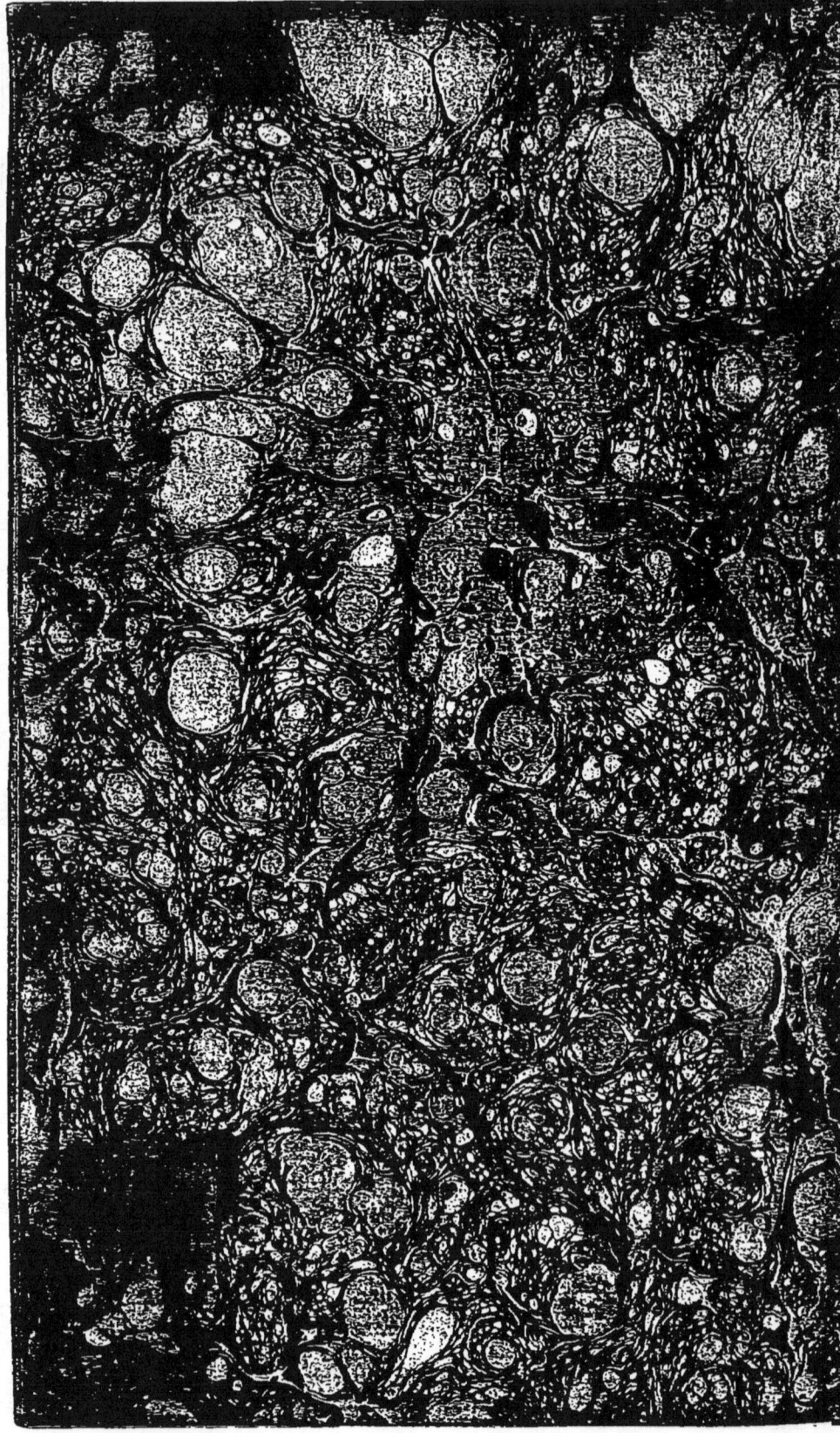

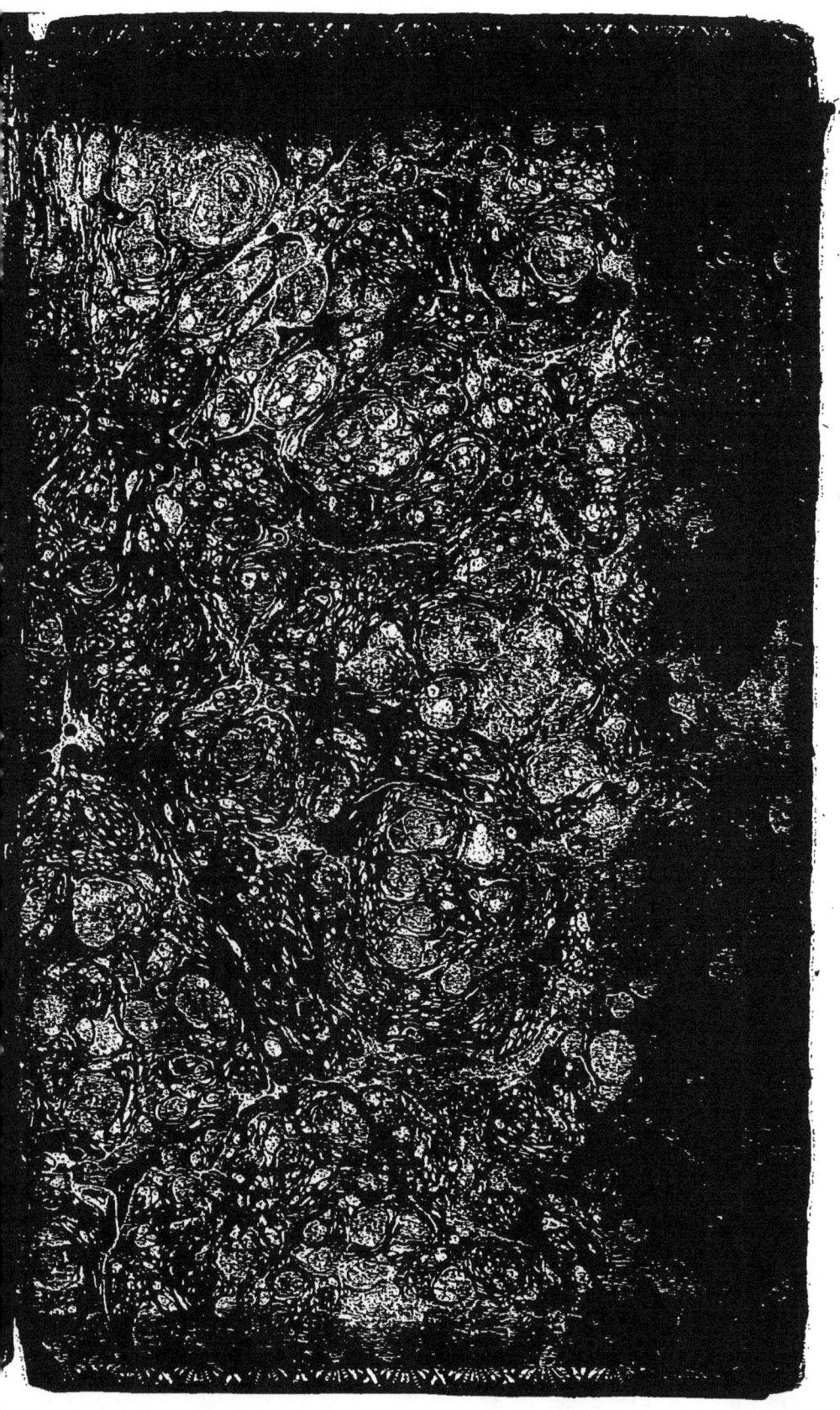

www.ingramcontent.com/pod-product-compliance
Lightning Source LLC
Chambersburg PA
CBHW050425170426
43201CB00008B/540